「立入禁止」をゆく

都市の足下・頭上に広がる未開地

ブラッドリー・L・ギャレット

東郷えりか 訳

青土社

「立入禁止」をゆく　目次

マーシアとアーペルに

#「立入禁止」をゆく

それにしても、なんと不思議な地理学の講習を受けたことか!
――アントワーヌ・ド・サン゠テグジュペリ

免責事項

都市探検(アーバン・エクスプロレーション)は犯罪だけど、服役などするものか。

――UEキングズ

この研究は慎重に扱うべき性格のものなので、一部の人名、地名、日時、具体的な詳細は変更されている。これは僕自身とプロジェクト参加者たちを研究から生じる社会的および法的かかわり合いから守るために取った処置で、本書を通してこれは明らかになるだろう。場合によっては、研究の問題点を浮き彫りにし、物語曲線をつくってメリハリをつけるための戦略的な理由から、若干の創作部分も含まれている。しかし、この研究の大部分は四年の歳月のあいだに展開した一連の出来事に忠実に沿っている。どの一線をいつ、どこで、どのように、どんな理由で越えたのかを解明する作業は、読者にお任せする。それではよい旅を。[*1]

プロローグ

ほかの文化を理解する方法は一つしかない。それを実体験することだ。
——ペーター・ホウ

僕ははっとして目が覚めた。めまいがして頭は混乱していたが、もちろん、五分ばかり眠っただけだった。頭がふらふらするのが時差ぼけのせいなのか、その場の状況のせいなのか定かではなかった。数日前にはカンボジアにいて、ある研究プロジェクトを順調に終わらせたところだった。いまはヒースロー空港の駐機場で飛行機から降ろされ、イギリス鉄道警察（BTP）に逮捕されたあと、ロンドン北部の留置場に入っている（専門用語は巻末の用語集に詳しく記した）。ロンドン・コンソリデーション・クルー（LCC）に関する情報を彼らは求めていた。ロンドン交通局が所有する数十カ所の立入禁止区画に組織的に初侵入（クラック）を試みる都市探検家の集団だ。警察は器物損壊、建物侵入窃盗、および不法行為を幇助または助長したかどで僕を告訴すると脅していた。僕は探検家として、研究者として、四年間LCCと活動してきたので、イギリス鉄道警察は僕の現場ノートと記録を見れば、LCCが都市を探検するのをやめさせるのに必要な情報が得られると考えたのだ。それに、捜査官があとで僕に言ったように、「警察や有力企業の面子を失わせる」ことをやめさせるためでもあった。

誰かがドアの金属製スライド部分を勢いよく開けた。彼らは僕を見つめていた。「君の電話の暗証番号を教えてくれ」その人物は言った。僕はしゃべったほうの男を見て、目をこすってから答えた。「僕は研究者だ。そこには部外秘の情報が入っている。弁護士と話をしてからでなければ、教えるつもりはない」

男はスライド部分を通して僕を見返した。僕には彼の目しか見えなかったが、苛立っているのが見て取れた。彼の首筋は張り詰めているに違いなかった。「好きにするがいい、博士（ドクター）。こちらで解くことにする」。その言葉を口から吐く前に、彼はスライド部分を力任せに閉めていた。がらんとした廊下を、ブーツをきしませながら歩み去る彼の足音が聞こえてくると、僕はビニール製の枕の上にひっくり返り、天井に向かってふーっと息を吐いた。それから横向きになって、紙とペンをつかみ、書き始めた。そのとき書いたものが、本書の結論だった。

この本は都市の探検に関するものだ。本書では世界でも有数の都市探検家たちに、僕が彼らとともに実行した冒険を通して会うことになる。そして、僕は都市探検のあらゆる側面を、廃墟の写真芸術から、世界で最も安全な都市の、最も注目を集める秘密の場所に近づくための詳細までを探究することにする。こうした冒険のなかには、驚くべき発見につながったものもあれば、手に負えないほどメディアの見世物（スペクタクル）になったものもある。警察との遭遇に終わった冒険もあった。

何よりもこれは、イギリスで最も悪名高い現場侵入者集団（プレイス・ハッカー）、ロンドン・コンソリデーション・クルーの興亡の物語である。四年のあいだ僕がこの集団と築きあげた友情の物語だ。深刻な結果や余波にもかかわらず、メディアの氾濫、再開発による高級化、監視、市民の自由への締め付け、および健康と安全に関する法律のせいで、ますます凡庸になりつつある世界のなかで、冒険心や謎解き、欲望を衰えさせるのを拒んだ仲間である。*1

1　UEの世界

大発見の時代は終わっていない。都市探検家を通して、それはいまもつづいている。
——デョーとレイボーヴィッチ

その夜、ロンドンブリッジ駅の外は静かに凍てつき、吐息が宙で渦を巻いていた。マルク・エクスプロと僕は仮設の木製歩道の上に立って、ヨーロッパ最大の超高層ビルの地上階の建設現場を覗き窓から見ていた。〈ゲイリー〉が後ろからやってきて、僕らのそれぞれの肩に腕を回して、やはり覗き込んだ。「ロンドン随一の高層ビルの番人は一人か？」彼の言葉に、僕らはくすりと笑った。警備員がいまの巡回を終えて小屋に戻るのを、僕らは待った。

数分ほどそこで時間をつぶし、歩道から人がいなくなるのを見計らってから、僕らは足場のパイプをつかんでその場を離れた。冷たいパイプをしっかり握って足場板の上まで身体を引きあげ、見つからないように腹這いになり、誰かに見られたり聞かれたりしていないか反応を待った。

姿勢を低くしたまま、僕らは警備員小屋の真後ろで足場の反対側を降りた。警備員は、現場のあちこちから画像を中継している監視カメラには目もくれず、テレビを見ていた。僕らは足早に敷地内を横切り、中央の階段を見つけ、もう一度そこで様子を窺った。電話が鳴ったり、ドアが開いたり、人が走ったりするような気配がないか確かめるためだ。あたりはまったく静かだった。

階段は一段抜かしで上がった。三人とも身体はかなり鍛えてあったので、そんな調子で二五階分から三〇階分は駆けあがったが、三一階までくると僕は汗をかきだした。てっぺんの冷たい夜気のなかにでると汗がチクチクするのを知っていたので、僕はペースを抑え、息を整えようと試みた。五〇階に達するころにはふくらはぎが張りだし、とき

おり立ち止まって足を休め、筋肉をほぐさなければならなかった。七〇階までくると、セメントの階段が金属製に変わり、頂上に近づいたことがわかった。僕は有頂天になった。最後の力を振り絞って、僕らは金属製の階段から木製の梯子へと登りつづけた。もう一度ハッチをバタンと開けると、ザ・シャードの頂上に、七六階の高さに立っていた。

ビルの上に設置されたクレーンの釣合錘によじ登ると、全身が緊張した。凍りつくような風とその瞬間の重みそのものがあいまってショック状態になったのだ。僕は姿勢を低くしたまま、錘の端までにじり寄り、縁から下方のテムズ川を覗いた。そこに恒久的に係留されている英国海軍の軍艦ベルファスト号が、風呂で遊ぶ玩具のように見えた。アドレナリンの波が背筋を伝わってきて、全身が震えた。錘の端を両手でいっそう強く、関節が白くなるまで握った。あまりにも高所にいるため、地上で動いているものは何一つ見えなかった。バスも、車もなく、ただ合流する水系か、巨大な回路基板のような光の列と線路が見えるばかりだった。ロンドンの街を見ながら、風の音だけを聞いていたのは、生まれて初めてのことだった。

クレーンの運転室は開いていたので、僕らはなかに座ってみた。〈ゲイリー〉がコントロール・パネルで光っている緑色のボタンを指差して言った。「見ていろ、俺がザ・シャードを建

ててやる！」そして、そのボタンを押すふりをした。

頂上では三〇分ともたなかった。筋肉が疲労と寒さから動かなくなりつつあった。実際、僕らは階段を降りたくてたまらなくなっていた。下りはいつも上りよりもはるかに楽だ。

地上レベルに戻ると、僕らはゆっくりと敷地内を横切り、防火扉の後ろにある防護用バーを押し、まんまと脱出に成功した。

しばらくのちにテムズ川岸に立って、この巨塔とクレーンの先で点滅する小さい赤い光を眺めると、わずか数時間前に自分がその光に手をかけていたのが信じ難く思われた。以来、市内のどこからザ・シャードを見ても、そのたびにいつも、都市探検の逃れられない魅力を思いだして、にやりとせずにはいられない。不可能を可能にできることだ。

ところで、都市探検とは正確には何を指すのだろうか？　ニンジャリシャスのペンネームで書いたある探検家が、二〇〇五年の著書『アクセス・オール・エリアズ』のなかで、都市探検（口語ではアーベックス UrbEx またはUEとして知られる）を「好奇心旺盛な者に裏舞台の光景からなる世界を発見させる内部ツーリズム」だと表現した。[*1] トロイ・パイヴァはもう少しのちに、都市探検はTOADS（temporary, obsolete, abandoned, or derelict spaces）の発見と調査に関するものだと書いている。[*2] より具体的には、都市探検家は放棄された産業用地、閉鎖された病院、使われていない軍事施設、下水道と雨水排水路網、交通網および電気・ガス・水道網、閉業した企業、差し押さえられ地所、鉱山、建設現場、クレーン、橋、地下壕などに無断侵入（トレスパス）する。単純に入り込む楽しみのためにである。

ここ四年間、僕は民族誌学者（エスノグラファー）になっていた。ギリシャ語で「文化物書き」を意味するこの言葉どおり、世界的な都市探検コミュニティ内部から執筆活動をしている。僕はジャーナリストのように外部者としての視点から書くのではなく、コミュニティ内部に自分から入り込み、内部の人びとがどう活動し遊ぶのかを見て、彼らがみずからに課す規則や、紡ぐ物語を知ることにした。このコミュニティのなかに、僕はこれまでほかのどこでも味わったことのないような冒険心と、個人的自由の欲求を見出した。

都市探検家は、仮想空間のコンピューター・ハッカーにもよく似て、都市の建築物の隙間を狙う。彼らの目的は誰もが日々通り過ぎている空間に、より深い意味を見出すことだ。[*3]「現場侵入（プレイス・ハック）」活動は、ロンドンからパリ、ベルリンまで、大西洋を越えてミネアポリス、ラスヴェガス、ロサンゼルスにいたるまで僕らを連れてゆき、さまざまな場所で実施されている異なった安全対策だけでなく、異なった慣習をもつコミュニティにも遭遇させた。

　入るべきではない場所に忍び込み、写真に撮り、その快挙を世界中の人びとと共有することによって、探検家は都市空間と人びとが築く標準化された関係を再符号化しているのだ。それは称賛でもあり、抗議でもある。都市探検は個人と都市が、許可されるものと可能なものが、記憶と場所が融合し、融解することなのだ。都市探検家は、一部の人がほのめかすほど、都市が安全ではないかもしれないことを明らかにする。また、それ以上に重要なことに、そのような境界を探るリスクを冒すことで、人は創造性、発見、および友情の機会を生みだすことができ、権力の座にある人びとが隠しておきたがる場所や歴史を明るみにだすことすら可能だということを主張する。

　本書は二つの物語を語る。一つ目は、僕自身が八カ国で三〇〇回以上にわたって、一〇〇人以上の探検家との無断侵入に個人的にかかわってきた経験だ。これらはおもに、ロンドン・チームＢとかつては呼ばれ、のちにロンドン・コンソリデーション・クルーとして知られるようになった都市探検家集団と実行したものだ（もっとも、後述するように、この集団にかかわる多くの人は、集団扱いされ、名前をつけられることに抵抗していたし、いまもしつづけている）。僕が彼らと探検していた期間、ＬＣＣはヨーロッパ各地に廃墟を探して広範囲に旅をしたほか、ロンドンで電気・ガス・水道のトンネルや地下壕に侵入し、下水道や地下鉄を抜ける冒険や、都市の超高層ビルや屋上に登ることで、前例のないレベルで探検が行なわれたために国際的な評価を得た。その結果、ＬＣＣは世間の目からも、ほかの探検家たちや当局から見ても、世界で最も尊敬され、悪態をつかれる集団の一つとなった。そこへ到達するための道のりの物語と、クルーの一人としてそれらの快挙に僕がいくらかは関与したことが、本書の一本の糸をなしている。

　二本目の糸は、そもそも人がなぜ都市探検家になるのか、そしてこれが現代の都市のなかで何を意味しうるのかをめぐる議論で、僕の〈プレイス・ハッキング〉の概念を中心に構築したものだ。多くの人にとって、都市探検は個人

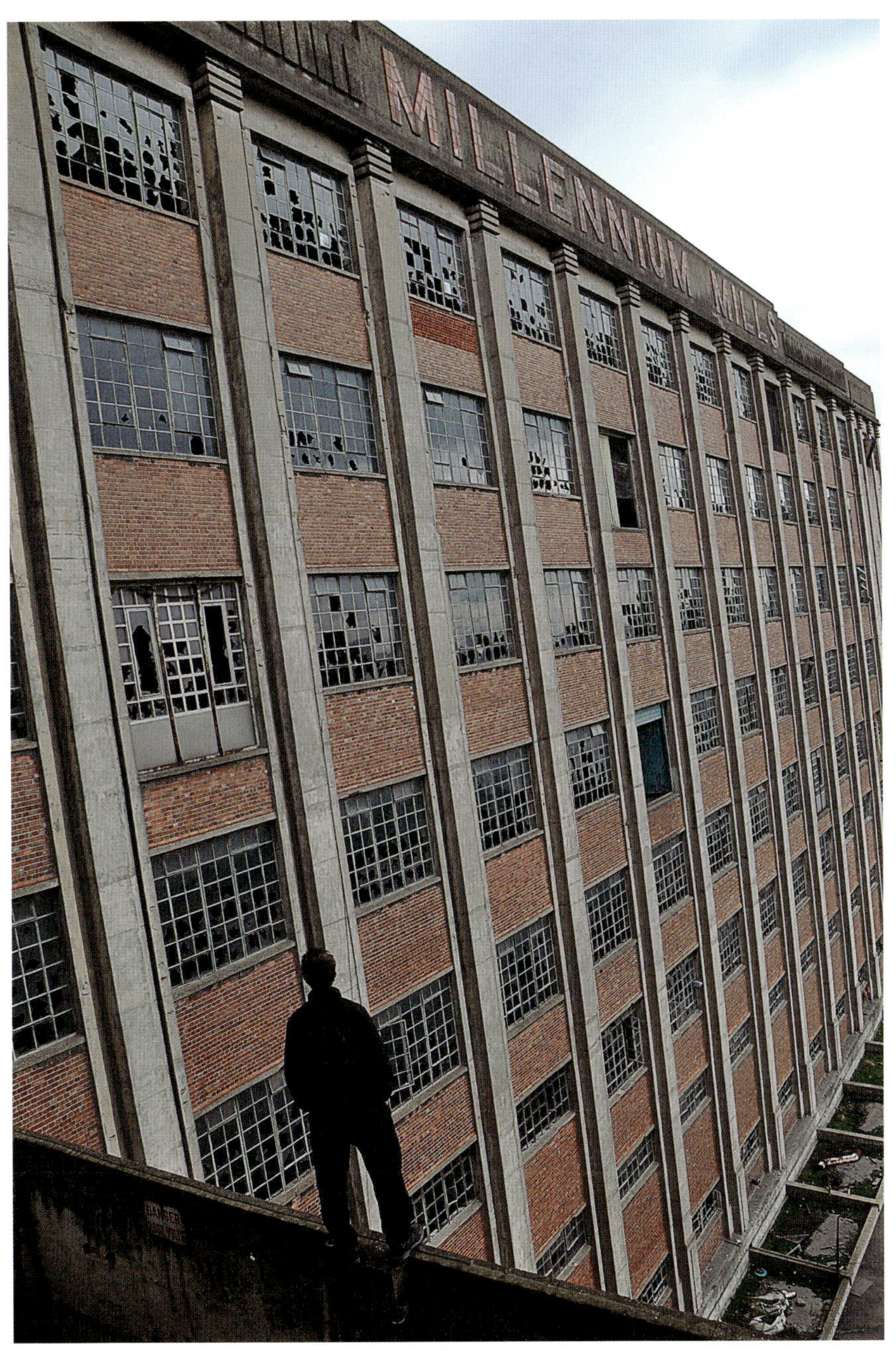
MILLENNIUM MILLS

的な過去の感覚を追い求めるものである。現在に深く沁み込んだ、郷愁に流されない一種の歴史研究のようなものだ。[*4] パルクール〔どんな地形でも障害物を乗り越え自由に動けるようにする訓練〕、スケートボード、ストリート・アートなどの関連の活動にも似て、都市探検は都市の空間を一時的に占領し、再考するものである。[*5] したがって、それは一般に言われるように、かならずしも単なるオタクによる趣味でもなければ、都市探検家のバッカスが「被害者のいない犯罪行為」と呼んだものだけでもない（以後、とくに注記がない限り、引用は一連の民族誌調査（二〇〇八―二〇一二年）のなかでじかに記録したものである）。むしろ、これまで不当にも制限されてきた都市にたいする権利を反体制的活動を通じて取り戻すことなのだと僕は考える。防犯体制を蝕み、やってよいこととといけないことを説くきれいごとを脅かすような活動によって。もっとも、正確に言えば、大半の探検家はそんな主張などはしない。彼らはただ自分たちのまわりの世界について、通常は禁じられている方法で経験することによって、もっと学びたいだけなのだ。[*6]

警備員の脇をこっそり抜けて、秘密の街の写真を撮ることで、僕らは自分たちが失ったことを、知らなかったものを奪い返し、日常の景観から隠された場所を取り戻している。[*7] その結果、都市探検はそれにかかわる多くの者が政治には無関係な動機を主張しているにもかかわらず、政治的な行為となる。通常は境界線が引かれた先まで入り込むことで、人は自己認識（アイデンティティ）だけでなく、権力と都市空間のあいだの関係も考え直させられる。[*8] それは同時に、参画するよりも傍観者であることを奨励する近年の資本主義の要求にたいする反体制的な反応でもある。ピーターという名の探検家が露骨な言い方をしたように、「大衆が日々どれだけ多くのものを失っているのかを彼らに理解させるため、彼らの頭を少々いじくる」[*9] ことなのだ。

都市探検の世界に入り込むお馴染みのパターンは、廃墟に夢中になることだ。見捨てられ、利用価値がないと考えられた建物や場所である。探検家は無視され、放棄された場所を探しだし、多くの人が「開発」、建設、再開発による高級化の概念が通常の成り行きだと考える現在の都市にたいし、一種の見世物（カウンター・スペクタクル）に対抗するものとしてそれら廃墟の写真を撮る。都市探検への二番目の道は、企業や国家が所有する防犯設備の整った場所およびネットワークに組織的に潜入（インフィルトレイト）して秘密の都市を写真に撮ることで、都市の安全を崩すものだ。

したがって、民族誌学者としての僕の役割は、僕らがやっていることの隠された動機と原則を明らかにし、都市探検から潜入、そしてプレイス・ハッキングまで、それらすべてが意味してきたものの経路をたどり、活動の目的を記録することだった。[*10]

都市探検家には、なすべきことのリストを掲げる中央の指導部は存在しない。それどころか、都市にたいする権利というのは、それが提供されていなければ、奪うのみだ。ロンドンの探検家ウィンチが書いているように、「誰もいない空間に入り込むことは、権利や特権ではない。それはただ可能なことなのだ。〈安全〉で使用にふさわしいものとして僕らに差しだされた、上辺だけの消毒され管理された空間に、なぜ座り込み、浸っていなければならないのか？」[*11]

世界でも屈指の探検家、ディサンクトのウェブサイトでは、「ご家庭では真似しないでください」といった趣旨のことが書かれていそうな場所に、代わりにこう書いてある。

免責事項は？　とくになし。お好きにどうぞ。橋は登り、地下鉄では走り、下水道で遊び、排水路には入ってくれ。[*12]

この免責事項（あるいはその欠如！）の裏にあるメッセージは明らかだ。自分がやりたいことを止める者は、自分以外には誰もいないということだ。フランス出身の探検家、マルク・エクスプロがカタコンブ・ド・パリ（地下の旧採石場で一部は地下納骨堂になっている）に侵入したときに僕に語ったように、「僕が自由だと誰かに言われる必要はない。行きたい場所はどこへでもでかけて、毎日、自由であることを証明している。教会のてっぺんでワインを飲みたければ、そうする。地下でパーティを開きたければ、それをやるまでだ[*13]」。

都市探検の背後にあるこの中心的な動機は、ストックホルムの都市探検家、ＵＥキングズによって見事にパロディ化されている。彼らは下水道のなかで「選ぶのは自分だ」という題名の音楽ビデオをつくり、視聴者に「金魚鉢のなかで暮らすか……それともマンホールに潜るか」と問いかける。[*14] UEキングズの哲学によれば、どんな人間も、物理的な障害も、人が行きたい場所に行き、やりたいことをやるのを止められない。選択するのはいつでも、自分自身なのだ。これは自己の権利の究極的な主張だ。探検家でBASEジャンプもするダウンフォールンが書いているように、「〈立入禁止〉の看板を見ると、『保護された地区を離れる。これより先は個人の責任で行動するように』という趣旨を手短に告げているだけだとわれわれは理解する」。[*15] ダウンフォールンは、後述するように、その信念ゆえに死んだ数少ない探検家の一人だ。

次の一節のなかで、アメリカの探検家ユーリヴアンドユーバーンは、都市探検の解放的役割として彼が見なすものを強調する。

> ［都市探検は］現代社会が安全だとされるようになった意味では、「安全」ではない。われわれは自分たちの分野の専門家ではない。いつもテスト済みで、承認された道具を使うわけではない。行っても安全だと思われる場所にいつも行くわけではない。これにかかわるすべての者にとって危険であることは明白だが、われわれはそれに面と向かい、選択肢を吟味する。そして、あてがわれた娯楽製品やサービスをただ追求するよりも、自分たちの目的を追うことを選ぶ。[*16]

世の中はいろいろな意味で安全で、ときには凡庸な暮らしを保証するために衛生的に処理されてきた。だが、それで物足りないと思えば、型を破るのは僕らしだいであることを、ユーリヴアンドユーバーンは明らかにする。

この種の自由にどんな危険と高揚感が伴うかを読者に把握してもらうために、都市探検がいかに奇妙な展開を人生にもたらすかを伝えるために、二〇一〇年の夏の旅について話すことにしよう。三人の探検家——ウィンチ、ガッ

ツ、および〈ゲイリー〉――とともに、僕はイギリスからポーランドまで二週間の車の旅をし、五〇カ所以上の廃墟を探検し、その多くに泊まり込んだ。旅の最初は、ブリュッセルの最高裁判所だった。やりがいはあるが疲れる登りで、高さ三・六メートルの工事用の囲いを乗り越え、足場伝いに裁判所の敷地内に入り、修復工事中のいくつかの彫像までまずたどり着き、それから足場のパイプの外側を手と足だけでフリークライミングし、ようやく建物の頂上部の丸屋根にたどり着いた。

　その登りが二週間の旅の始まりで、旅の最後はさらに野心的なもので終わった。アントワープ・プレメトロに入り込むために、建設用立坑（シャフト）を三〇メートル懸垂下降（アブセイリング）したのだ。市の南西部郊外の地下にあるトンネルと駅からなるシステムだが、この区画は線路が敷かれたことも電車が走ったことも一度もない。地下の現場は一九八〇年代から放置されており、僕らはその全長を歩きたかったのだ。

　八月五日のことで、外は暖かかったが、ウィンチがブラックベリー端末を使ってグーグルアースで見つけた黒い巨大な穴の近くの縁石にガッツが車を寄せたころには、雨がパラパラと降りだしていた。ウィンチは助手席から飛びだし、柵を跳び越えて通りを渡った。僕は〈ゲイリー〉を見やった。その目は血走っており、シャツは二週間の旅のあいだに鉄条網を乗り越え、犬に追われ、廃屋で眠ったあとで血と泥で汚れており、足元はガソリンスタンドで買った食品包装材やペットボトルで埋まっていた。僕はふと、自分もおそらく同じくらい落ちぶれて見えるのだろうと気づいた。一瞬これはすべて明晰夢で、頭のなかで旅が再生されているのではないかと思った。

　そのとき急に車のドアがきしみながら強引に開けられた。「問題なさそうだぜ」ウィンチが報告した。「でも、数時間後に出直さないとだめだ。ロープを取り付けるには、いまは往来が多すぎる」。僕らは映画館に行って時間つぶしに『インセプション』を観ることにした。これはこの二週間で僕らがやった最初の「普通」のことだった。映画館の従業員は、入場券を買う僕らを胡散臭そうに眺めた。僕らがホームレスで、寝る場所を求めているだけだと思ったのだろう。

　夜中の一時ごろ映画が終わると、ガッツは映画館から足を引きずりながらでてきて、くたびれたのでやめておくと、僕らに告げた。ドイツのどこかで足首をひどく痛めており、懸垂下降をするほど体調がよくないと考えたのだ。彼にアクセス地点で降ろしてもらい、そこから僕らはロープを柵の上に投げて取り付けた。

いまでは本降りになった雨のなかで僕らは作業を開始した。一人ずつ下降し、壁を蹴りながらロープを滑り降りていった。底まで到達したところで、プレメトロの照明がすべて煌煌と灯っていることを知り、衝撃を受けた。僕らは未完成の見事な構造物のなかに入り、そこを何キロも歩いて、光を発するトンネルと使われたことのない地下鉄の駅の写真を撮影した。ロープの場所まで戻った時分には夜が明け始めており、僕ら三人は足を引きずっていた。地上に登って戻るために、ロープにフックで固定しようと試みるころには、雨は建設用シャフトに滝のように流れ落ちていた。

あまりにも疲れていて頭が働かず、誰一人として〔ロープを昇降するための〕シングル・ロープ・テクニック（SRT）のキットをきちんと装着できなかった。誰が何を提案しようが、解決策を見出そうが、ほかの二人には間違った方法のように思われ、感情が高ぶり始めた。ある時点までくると、〈ゲイリー〉は昼寝をしてから、あとで試すのはどうかとすら言いだした。僕らは罠にはまってしまったのだ。

濡れていたし、苛立ってもいたので、僕らはロープを登るのをあきらめ、別の出口を探し始めた。最終的にトンネルを抜けだす非常口を見つけると、ガッツに電話をしてそこへ迎えにきてもらい、シャフト上のロープはあとで取り返すことにした。車のなかで僕らは惨めで疲れていた。それでもまだ撮ったばかりの写真を猿（チンプ）のように覗き込んで感嘆の声をあげるだけの元気は残っていた。あの場から抜けだせ、朝まで生き残れたことがうれしかったのだ。

あの晩は、俺たちが映画を観るような「普通の」ことなど絶対にやらない理由を示したのだと、〈ゲイリー〉は言った。俺たちの人生は、受け身の消費活動のために提供されうるどんなものより、はるかに心を踊らせるものだからだ、と。僕らは全員、心得顔でくすりと笑い、『インセプション』のスター俳優レオナルド・ディカプリオが、雨のなかあの建設用シャフトの縁からロープで降りればおそらく粗相するだろうなどと、冗談を言い合った。

その旅の大半は、ガッツの車の後部座席でビールを飲んで過ごした。そのときウィンチが僕に、都市探検は「人生の質」の概念を書き換えたように感じると言った。もっと詳しく話してくれと頼むと、彼はこう言った。「まあ、僕らの世代は本物の経験はカネでは買えないことに気づいてきたんだと思う。経験はつくらなければならないとね。こうした経験こそ、人生の質が意味するものなんだ。どれだけの物を所有しているかなんてことよりも、自分の時間をどう過ごす選択をするかが、ずっと重要なんだ」

自分が生きたいように生きる権利に関するウィンチのこだわりは、グループ内の誰もがなんらかのかたちで感じていたものだった。それはその後数年間に仲間がより大胆で技巧的に無断侵入するようになるにつれ、ますます思いもよらない方法で明らかになった。同時に、その場を切り抜け、アドレナリンを放出させるスリルへの渇望は、留まるところを知らないものになった。その一方で、探検家たちはいつも、僕がそこに読み取ろうとするどんな政治的または犯罪的衝動よりも、ただそれが可能だから実行しようとする願望のほうが優先すると主張しつづけた。

それでも、ウィンチの言う「人生の質」について話をすると、多くの探検家は――その大半は事務職に就いている――その考えに賛同する。通常の生活はある時点までくるとつまらないものになり、自分たちを駆り立たせ、違うものを探し求めさせる。都市探検を実践して明らかになったのは、現代の世界都市は感覚的刺激にあふれ、ますます安全強化されるのが当たり前となった場所だという事実である。許容される唯一の行動様式は、働いてお仕着せの「娯楽」にカネを使うことなのだ。こうした制限はいまやどこにでも見られるため、一般大衆はほとんど気づかなくなっているが、冒険をすることで僕らにはそれが見えてくる。冒険を重ねるにつれ、粘り強い探検家にしか入り込むことのできない閉鎖された遊園地やインフラ・ネットワークが明らかになり、地元の境界線や監視カメラが、あるいは塀や柵、警備員などが、僕らの望むように遊ぶのを妨げるという概念は崩されてくる。[*17]

ロンドンは、多くの人によれば、難攻不落の典型的な要塞都市だ。[*18] 金融地区は「リング・オヴ・スティール」で周囲を守られている。これはロンドンのシティを取り巻く治安と監視のための警戒線で、一九九三年のIRAによるビショップスゲート爆弾事件のあと構築されたものだ。増強された治安対策はニューヨークの9・11と、ロンドン地下

鉄爆破事件7・7によってさらに強化された。この手の空間の設置は、空港や国境でお馴染みの安全装置——監視カメラや警戒線、車止めポール、さらには生体認証の読み取り機まで——が僕らの周辺にも登場し始めたことを意味した。[*19] 以来、これはイギリス国内の多くの場所にも広がった。リヴァプール警察は二〇一一年に地元市民を監視するために、無人航空機まで使用し始めた。アフガニスタンで何千もの「戦闘員」を殺すのに使われたのと同様の科学技術だ。[*20]

過去四年間に、ロンドンは想像上の「脅威レベル」に見合うようにするため、安全対策を強化する無数の理由を見つけだした。ローマ教皇の訪問、ロイヤル・ウェディング、エリザベス女王の即位五〇周年記念、二〇一二年のオリンピックなどである。それでも各イベントの終了後、警戒水準は「高められた」ままだ。監視用インフラは設置されつづけている。

皮肉なことに、都市探検家にとっても最も侵入可能なところはまさしくこの手の場所なのだ。システムが複雑であればあるほど、付け入る弱点もたくさんあるからだ。ロンドンの別の探検家、ダン・ソールズベリーが僕に語ったように、「ある時点までくると、こう言わざるをえない。『結果なんて知るものか。俺はこの街とつながる必要があるんだ。その感覚のために少しばかり努力しなければならないのなら、そうするまでさ』」。

しかし、そのシステムを破り、境界線を越えて、そのようなつながりをもつこと――それにはすべて結果が伴う。ギー・ドゥボールは、一九五〇年代のパリの急進派グループ、シチュアシオニスト・アンテルナシオナルの自称リーダーで、必要とあらばどんな手段によっても、都市を取り戻すべきだと考えた。代表作『スペクタクルの社会』のなかで現代の世界は「可能なことを許可されることと厳格に分離する」と彼は書いている。[*21] 地理学者ナイジェル・スリフトは、日常の都市を「警備娯楽施設」と呼んで、この考えをさらに詳しく説明する。すなわち、「娯楽によって人びとの関心をそらすことと監視を通じた混合的管理」である。[*22] 都市探検家は無断侵入をはかって、こうした安全強化と関心をそらす取り組みを無効にし、ブログ、写真、ビデオ、散文のかたちで世間に報告し、隠されていたものを表面化させる。

通りを歩いていれば、その人物が都市探検家だとはおそらく誰も気づかないだろう。彼らは出身国も職業も、背景も千差万別だ。偽名を使い身分を偽って活動する実践者の緩いネットワークで構成される都市探検の世界は、謎めいていて、秘密主義で、排他的で、深く根を張った、珍しく仲間意識に満ちたコミュニティだ。彼ら全員が共有するものがあるとすれば、日常生活に冒険を見出そうとする願望だ。これがプレイス・ハッキングの中心的基盤なのだ。

都市探検家は、コンピューター・ハッカーと同様、純粋に楽しみでセキュリティの弱点に付け込む。なぜそんなことをするのかと聞けば、おそらく要は自由の精神と難題への挑戦からなのだと言われるだろう。どちらの集団も、見えているものと見えていないもの、可能なことと不可能なこと、自己と社会が融合するそうした瞬間に有頂天になる。僕はこの過程を〈融合(メルド)〉と呼ぶ。まさしく禁じられているからこそ、こうした〈融合〉の瞬間は衝撃と刺激を与えられるが、それを追求すれば、面子を失った当局から取り締まられる危険もある。さらに都市探検家はもう一つ、コンピューター・ハッカーにはない危険とも直面しなければならない。物理的な世界のなかで〈融合〉を探し求めることは、発見の過程で探検家が命を落とせば、究極的な犠牲にもつながりうるのだ。

ハッカーと同様、現代の都市探検家もウェブ上のフォーラムで、自分たちの豊かな歴史をたちまち築きあげた。フォーラムでは、コミュニティは一種の倫理規定を称賛している。その主な特徴は、現在のエコ・ツーリズムへの社会的期待、すなわち「痕跡を残さないこと」に合致するものだ。[*23] この規定を執行する明白な組織は存在せず、あるのは仲間の共謀者からの非難の声だけだ。

都市探検コミュニティは外部者にはかなり排他的で、団結しているように見えるかもしれないが、統一戦線にも無数の内部分裂がある。なんらかの倫理規定が認識されているにもかかわらず、コミュニティなど存在せず、個々の探検家は好きなように行動するものだといった主張にもしばしば結びつく。回顧録『ヒドゥン・シティズ〔隠された都市〕』の著者モーゼズ・ゲイツが僕に語ったように、「皮肉な点は、これが生まれながらの気質として規則や期待されることを破る人間の集まりだということだ。それなのに、彼らが一つのコミュニティの規則に従うことを期待するのは明らかにばかげている」。[*24]

探検家たちが好んで語る都市探検のごく古い事例は一七九三年の出来事だ。フィリベール・アスペールという名のフランス人が、蝋燭の明かりを頼りに、現在はカタコンブ・ド・パリと呼ばれる、パリの地下にあって放置された採石場のなかに、「失われた」ワイン貯蔵室を探しに入り込んだ。だが、彼は二度と戻ってはこなかった。遺体は一一年後に発見され、彼を記念して碑が建てられた（「フィリベール・アスペール」は、別の名前の綴りを並び替えたのかもしれない。また、碑は存在するものの、キャタフィルたちが創造した人物かもしれない）。その出来事から一〇〇年以上のちの、ニューヨークの地下鉄網が開通した一週間後に、ライドシュムデル・ドライスプルが開通したばかりの地下トンネルを探検中に電車に轢かれて死亡した。

もちろん、すべての都市探検家がそのような悲劇的な最期を遂げるわけではない。古代ローマの歴史家ティトゥス・リウィウスはクロアカ・マキシマ下水道について書き、下水システムは都市の地表にある建物が破壊され、廃墟となった時代にも、当初の設計を留めているかもしれないと予知めいたことを述べている。[*25] 一八六二年には、ジョン・ホリングズヘッド〔イギリスの興行主で著述家〕が、ロンドンの下水道は「古物収集上や地理上の発見を提供してくれることにかけては有益」であるとして、下水道探検に時間を費やした。[*26] ウォルト・ウィットマン、チャールズ・ディケンズ、ボードレールの著作はもちろん、ダダイスト、シュルレアリスト、シチュアシオニストなどを含む多くのグループや芸術家たちも、危険で不安定、かつ不釣り合いでばかげた都市空間を発見しようとするその情熱ゆえに、都市探検の実践という現代の概念にとって、僕らをかきたてる表看板となっている。

一九三九年に、ウィップルスネイスという仮名の人物が『ケンブリッジの夜の登攀者たち』という短編を刊行した。[*27] ケンブリッジの学生だった一九三〇年代に、ウィップルスネイスは写真を使って徹底的に記録しながらドラマチックで楽しい物語を書いている。市内の建物を夜間にフリークライミングし、警察と守衛に追われながら、最終的にはいちばん高い尖塔の上まで到達したことなどが同書には綴られている。二〇一二年十月にケンブリッジ芸術・社会科学・人文科学研究センター（CRASSH）の一連のセミナーで僕が都市探検に関する論文を発表したとき、講演会にトム・ウィップルという名の現代の夜の登攀者が潜入していた。『タイムズ』紙の記者で、「夜の登攀者たち」の歴史と現代の突飛な行動について幅広く書いている人物だ。彼はウィップルスネイスの血縁者であるかもしれないし、そうでないかもしれない。ウィップルはある晩、僕をいたずらに連れだし、一晩中、高層建築物の外壁を登った（ビルダリング）話を語って聞かせた。[*28]

二〇〇九年のある逸話では、学生たちがキングズ・カレッジのそれぞれの尖塔のてっぺんにサンタクロースの帽子をかぶせたという。大学の管理課は後日、帽子の撤去に「何千ポンド」もかかったと主張した。[*29] 大学の建物に登った最も有名ないたずらは一九五八年に、工学部の学生が構内のセネト・ハウスの屋根に車を置いた事件であり、車はばらばらに分解することでようやく撤去することができた。[*30]

現代の都市探検グループの最初の世代は、一九七〇年代から九〇年代に集団化した。これらのグループはオースト

ラリアではドレイニアックス、および洞窟族（ケイヴクラン）と呼ばれていた（現在も呼ばれている）。ロシアでは地下惑星の穴掘り人、ニューヨーク市では地下芸（アース・サブテラネア）、ジンクスクルー、LTVスクワッド、サンフランシスコではカコフォニー・ソサエティ、ミネアポリスではアクション・スクワッド、カナダでは地下の天使（エンジェルズ・オヴ・ジ・アンダーグラウンド）、ドイツではベルリン地下連合、さらにパリにはUXをはじめ、さまざまなキャタフィルがいる。[*31] 興味深いことに、カコフォニー・ソサエティは、一九七七年に創設されたサンフランシスコ自殺（スーイサイド）クラブから派生した集団だった。創設メンバーのジョン・ロウはのちに、ネヴァダ州ブラックロック砂漠でバーニング・マンの野外大規模イベントの創設を手伝った。これはいまでは毎年、何万人もの入場者を集めている。[*32]

　記録にあるインターネットを介した大規模な都市探検家の最初の集会（ミートアップ）は、二〇〇二年にブルックリンで開かれたもので、三〇人ほどが参加した。企画したのは落書き集団から都市探検家グループになったLTVスクワッドで、その後、二〇〇四年六月にはトロントでさらに大集会が催され、六五人が集まって一緒に探検にでかけた。都市探検について近年、最初に本を執筆したニンジャリシャスがやはりトロント出身であり、その最大のウェブ・フォーラム、

「都市探検供給源」（UER）がそこから運営されているほか、国際的に尊敬を集めるマイケル・クックをはじめとする都市探検家を着実に輩出していることを考えれば、[*33] トロントが現代の都市探検運動の誕生の地だと言っても差し支えない。ただし、ほかの人はその称号をケイヴクランのいるオーストラリアや、スーイサイドクラブのあるサンフランシスコに賦与するかもしれない。それがどこで起きたにせよ、二〇〇〇年代初めは世界的な都市探検家のコミュニティが形成された時期だった。

しかし、これらの連合はいずれも、都市探検を実践する場合ともよく似て、緩い結びつきでしかない。トロントのジャーナリスト、ワーシュラー＝ヘンリーは、都市探検家は場所に関する断片的で複雑、かつ矛盾をはらむことも多い物語を示すので、ポストモダンのフォーダーの旅行ガイドのようであると述べた。[*34]〈アノニマス〉などのコンピューター・ハッカー集団のように、規則を破り、抵抗の運動や物語を生みだすことが、当局にとって制圧すべき目標をつくることであるのを、探検家たちは完全に理解している。[*35] それでも、都市探検コミュニティはばらばらである――仮名のもとで活動し、顔のぶれた写真を使い、正体を変え、地理的にも居場所をつねに変えている――ので、〈アノニマス〉のように反対勢力としての壮大な物語を築くことはできない。

もっとも、都市探検家はそのような〔集団としての〕予防策をあまり講じないように僕は思う。それは迫害を恐れるからでもあるが、自分たちがレッテルを貼られたくないからというほうが大きい。ある意味では、具体的な（政治的）メッセージを掲げていないのも、つまるところ総じて自己中心的な趣味について、いちいち動機を明確にする必要に迫られずに済むからである。

都市探検実践者は明らかに、覆面をして夜陰に紛れて都市をうろつく探検家の無法者的なイメージを楽しんでいる。万全を期した都市の建築物も、バックパックや三脚をもった二十代、三十代の若者集団によって侵入されてしまうことを示して、安全という幻想を打ち砕くイメージだ。[*36] 現実には、都市探検に関してはなんらとくに警戒すべき点はない。脅威であるというより、むしろよほど突飛である。個々の場所が探検されたからと言って、都市が無防備になることはまずない。それでも、こうした都市探検が確かに挑んでいるものがあるとすれば、つねに差し迫った脅威があるという新自由主義が請け合う潜在的メッセージだ。都市環境を人びとの「安全」のために符号化し、許容される活動範囲を制限するために使われるメッセージである。「防犯設備の整った」場所を探検してみせることは、こうした見世物（スペクタクル）もまた、探検家たちの匿名性とさして変わらない、脆い偽装行為に過ぎないことを露呈させるのだ。一種の反見世物（アンチスペクタクル）として、大半の探検家は自分たちの物語がより心をそそる選択肢となって、人びとをショッピングモールやテレビ画面から引き離すことを願っている。その多くは、ほかの人びとがみずからの冒険を探し求めて失敗したとしても、なんの責任も負わないだろうが。[*37] それでも、都市探検家は主流からはずれた行動模範をつくりだすことで、何ができて、なされるべきかに関する大衆の物語をひそかに崩してゆく。落書き（グラフィティ）アーティストやパルクール愛好者、スケートボーダーといった都市の「反体制主義者（サブヴァージョニスト）」と似ている。ただし、こうした現状にたいする都市探検家の反応は、体制を非難することではなく、むしろ体制にはお構いなしに、自分が望むことをしているのだと再び指摘しておくことは重要だ。

たとえば、一九六八年のパリの暴動に参加した（そしておそらくはそれを引き起こした）シチュアシオニストとは異なり、都市探検家は組織化された革命を求めているのではない。彼らは自分たちの望むことをやり、行ける場所に行くだけだ。子供時代には誰もがたいがいもっと自由に周囲とかかわってきている。だが、世界と直感的に独創的にかかわるよう人びとに促すことで、一種の覚醒を起こそうとすることなど、実際にそうであろうがなかろうが、大半の探検家にとってはあとからの思いつきであるようだ。目的は快挙を遂げること、それ自体により重きがある。[*38]

だからこそ、僕は都市探検を現場侵入（プレイス・ハッキング）と呼ぶのだ。一九八〇年代にはすでに、〈ハッキング〉という言葉がマサチューセッツ工科大学の〈科学技術ハッカー連合〉によって物理的な空間にも応用されていた。彼らは錠前破りを学び、大学の地下の蒸気トンネルに潜入した。同じ学生たちがキャンパスの屋根の上にも登り始め、オレンジ・ツアーと呼ばれるものに新入生を連れだした。「私は不在中」と書かれたTシャツを着たハッカー集団が、大学から許可されていない光景を見るために深夜以降にキャンパスの防犯設備をくぐり抜けるのだ。[*39] 有名なハッカー、ケヴィン・ミトニックはロサンゼルスでゴミ箱をあさって古いバスのパス券を探し、ロサンゼルスの交通局のものとそっくりな穴開け装置を入手したあと、ただ乗りできる券を乗客のために発行していた。[40]

「ハッキング」という言葉が仮想のコンピューター・ユーザー社会の専売特許のようになったのは、比較的最近のことでしかない。スウェーデンのメディア研究者のユーナス・ローグレンはこう書いている。「〈ハック〉という言葉は、以前は悪ふざけやばかげた行為を指して使われていた。その意味はいたずらを実行するのに必要な科学技術に移り変わり、のちに巧妙な技術的解決策を一般に意味するようになった」。[41]『ハッカーズ大辞典』で「ハッカー」の項目の七番目の意味として、「制限を独創的に克服または迂回する知的挑戦を楽しむ人」[42]とあり、重要なことにこの技能の物理的な基礎に言及する。ディサンクトは彼のウェブサイトでこう語る。

> 交通システムに不正侵入(ハック)する場合であれ、コンピューター・システムであれ、いずれも隙間だらけだ。なかに汚い小指を潜り込ませられる程度の小さい割れ目などどこにでもあって、大半の人が日々、当たり前のものとして見なしている滑らかで輝かしい表面の下に存在するものを、覗き見ることができる。[43]

今日、世界で最も人気のあるグローバルな都市探検フォーラム、UERには、一万八〇〇〇人がユーザー登録している。[44] ロンドンでは、二〇一二年現在で一〇〇人ほどの都市探検家が活動している。イギリスで最も広く知られるフォーラム〈28日後(デイズ・レイター)〉の管理人、メタン〔メセイン〕・プロヴァイダーに、イギリス国内のユーザー登録者に関する統計を何かもらえないかと聞いてみると、彼はこう答えた。「フォーラムで起きていることは、探検とはまるで無関係だ。あれは何も本当に反映してはいない」[45]

メタン・プロヴァイダーの反応は予測のつくものだった。それはこのコミュニティに近づきたいと思う研究者やジャーナリストにたいする反応なのだ。偽情報を流しつづけて知ったかぶりの初心者(ヌーブ)や警察を欺くことに誇りをいだく共通の経験にもとづいた反応なのだ。一年にわたって親しい友達関係を築き、数えきれないほど一緒に探検にでかけたあとですら、〈ゲイリー〉は僕にこう言った。「おまえがやっているのはな、ブラッド、言葉に過ぎない。これは何ともなんの関係もないんだ」

都市探検は、外部の人間が何を言おうと、[*46] 観戦スポーツではない。低光量で長時間露光した美しい写真は、それを撮影する探検家たちを有名にしつつある。しかし、たとえウィンチの言うようにそうした写真が「われわれの成し遂げたものの証拠」であっても、ダンが僕に語ったようにそれらは「ただ体験の記録として」存在するのだ。アレックスというロンドンのある探検家に、ブログのタイトルになぜ residu.es とつけたのか僕が尋ねると、「そこに投稿した文章も写真も、体験のあとの残留物（レジデュアルズ）に過ぎない」からだと彼は言った。

首都圏レベルで見れば、都市探検コミュニティは薄っぺらで、競い合い、対立し合うものだ。しかし、ほかの仲間とはなんの関係もないと主張する実践者がいるにもかかわらず、都市探検コミュニティは明らかに存在する。僕が行動をともにしたグループのような探検家たちは、ある面では、帰属意識をめぐってかなり部族的になるが、[*47] それでもよく対話はするし、情報を交換し、ミネアポリス、ニューヨーク、ミラノ、ストックホルム、パリにいるほかの探検家を訪ねたりもした。

ロンドン市内では、コミュニティの構造はかなり特殊だった。僕が二〇〇八年にロンドンにやってきたころは、四つの別個の、とはいえメンバーは重複する集団があって、多くの探検家はどんな特定の集団ともかかわりをもっていなかった。ロンドンの「チーム」メンバーの大半は公開のフォーラムにも、個人的な招待を必要とする秘密のフォーラムにも加わらずに活動していた。彼らの多くはメタン・プロヴァイダーによって〈28日後〉から追放されたあとで、そうしたフォーラムに参加するか、自分で立ちあげていた。

都市探検家はみな白人で中流階級だとこれまで学識者からは示唆されてきた。[*48] しかし、このコミュニティもまた公開のウェブやメディア上で感じられるほど、同質の集団ではない。これがおもに白人の中流階級の男性の集団ではあるのは事実だが[*49]――ロンドンの探検家アブドゥル・グリーズは以前に、なかば冗談で自分は、「探検家になるには肌の色が違う」と僕に言ったことがある――僕の経験では、排他的にそうだというわけではない。自分で責任を負い、コミュニティが取り組む難題に挑むことを厭わない人間は、誰でも受け入れられる。長期にわたる友情と、それゆえの集団への帰属意識を培うのは難しいかもしれないが、いったん仲間のあいだに居場所が与えられて受け入れられれば、すぐに秘密が明かされ、援助され（たとえ間違った場合でも）、参加することを期待される。都市探検家の組織はこの点でもコンピューター・ハッカーに似ている。ジャーナリストのアーサーとハリデイが以前あったハッカー集団ラルズセックについて書いているように、ハッカーは「ストリート・ギャングの組織と似ている。そこでは話題は尊敬や攻撃についてであり、誰が信頼できて、誰が敵か（通常は法の執行機関とライバルのギャング）、どの縄張りが誰のもので、誰が何を成し遂げたかに関するものである」[*50]。

僕がイギリス、アメリカ、スウェーデン、フランス、オーストラリア、イタリア、ベルギー、オランダで出会った探検家たちには、さまざまな職業に就いている人がいた。公営住宅の職員、アスダ・スーパーマーケットの管理職、バスの運転手、教会指導者、ストリッパー、清掃人、映像学科の学生や音大生、建設会社の所有者、プロのフリー・カメラマンが数人、指物師、銀行員、コールセンターの従業員、照明エンジニア、特別巡査、歯科医、地理の教師、それに当然ながら、ソフトウェア、IT、ウェブ・デザインで働く多数の人びとで、彼らは実質的にはハッカーであるとも考えられるかもしれない。もちろん、都市とこのようにかかわるには、経済的に充分に安定していなければならず、場所を調査し探検するのに必要な時間投資が可能なくらい自由時間を確保できなければならない。より重要なことに、これらの空間をおもに遊ぶための場所として見なさなければならず、たとえば、宅地開発の対象として考えてはいけない。

そのうえ、この世界の男女比は明らかに不釣り合いだ（ロンドンの探検家では女性はおよそ一〇％から一五％）。性差別だという非難は探検家たち自身に向けられている——おそらくは彼らがつくりだすイメージに男性優位なところがあるためであり、また広い意味で探検には歴史的に男性支配的な基盤があることと明らかに関連しているためだ——が、あからさまに女性を締めだすものは何もなく、むしろ女性探検家はきわめて尊重されている。とはいえ、エゴのぶつかり合う結束の固い探検家小集団内で、リスクと専門技術が天秤にかけられる傾向のあるコミュニティは、間違いなく昔ながらの男中心の世の中の見方をする人間の心に訴えるものがあるようだ。

二〇〇八年末に最初に公開フォーラムに投稿したとき、僕はのちに親友になる探検家たちから挑発的な書き込みをされた。そのスレッドに、僕は一人で探検したウォンズワースの放置された醸造所の写真を投稿し、都市を探検する動機について現場で民族誌的インタビュー」を行ないたい旨を書いた。ニコラス・アダムズは次のように書いてきた。「ウォンズワースのおまえの場所はろくでもない　バタシー発電所のてっぺんに立っている写真を見せてくれれば俺がドキュメンタリーをやる」。するとゼロがこう反応した。「なんだ明らかに自分の研究をヤリモシナイやつだろ」[*51]。身元調査のプロセスは結局のところ二正面で行なわれた。まずはオンラインによる接触で、人と出会うにはフォーラムよりもフェイスブックが役立った。それから現場で探検家としての僕の根性を見せることだった。

二〇〇八年一月にニール・Jという男が電話をかけてきて、ロンドンの探検家との初めての探検に僕を誘いだした。僕らは午前九時に待ち合わせることになっていたが、当日の朝、彼は一時間早く会えるかとメールで問い合わせてきた。僕は家を飛びだし、ロンドンを横断してトテナムヘールまで行った。現場へ着くと、自分たちはもうそこを通過してしまったので、イーリング・ブロードウェイで落ち合うといいと彼は言ってきた。その場所から一時間以上はかかるロンドンの反対側だ。汗をかき、息をはずませてそこに到着すると、僕は車に飛び乗って、エージェントMという名の、フィルム・カメラを弄んでいる女の子の隣に座った。ニールは助手席に座ってタバコを立てつづけに吸いながら、身振りを交えてあれこれ話をし、その間、ポポヴは気が狂ったように車を運転していた。

ウエストパークという一〇年近く放置されている精神病院に向かって高速道路を飛ばすあいだ、僕は緊張しつつ興奮していた。そこへ到着するや否や、僕らは探検家たちがザ・ハンマーと呼ぶ警備員に捕まった。ニールが口論を始めると、警察を呼ぶと脅された。[*52] 騒ぎのさなかに、ポポヴが黙ってトンネルのなかへ消え、僕らを置いて探検に行ってしまった。

これが都市探検家としての僕の人生の始まりだった。その日、僕はウィンチにも会った。彼はツイードのコートを着て眼鏡をかけ、大きな三脚をかかえ、別の病院をうろつきまわっていて、この場所の歴史について興奮してしゃべっていた。プレメトロへ一緒に懸垂下降した日から長い月日を経た二〇一一年には、ウィンチはロンドン・コンソリデーション・クルーの創設メンバーであるだけでなく、僕の親友の一人となった。

2　歴史の廃墟

過去を理解することはあらゆる探検方法を採用することだ。
——デイヴィッド・ローエンタール

僕らは泥に覆われた茂みのなかに隠れて、見回りの警備員が通り過ぎるのを待った。最近のサッカーの試合について語る彼らのおしゃべりと、ブーツの下で砂利がきしむ音が聞こえた。彼らの向こうには、人気（ひとけ）のないバタシー発電所が佇んでいる。レンガの壁は美しいほどに陰気で、クリーム色の大煙突がゆっくりと流れる雲のなかに突きだしている。警備員がようやく角を曲がると、僕らは一言も発さずに身をかがめながら走った。中庭に入るのに二回、正面玄関への通路にでるためにもう一回、仮設（ヘラス）フェンスを乗り越えた。最後のフェンスは壊れていて、乗り越えようとするとんでもない金属のきしみ音を立てた。僕らは汗をかき震えながら、交代でフェンスを押さえ、それから屋根のない中央広間に入り、芝生の上に転がって笑いと興奮を抑えようとした。

ロンドン屈指の象徴的な廃墟の建物のなかで寝転んで息を整えながら、僕らはまもなく自分の手で触れることになる巨大な煙突を見上げた。途方もない自由の気分を味わっていた。ルージュが僕のほうを向いて言った。「ここにほかに何があるか探しに行ってみる?」僕は、肩の緊張がほぐれるのを感じた。自分が病みつきになっているのがわかった。この感覚を失いたくはなかった。

崩れかけた鉄製の桁の上に登りつき、這わなければならない狭い場所を抜け、羽をばたつかせる鳩を追い払いながら、僕らはコントロール室Aに入り込んだ。ハンドル、スイッチ、時計、計器やレバーが並ぶ長いパネルのある部屋だ。ここは一九八〇年代まで使われていて、ロンドンの各地区に送る電気を調整していた。室内のすべてのものが埃まみれだった。ロンドンのそれぞれの地域に電力を切り替えるふりをしてみると、映画のセットのような気がした（「おやすみ、ウィンブルドン」――カチッ！）。そのあと屋根に登って煙突の根元までたどり着いた。そこで僕らは一杯やり、足元で輝くロンドンの明かりを眺めながら、大煙突の表面を撫でた。これまでそこに触れた人間はごくわずかしかいないし、いつまでそこにあるかもわからない。

やがて、日が昇ると、僕らは急いで隣接する（はるかに面白味に欠ける）川岸の公営住宅へと退却した。そこに住む多くの人びとは、発電所の景観ゆえにこれらの物件を購入したのだろうと僕らは考えた。彼らの多くはおそらく内部がどうなっているか見てみようなどと思ったこともないというのは、奇妙なことだ。

バタシー発電所とミレニアム・ミルズ――ロンドン東部に二十世紀初頭に建設された製粉所の廃墟――は、ロンドンの都市探検家コミュニティからは市内に残る最後の大きな産業廃墟と考えられていて、そのため神話的とも言える地位を占めてきた。ほかの都市から探検家がロンドンの僕らの仲間を訪ねてきたときは、この二カ所はたいがいお目当ての場所のリストに入っていた。パリやオデッサのカタコンブやニューヨーク市の橋、ラスヴェガスの下水道、ウクライナのチェルノブイリの廃墟のようなものだ。

僕が最初に探検家たちに出会った二〇〇八年には、世界の金融システムが内部崩壊していた。その結果、ロンドンは急停止したようになった。多くの建築プロジェクトや放置された場所の再開発計画が急に棚上げされ、建設現場は歯抜け状態になって、崩れかけた廃墟が人気もなく、野ざらしになっていた。メディア評論家や銀行家、政治家の話す言葉が、景気後退の現状に関するものから恐慌の可能性へと徐々に変わり始めると、探検家たちの目が世界のあちこちで輝きだした。

僕らがともに探検した廃墟のほとんどは、バタシー発電所のように、少なくとも数十年は前の建物で、心をそそる滅びの美学に浸ったものだった。[*1] しかし、イギリスの企業が倒産の憂き目に遭うにつれ、僕らは一度ならず、工場などが閉鎖されたニュースを読むとすぐさま忍び込んで残されたものを物色し、将来の考古学的物件を記録するようになった。[*2]

GENERATOR

都市探検家のほとんどは、放置され、使用されなくなった場所を探検することへの関心から、プレイス・ハッキングに情熱をもち始める。こうした場所はその美的資質ゆえに評価されている。周囲の都市環境の忙しなさから一時的に逃れさせてくれる可能性と、人類がすべて消滅したときに、未来がどんなふうに見えうるのかを暗示するその能力ゆえでもある。それは僕ら自身の死すべき運命も、本能的に思いださせる。朽ちてゆくことに惹かれるこうした感情は、たとえ探検家自身はそうした場所を訪問して、記録する衝動をなかなか明確に語れなかったとしても、どんどん広まっている。*3

ロンドン市内や周辺で一年間、バタシーやミレニアム・ミルズや、廃墟となったさまざまな病院などの朽ちてゆく建築物を探検したあと、僕らの地理上の想像力は必然的に別の場所へと広がり、経験にもとづく安全なゾーンからさらに遠くへ移動したいという願望は、抗し難いものになった。

二〇〇九年十月に、僕らはベルギーの地方にある廃墟となった城、養老院、工場などを探検して長い週末を過ごした。僕らが廃墟のなかで夜を明かしたのは、これが初めてだった。廃墟に寝転んでいるのは恐ろしかった。警察や警備員、建物の所有者、あるいは探検よりも穏やかでない意図をもった放浪者などに起こされる可能性がつねにあった。数回の旅で、そのように何週間も暮らしたあとで、グループの仲間はロンドンでの現実の生活が天空に消えてゆくような感覚をもち始めた。つねにいま現在の優先事項に向かわされることからも、義務からも切り離される満足感だ。それらの旅を大胆に計画し、案内役を務めたのは、ロンドン・チームB出身の有名かつ尊敬された写真マニアのウィンチだった。彼にはきわどい冗談を、それにぴったりの振る舞いをしながら言う癖があるため、誰もが涙のでるほど笑わせられる。

二〇〇九年の終わりに、ウィンチ、ダン、ガッツ、それに僕は再び高速A18号線を飛ばしてフランスの国境を越え、日が沈むころにはベルギーに入っていた。小型の緑色のスポーツカーでリエージュに向かいながら、僕は後部座席で過ぎゆく景色を眺めた。ハンドルを握っていたのはガッツだ。トランクは撮影機材と食品包装材に空のビール瓶であふれかえっていた。

太陽が沈んでゆき、オレンジ色の光線が広がって淀んだ灰色を分断するその光景には、現役の建物よりも廃墟のほうが多いように見えた。後部座席に座りながら、僕はローズ・マコーリーの言葉を声にだして読んだ。「地面の上にも下にも、崩れていない建物よりもはるかに多くの崩れた建物がある」。[*4] すると、誰もがしたり顔でうなずいた。何百という崩れかけた構造物に一緒に忍び込んだあとで、新たに建設された建物も、いつかは崩壊してゆくものなのだと、僕らはみな気づいていた。僕らが探し求めているのは、生と崩壊のあいだの時間であり、一目見ただけで場所が崩れ落ちうる脆弱な瞬間なのだ。

伸び放題の草木と、錆とガタガタの金属が入り交じったなかに放置された工場を僕らが通り過ぎるたびに、車内のエネルギーは増していた。隣に座っていたダン・ソールズベリーは、大陸側に渡るのはこれが初めてだったので、飛び回って手を叩き、「あれに登ろうぜ！」とか、「うわっ、あれは古そうだ！」などと言っていた。ウィンチと僕はガソリンスタンドで手に入れたシメイ・ビールを飲んでいた。ウィンチはいつものようにひびの入った自分のブラックベリーを使ってインターネットで写真を詳細に調べ、僕らの次の目的地の衛星写真をグーグルアースで眺め、入り込めそうな場所を探していた。彼は僕らのほうをゆっくり振り向いて言った。「よし、君たち、今晩はホテルに泊まるぞ」――誰もが唖然としているようだった――「ただし一九九六年に閉業したやつだ！」そこで僕らはみな激しく笑い転げた。

都市探検家は、建造環境のがらくたに魅了され、記憶の沁み込んだ場所を探し当て、そこに住んでいた人びとの亡霊との交流を求める。[*5] こうした場所を突き止めると、脆く朽ち果ててゆくさまを写真で捉える。カメラのシャッター音がまるで化学実験の爆発事故のように、過去、現在、未来を融解させるのだ。[*6] 写真に撮ることで、一時的に並列の瞬間が生みだされ、芸術家のロバート・スミッソンがかつて書いたように、「永遠を支配したような幻想」が与えられる。[*7]

見捨てられた地下壕や病院、産業用地で、僕らは現在と過去の合間に陥った瞬間を、思いがけない物質の痕跡とともに燃えあがり対立するものを見出した。たびたび考古学者になった気分にもなり、深くまで発掘することなく、表

面の物質を検査することで、場所の特質を分析しているかのようだった。それらが僕らにこじ開けることのできる小さな割れ目から発見される物などだ。写真、メモ、衣服、玩具、コンピューター、道具、家具、それに器具。ときには建物全体が人目にはつかないところに隠され、都市の上辺の陰にすっかり埋もれていることもある。そうした建物にたどり着くことのできる隙間――都市探検家のマイケル・クックが「消失点」と呼んだもの――は、都市がさほど堅固な存在ではなく、建造環境の自然な崩壊や腐敗を食い止めようと人が試みるなかで、むしろつねに渦を巻き変動する粒子の集合体であることを明らかにする。[*8]

都市探検は浅い表面的な発見の形態ではあるが、場所を読み解くうえでは往々にしてより包括的な方法にもなる。それは空間と同じくらい時間に関するものでもあり、発見の出来事と同じくらい知識の蓄積に関するものでもあり、物と同じくらい人に関するものである。[*9] 歴史家が一つのテーマや場所を掘りさげるのとは対照的に、都市探検家は何百もの場所に関するデータベースを頭のなかや仮想空間にもち、経験を通してそれを結びつけている。英国防空監視隊（ROC）のモニタリング・ポスト（半地下壕の一種）に関心をもったイギリスの都市探検家を研究した地理学者ルーク・ベネットは、「参加者は子供時代からもちつづけている探検本能か、目録をつくることへの強い願望か、なんらかの畏敬のプロセスを通して行動しているように見えた」と述べる。[*10] こうした場所が語る分断され、劣化し、混乱した物語は、確かに内省を促し、膨大な知識を蓄積して、空間と時間とのつねに未解決の関係を分類しようとする欲望を満たす。

都市探検は見捨てられた建物に、命を取り戻すのだ。場所としての当初の利用――工場や家、養老院、ホテルなど――は終わり、それゆえいまや無用のものと考えられるのかもしれないが、場所は「死ぬ」ことはない。こうした場所は遷移しているのであり、形状と意味が変異しているのだ。探検家は無用の土地、あるいは空き地を見ているのではなく、ただ異なった方法で大切にされ、記憶されている場所として見ている。これらの放棄後の物語をどこで、どのように解釈するかは、経済的な意味で誰がそれらを「所有」していようが、経験的な意味でそれが「本物」であろうが、早い者勝ちだ。これらの場所は、招待を受けていようがいまいが、それを再発見する努力をした者の手中にある。写真家のロマニーWGはこう書いている。「その瞬間にその探検家であることは、それらの物語を自分のために語る力を取り戻すことなのだ」[*11]

歴史的建造物として認識され、管理された場所――たとえば、ストーンヘンジやエリス島にたいし実施されている手入れや管理の度合いを考えてみるといい――とは対照的に、都市探検は歴史の真価を異なったかたちで認め、保存を約束するわけではない。場所は現在において経験され、楽しまれ、記録され、愛されるが、物質的な残存物は避けられない忘却に向かって変異しつづけるのを食い止められはしない。[*12]それでも、多くの場合、探検家はその場所に与える衝撃を最小限にするために手順を踏み、崩壊を早めたり、のちに訪れる人たちにとって体験の神聖さが変わったりしないように心がける。探検家のなかには、倫理規定を課してその徹底を試みる人すらいる。探検家が場所に損傷を与えたり、物資的痕跡をもち去るだけでなく動かすことでも影響をおよぼしたりしないようにし、そうした規定を探検家コミュニティからの非難や追放の脅しによって強制するものだ。

史跡に向き合うときは、僕らはよく「この場所はなぜ重要なのか?」と問いかけ、ガイドや専門家の声に頼って場所との関係を仲介させ、その重要性を説明してもらう。場所からじかに語りかけさせることはあまりない。だが、ロンドンの有名な歴史家ラファエル・サミュエルが書いているように、「専門の歴史家の手による歴史は、難解な知識の形態として提示されざるをえない」[*13]。以前、オーストラリア、カリフォルニア、およびハワイで考古学者として仕事をしていたころ、僕はいつもほかの民族の歴史や記憶にたいし、権威としての立場に立たされることに居心地の悪さを感じており、そのため自分の仕事の多くに抵抗していた。[*14]

都市探検の実践では、空間を解釈するのは哲学者でも科学者でもなく、たいていは事情もよく知らずに迷い込んだ人間であり、その空間が現われるにつれ知識を探し求めることになる。[*15]ディサンクトが言うように、僕らが「それをやるのは、そうしたいからであって、保存という壮大な意味からではない」のだとすれば、ガイドなしのツアーによって僕らは何を学べるのだろうか?　ただその場にいることの感覚的、感情的、情動的経験によって重要な歴史的特性が圧倒されるような場所で。[*16]

空間を物理的に探検する行為はこうした遭遇の物語を、場所の歴史にまで拡大する。*17 こうした経験は景観遺産から何かを差し引くのではなく、むしろそこに追加するのだが、景観遺産はその一方で市場に依存し、変更が許されない過去を生みだすため、どんどん凡庸なものになってゆく。*18 ドイツのジンターアンラーゲという廃墟の工場から抜けだす際に、ダンにその場所について何か学んだ気がするかどうか質問してみると、彼はこう語った。「探検はいつでも、ある意味では、無知をいくらか解消するプロセスなんだ。あんな経験をして、何も得ずに立ち去ることはできないさ」

僕らはついにウィンチが探していたホテルを見つけた。コスモスという名のホテルで、確かに一九九六年から放置されているようだった。夜の十時に、小雨の降るなか、僕らは裏手の崖まで迫りだしているブリキの屋根に登りつき、寝袋、カメラ、懐中電灯を担いだまま、割れた窓を探した。一階の出入口が予想以上に厳重に板囲いされていたからだ。しまいに僕らは割れ落ちた窓を見つけだし、よじ登って入った。侵入口は過去への入口(ポータル)でもある。屋内に入ると、鳩の糞だらけだが、古いビニール張りのソファが何台かあった。かび臭い本棚に小型蝋燭を置いて、夜を過ごせる場所が見つかったことを感謝しながら、僕らは〔フランス最北部〕カレー行きのフェリーで手に入れたウィスキーをすすった。

一緒に腰を下し、歪んだ窓枠から割れたガラスを風がはがす音を聞いているうちに、静けさが破られた。何か金属の固まりが、僕らには届かなかった屋根の部分に繰り返しぶつかる音がするのだ。細切れの沈黙のなかで、ダンがいままで場所を織り成す構造物に、これほど包み込まれたように感じたことはなかったと言い、僕らはみな同感した。廃墟で一時的に暮らすこと――都市探検仲間が「都市キャンプ」(もしくは「プロホーボー」に行くと呼ぶもの)――は、僕らを場所の物質性そのもののなかに組み込むようだった。

朝になると、僕らは駐車場のひび割れたアスファルトの上を歩き、ズボンの脚に絡まる雑草をよけながら車に向かい、次の目的地へ急いだ。僕らはつかの間、車を止めてホテル・コスモスを振り返り、そこで過ごした夜のことを考えた。そんな経験をしたあとで、あの場所をなんらかのかたちで保存したいと思うかどうか、僕はダンに聞いてみ

KOSMOS

た。彼は笑って言った。「いや、まったく。あれは肥溜めだ。見てみてろよ！」

車中で僕は、探検家は場所そのものよりも、これらの場所に物質的残骸がなくなったあともしばしば残っている歴史や記憶、体験のほうにより心を惹かれているのだと考えた。ホテル・コスモスの物質的残骸には、誰も郷愁を覚えなかったが、誰もが、それにおそらくはホテル自体ですら、僕らがそこで体験したことを喜んでいると感じた。

ホテル・コスモスは、遺産としての価値をもつには新し過ぎるとして、歴史家には見過ごされるような場所だ。その点、都市探検家は過去を鑑賞する際に、そのような制限を設けたりはしない。探検家は先週、店じまいしたばかりで無人になった食料品店でも、ベルギーにある十八世紀の廃墟の古城と同じくらいの重要性を見出すかもしれない。美しい歴史のある場所だけでなく、おもしろいもの、心を乱されるもの、あるいは暗い歴史のある場所はすべて、認知され、探索され、評価される。

都市探検家は手当たりしだいなんにでも関心をもつ。彼らは物質的な記録も非物質的なものも切りだして溜め込む。機能的な記憶も空想的な記憶も、場所の合理的な歴史も非合理的なものも。場所について彼らが生みだす神話は、語り継がれることで場所そのものに埋め込まれる。寒いベルギーの冬の吹きすさぶ風のなかで、コスモスの古びたビニール張りのソファの上で寝て夜を明かした物語は、日常のホテルとして営業していたころの物語と同じくらい、この場所の一部になったのだ。

ときには寂れた場所で、とりわけ経済的に繁栄した地域から離れたところでは、ほかの人びとに遭遇することがある。そうした出会いは、邪魔したことを詫びて引き返すだけのこともあれば、おたがいのいる場所についてちょっとした会話を交わす結果になることもある。こうしたこともまた、建物は当初の機能が失われても、役に立ちつづけることを思いださせる。のちにポーランドまで車でかけた別の旅の途中、廃墟になったソ連軍兵舎内で、明らかに住人がいるテントにでくわしたことがある。僕らはその光景をしばらく見つめ、写真に収めて静かに去った。あとになって、あのテントの住人は基地と何かしら関係があったのか、そうだとすればいったいどんな関係だったのかと疑問が沸き、話しかけなかったことを後悔した。

イングリッシュ・ヘリテッジのウェブサイトは、この団体が「イギリスの輝かしい歴史環境を保護および推進し、その過去が確実に研究され理解されるようにするために存在する」と高らかに明言する。[*19] かたや、アメリカの国立公園局のウェブサイトでは、「われわれの共有の遺産の重要性――およびその保存――を信じる」人びとと協力し合う意志があることを宣言する。[*20] イギリスのドーヴァー城やカリフォルニア州のボディ・ゴーストタウンのような史跡を訪れると、それらの声明に要約されたキーワード具体例に遭遇する。つまり、保存、研究、理解、遺産だ。

こうした概念は貴重だし、そこから生まれる研究も重要だ。しかし、それらの史跡もまた政府の所有物となり、国家的目標の利益に沿って、経済的な動機で動かされている。[*21] したがってこれらの場所は国家によって利用され、場所にたいする道徳的権利を主張しているのであり、「公式」な歴史を書き取らせ、それ以外の筋書きは除外する所定の遺産を押しつける運動の一環として解釈できるのである。

これはときに一般大衆の反発を引き起こし、均質化された文化的アイデンティティとして彼らが見なすものへの反感をいだかせる。一つの物語として提示された歴史の再現物が、実際にはそこで示された話よりも複雑であることに訪問者が気づいた場合にはなおさらだ。たとえば、カリフォルニアに保存されているスペインのミッション〔カトリック教会が建てた一連の伝導所〕は、その敷地内で起きた土着の人びとにたいする殺人、レイプ、奴隷化についてはほとんど何も語らない。アメリカ先住民は「別の」歴史も語り継がれるべきだと要求しているのだが。[*22]

国家が仲介する歴史解釈への大衆の反応は、多くの場合、軽蔑である。地理学者ディディア・ディライザーはカリフォルニアのボディ・ゴーストタウンを研究するなかで、一組の夫婦の訪問者と話をした。妻のほうが彼女にこう言った。「少し前にヴァージニア・シティにいたのだけど、ボディのほうがずっといいわ。これは商業的ではないから。あちらでは、建物のなかに入るたびに、誰かが何かを売りつけようとするの」。彼女の夫も同意見だった。「こっちのほうがずっと本物らしい」。その一方、ディライザーがあとから出会った別の訪問者は、建物が崩れないようにするために現場で「近代的」な素材が使われていることに気づいて、ボディは「本物ではない」と見なしていた。[*23] 僕はディライザーが訪れた数年後にボディを訪ね、朽ち果てる途中で保存された部屋のロープの手前に女の子が立っているのを見かけた。彼女は見るからにその障害物に苛立っており、父親にこう尋ねた。「でも私がそこに入ってはいけないと誰が決めたの？」

ボディでのディライザーの研究からは、多くの人びとが歴史的感覚を求めるなかで、一部の人は受け身的な考え以上のものも、文字に刻まれた物語を通して構築された過去以上のものも探し求めていたことがわかる。こうした人びとは、ある意味では自分がその歴史の書き手になろうとする。それが物理的な場所とかかわることを求めるにしろ、より双方向的な体験にしろ、その解釈に加わる機会にせよ、その歴史とのかかわりを求めている。[*24] 写真家のウルフィズムが書いているように、都市探検は「自分が歴史書から完全に忘れられた［場所で］、ガラスケース内にいるのとは対照的に、歴史と密接に接しているのだと感じる機会」を与えてくれるのだ。[*25]

思考は、過去への唯一の道で、都市を絶えず変化する物語に変貌させる。『文明とそれの不満』のなかで、フロイトはローマのパラティヌス丘に立って、この都市がパリンプセストだと想像する夢について書いている。つまり、幾重にも銘文が上書きされ、最も新しい文書の下にまだそれらが読み取れる羊皮紙のように、都市の建造物も、その物質的もしくは非物質的状態にかかわらず、いずれも心理的に掘り下げることができるという夢だ。[*26] このような層状の記憶は、思考上の自由であるだけでなく、それと同じくらい行動上の自由でもある。ある探検のさなかにパッチが語ったように、「ここで俺がやろうとすることは、誰かに属するものではない。俺のものなんだ」。都市探検家は場所に入り込み、自分の思うままにそれを楽しみ、従来の歴史物語の土台を遊び心をもって崩す、対抗的な地勢図をつくりだすことを主張する。[*27]

地理学者キャスリーン・ドゥシルヴィがこの繊細な理解について説明し、こう誘いかける。「過去が埃の層の下に厚く横たわる場所を想像してみよう。そこでは最も単純な回収行為も、不安による憶測の土煙を巻きあげる。がらくたなのか、宝なのか？　ゴミなのか人工遺物なのか？」[*28] ドゥシルヴィの世界では、崩れかけた廃墟の夢の世界のような本質と、そこに含まれる抗し難い物質的反響が僕らの想像をかきたてる。[*29] それを念頭に置くと、都市探検家のジェ

レミー・ブレイクスリーの考えはいっそう心を打つ。

これらの場所はなぜだか薬物のようになる。これほどの規模の場所はハイな気分にさせる。歴史、建築、そこを通り過ぎる光、一〇〇年にわたって内燃機関で噴射され、床中に血のように染みついた潤滑油の臭いのあいまったものだ。そして自分もまた、この場所の歴史におけるもう一つの層に過ぎない。[*30]

二〇〇九年の夏にルージュから電話をもらった。ロチェスター〔イギリス、ケント州〕付近のメドウェイ川の真ん中に、ソ連の潜水艦、U475ブラック・ウィドウが放置されたままになっていると聞いたと言うのだ。潜水艦は浮遊式博物館に改造されたが、やがて放棄された。彼女はeベイで空気注入式のゴムボートを二〇ポンドで購入しており、なかに入れるかどうか一緒に試してみないかと僕に聞いた。

夜の十一時ごろにロチェスターに着いて電車から降りると、そこは意外なほど静まり返ったディケンズ時代の小さい町だった。僕らは深夜前後に川岸までたどり着いて、通りすがりの車からは見えない場所に、緑色のぬめっとしたものに覆われた小さい階段を見つけた。あきれるほど音を立てる手動ポンプで三〇分間ゴムボートに空気を入れつづけたせいで、腕が筋肉痛で完全にぐったりしていた。ポンプを動かしたためだけでなく、階段に打ち寄せられてくるゴミを、寄せつけないようにしていたためだ。僕らはゴミ袋に入れて粘着テープを巻いた撮影機材をボートに積んだ。ルージュが船首に座り、僕は護岸堤防からボートを押しだしたあと船尾に座り込んだ。

夜のしじまにメドウェイ川の真ん中まで漕ぎだしたところで、最初に気づいたのは、ボートから聞こえてくる恐ろしいシューシュー音だった。沈みかけていたのだ。パニックになりながら、僕らはとにかく三〇メートルほど先の潜水艦までたどり着き、そこでボートを修理することにした。強い流れに逆らって、僕は懸命に漕いだ。潜水艦に乗り移ろうとして、ルージュがパドルでボートの動きを止めようとしたところ、パドルが半分に折れてしまった。折れたパドルが流れに乗って海へと押し流されてゆくのを、二人して神妙な顔で見送った。それから、僕はもやい綱をつかんでゴムボートを結わえつけた。二人とも這いでて潜水艦の船腹に登りつくと、シューシュー音は止まった。

艦上にでると、ハッチが艦橋［上部に突きでた部分］内部で電線で縛られているのがわかった。僕は電線を解き、息を止めてゆっくりとハンドルを回した。ハッチは凄まじい吸い込み音とともに開いたが、カビと鳩の干物の臭いが入り混じった油っぽい嗅覚カクテルを顔面にまともに浴びてしまった。僕らは下に降りていった。

艦内の空気はどんよりしていて、油と機械、錆、腐敗、流木、それに鳥の死骸の胸の悪くなる臭いで圧縮されている感じがした。艦体は傾いていたので、歩くには平衡感覚を狂わせる必要があった。なかは非常に狭く、写真撮影の準備をしようにも、斜めってしまい、ほとんど無意味なようだった。僕らは使い物にならないレーダーや潜望鏡や電話で遊び、艦首で夕食をとった。潜水艦のどの部分がもとからあって、どれがのちに博物館の来場者のために備えつけられたのかは不明だった。艦内でたっぷり五時間は過ごしたあと、おそらく淀んだ空気を吸ったためか、二人とも頭痛がし始めた。僕らはここを離れることにした。

ルージュが最初にハッチにでる梯子を登った。彼女がてっぺんまでたどり着き、僕の頭上の暗闇に包まれたとき、ドスンという恐ろしい音が聞こえ、そのあとに血も凍る叫び声がつづいた。彼女がぐったりした塊になって梯子から滑り落ち、頭をかかえながら僕の上にのしかかったのだ。外へでようと構えた途端ハッチがいきなり閉まり、開閉ハンドルに強打されたのだ。彼女が回復するまでしばらく休んだあと——どちらも頭痛がすることにますます恐怖を覚えながら——僕らはなんとか艦外へでた。

渦を巻く黒と茶色の川に囲まれながら、ルージュが滑り易い艦体の上をゴムボートに向かっておぼつかない足取りで進んでいた。僕は走って彼女を捕まえ、その瞬間に恐ろしいことに潮がすでに引いてしまったことに気づいた。ほかにどうしようもなく、僕は彼女がボートに乗るのを助け、自分も乗り込んでから、岸に向かってできる限り速く漕いだ。その間もずっと、ボートはシューシュー音を立てつづけた。僕はボートを勢いよく浅瀬に乗りあげさせ、膝まで沈みながら泥のなかに跳び降りた。あの滑り易い階段は、まだ少なくとも一五メートルは先にあった。

機材を満載したボートを引きずりながら、僕はルージュを支え、ゆっくり一歩ずつ岸まで歩いていった。ズボズボというひどい音と悪臭が僕らの前進を告げており、早朝にジョギングしていた人があんぐりと口を開けて見ていた。ようやく岸に上がると、僕らはあえぎながら地面に倒れ込んだ。それでも狂ったように笑い、脱出できた幸運を祝った。

都市探検家は、歴史書が見向きもしない土地固有の過去を掘り起こそうとする。[*31] このような忘れ去られた場所では、歴史はもろもろの人びとがつくりだした知識の社会的形態となっている。[*32] 探検は、都市であろうがなかろうが、思いがけないものの自発的な探索や発見、つまり自分が探していたことも知らなかった発見物によって、基本的に定義される。

建築家のル・コルビュジエは、人びとが信心深くコロッセオを保存しようと努力する一方で、機関車はスクラップの山で錆びるに任せているのは皮肉だと考えた。[*33] 今日の人びとは、機関車は崇めるかもしれないが、古いプリンターの山やフロッピーディスクの束は、「ゴミ」とか「廃品」と名づける。[*34] 「ＢＬＤＧＢＬＯＧ」のジェフ・マノーはこう語る。

ワーズワースならば平日の夜中の二時に外へでて、寂れた道の傍らに放置された事故車の割れたフロントガラスを見にゆくかもしれない。西洋文明のひと味違った、見方によればより興味深い段階の新しい廃墟だ。[*35]

場所やそのなかの人工物が評価されるようになるには、どのくらいの年月を経る必要があるのだろうか？　都市探検家にとって、その答えはあまり長いものではない。そうしたものにも価値を見出すのは、一つには少し前に見捨てられた場所を訪れれば、そこで遺棄された見慣れた人工物に出合えるという考え方によるものだ。それは思いも寄らぬ無意識の記憶を亡霊のように呼び起こし、交差する一時的な時間を生みだし、そこでは過去が現在と同じ時間になる。[*36]

一例を挙げると、ロンドン・チームBはレディングのカレッジ醸造場を、閉鎖後わずか数日目に初めて探検している。ここは誰に聞いても、お気に入りの場所となり、グループは何度もこの場所を訪れた。初回に醸造タンクに登ったダンはこう言った。「この場所はまだ生きている。まだハミングしているぞ！」それから一年半後、醸造場は取り壊された。知る限り、探検家たちが（不法に）撮った

写真が、この場所が物理的に消滅させられる前の、最後の現存記録である。

二〇〇九年に、僕はヴァニシング・デイズ〔消えゆく日々〕という名のツンツン頭の都市探検家に同行して、ジリンガムへの旅にでかけた。僕らは一日のうちに、ナポレオン時代の要塞から第二次世界大戦の砲台、一九八六年に閉鎖された馬術場まで、四ヵ所を訪ねた。そのいずれも、彼がたびたび行く場所だった。僕らがひと休みをして馬術場の崩れかけた低いレンガ塀の上に座り、息を整えていたときに、彼にこう聞いてみた。周囲には歴史的に「重要な」場所がいくらでもあるのに、なぜここにくるのか、と。

その場所にまつわる話が好きなんだと、彼は僕に言った。馬術場を建設し始めた変わり者の老大富豪の話だ。その老人は奇妙な建築物を建てる許可を得るため、ありえない要求をしつづけ、地元自治体と建設会社の双方を尻込みさせることになった。最終的に、際限なく建設と再建をつづけたあげくに、大富豪も資金繰りがつかなくなった。馬術場の最高なところは、ここが数ヵ月間、利用されたあと、すぐに再び閉鎖された点だと、ヴァニシング・デイズは僕に語った。彼はそのすべてのばからしさに魅了されたのだ。

建物の一室に——床にあった銅製パイプを人びとが厚板から引きはがしたために床から突きだした釘を注意深く避けながら——入ると、壁画のような馬の絵の壁紙が、風に吹かれて頭上ではためいているのが見えた。一九八五年にケント州観光案内所で発行されたパンフレットの山もあり、観光名所のトップ一〇に、この倒産した馬術場も含まれていた。「ここがなんとも悲しい場所であるのがたまらなくいいんだ。感じないかい?」それどころか、最初に塀の隙間から敷地内に入り込んだときから、僕はその悲哀を感じていた。この場所はあたりに蔓延する悲喜劇に浸りきっていた。

この馬術場は、いまや歴史というよりは思い出である。馬術場の「正式」な歴史は、それがどこに存在しようと、もちろん重要だが、都市探検家が(とりわけ)この場所に関してつくりあげた口碑と民間伝承が、その物語にもう一つ層を重ねている。*37

二〇〇八年から二〇一二年まで、僕らは誰もいない映画館から崩壊中のショッピング・モールや、無人のホテルまで、放置されて間もない場所をいくつも訪れた。廃屋の美的特質に魅了された僕らも、場所が、そのなかに住み、働いてきた人びととは切り離せないことに惹かれてきた。

ある日、ベルリンの近くにあるソ連軍事基地フォーゲルザング周辺を歩いていたとき、ウィンチがこう言った。「この場所にソ連兵がひしめいていて、このあたりで行進していて、祖国からこんなに離れたドイツの森のなかに大量の食糧や物資を運んでいる光景を想像できるかい？　どうかしている」

ガッツがこう答えた。「おい、俺たちがその現場を見ていたら、それが目に映った最後のものになっていたぜ、間違いなく」

探検はしばしば、思いもよらないことを明らかにする。ジャーナリストのトム・ヴァンダービルトは、アメリカ南西部で一連の放棄された核シェルターだと考えていたものの周囲に登ったあげくに、伝説にそそのかされた期待が打ち砕かれた話をしている。

地下壕や崩れそうな展望塔に見下ろされた一連の木造の構造物の周囲を探検しながら、白っぽい砂から突きだした残骸をときおり見かけた。現代の考古学的歴史の発見物にそれは見え、われわれは塔を登りながら、かつて歩哨がやったに違いない方法で、自分たちは現場を眺めているのだと想像した。ところが、あとからわかったのだが、［これらは］冷戦の歴史の痕跡ではなく、映画『コン・エアー』の痕跡だった。あちこちの建物内に、まだハリウッドの黄ばんだ書類が散乱しているのが見えた。*38

ヴァンダービルトはその経験から、この場所にたいする彼なりの意味づけをすることになり、それについて異なった物語を得ている。したがって、経験や記憶、忘却、政治課題、自発的な出会い、それに伝説をつくるプロセスを通して、場所にはいかに多くの歴史が構築されうるかが見てとれる。場所がそれ自体について僕らに教えるようにすれば、場所に主体性を与えれば、僕らは過去のイメージを魅惑的につくり直す豊かなタペストリーを織り始めることになる。おそらく何よりも重要なことは、都市探検家たちが教えるように、そうした物語や経験が与えられるのを待つのではなく、それらの物語を掌握し、自分たちが見届けたい一連の意味をつくりだすことであり、それが僕らの責任なのだろう。

3　遷移をとらえる

秩序とはいずれも極端な危険性の釣り合いをとる行為である。
――ヴァルター・ベンヤミン

二〇〇九年の暮れに、マルク・エクスプロからサリー州にある廃墟となったウエストパーク精神病院を探検しないかと誘われた。僕が最初の探検で、ザ・ハンマーに捕まったあの場所だ。ウエストパークは一九八〇年代のサッチャー政権時に、「地域でのケア」という脱施設化政策が導入されたために閉鎖された。精神病患者は施設から各家庭に移され、あとにはヴィクトリア朝時代からの施設を中心に、何軒もの病院が、器具も書類もカルテも残したまま、驚くような状態で見捨てられた。

マルク・エクスプロと僕はある朝早く、この敷地の外側の薮を這ってくぐり抜け、板打ちされていない窓を探した。一カ所見つかり、僕らはそこから淀んだ空気のなかへ忍び込んだ。正面の扉の背後には、テーブルと椅子が積みあげられていた。いかにも、僕らのような人間を寄せつけないために置かれたものだ。院内のあちこちをうろつくうちに、僕らはもっと私的な空間と人工物に出合い始めた。クッション壁がある個室も見つけ、なかに入ってしばらく座ってみた。個室内はなかば凍りついたように恐怖から血を流しているかのように感じられた。そのあと、ゆっくりと敬意を払いながら、病院で働く人のための託児所へ移動した。

マルクが廊下の向こうに姿を消したので、僕はしなって割れている床板の上に座って、劣化しつつある玩具の山を見つめた。ここが一部の人にとっては職場であり、ほかの人には子供時代の思い出の場所であったことに、僕は気づかされた。彼らは僕ぐらいの年齢だったのか？　元気でいるのか？　もう死んでいるのか？　この場所のことを思いだすことはあっただろうか？　彼らの記憶は壁に刻まれ、ヘド色の含鉛ペンキとともにはがれかけているのか？　僕が写真に収めたこれらの人工物は、彼らにとって大切なものだったのだろうか？

一足の小さな靴にでくわしたときには、僕はほとんどパニック状態になった。そこで考えられ、頭のなかで繰り返したのは、ただ一つのことだけだった。「誰の靴なんだ？」そのすぐあとに、僕は小さい椅子に腰かけているカビ臭い肌の炭化した人形を見つけた（おそらくそこに別の探検家が置いたのだろう）。割れた窓ガラスから隙間風が口笛のように吹き込み、頭上の雲の流れとともに部屋の明るさがゆっくりと変わるなかで、そのひとときはゆっくりと燃えた。まるで誰かがその場所の現実的容量を増したかのようだった。病院の歴史は空虚で、僕の好奇心はおそらくいくらか病的であったかもしれないが、その瞬間の衝撃は天啓のようだった。

しかし、そうした瞬間は、それが重要でありつづけるにはそうあらねばならないように、つかの間のものだ。ウエストパークの解体が二〇一〇年に始まったとき、パッチは言った。「よし、これでもう、あのどうしようもねえ場所の写真を撮るのをやめられる」。ウィンチはのちに僕にこう言った。以前はケインヒルという別の病院だった空き地を囲む柵のところに立っていたときのことだ。「なあ、こうした場所は遺産登録された大半の場所よりも、おそらくずっとよく写真に記録されているぜ。［壊されてしまうのは］寂しいけど、それはそれで構わない。いつだって探検する新たな場所はあるし、新たな経験もできる。それにさ、ここを公共住宅のようなものに造り変えられるのなら、それは地域のためにもすばらしいことだよ」

都市探検のウェブ・フォーラムにログインするたびに、ロンドン周辺で解体中か、処分されたか、放火された廃墟の保護施設のどれかに関する新しい「ニュース速報」があるようだ。イギリスの探検家のなかには、皮肉まじりに「保護施設探索者（アサイラム・シーカー）」と呼ばれる人もいて、その特殊な寂しい歴史ゆえに、その美的および感情的特質ゆえに、こうした場所を愛している。週末になるとよく、複数のグループが同じ廊下を歩き回り、同じ写真を撮っていることがある。更地になったときに探検家が哀悼を示すために踏む手順は（のちにパッチは病院に「尊厳をもって死んで」もらいたかったのだと語った）、こうした場所への彼らの深い愛着を示す。

ケインヒルとウエストパークが解体されたあと、僕は都市探検家が歴史家としてはたす役割の重大さを考え始めた。これらの場所が正式な記録をほとんど、もしくはまったく残さないまま消える場合は、なおさらだ（ウエストパーク解体時の映像は以下のサイトへ。探検家ジーナ・ゾーデン撮影。youtube.com/watch?v=qwEgaAz6uFQ（'The Sounds of Demolition'））。僕はまたこれらの場所がいずれはかならず破壊されることが、そのなかで探検をした経験にどう影響するのかも考えだした。垣間見えた過去を、その場所がもはや存在しなくなることを想定した将来に役立てることだ。[*1]

放棄された養老院、工場、発電所、軍事基地を訪ねた際に、僕らは無数の台帳、メモ帳、パンフレット、カルテ、新聞などを発見した。それらの場所に暮らしていた人びとの、個人的な記憶や物語の断片を与えてくれるものだ。廃墟のなかではしばしば死体のイメージが、人びとが投げ捨てた衣類や誰もいない椅子やベッドからはとくに浮かびあがる。こうした人工物は「幽霊たち」が考え、交流し、活動していたことを思いださせる。[*2]

過去を知ったあとのこの現在において、僕らはあとに残されたこれらのかすかな感情的記憶と対峙するのではなく、そこに織り合わされながら、自分自身の存在について考え始めているのかもしれない。僕らはこれらの場所へ行って、そこに刻まれた文字を読もうとする。あるいは淀んだ空気が充満した部屋でくゆる煙のように隅のほうに漂い、共有された不安や興奮の瞬間を想像するために。ウエストパークの警備員は、ロンドンの探検家スコット・カッドマンを廃墟で捕まえた折にこう言った。「俺はこの施設に入るたびに、お祈りを唱えるんだ」[*3]

ウィンチは時間のあるときに、ケインヒル病院のためのウェブサイト、canehill.org を管理している。このサイトにはたくさんの古い写真資料があるほか、ウィンチが長年にわたってこの場所にたびたび無断侵入したときに撮影した写真も掲載されており、何千人もが閲覧している。彼はまた解体された病院の職員や患者から感謝の言葉をもらい、そのうち何人かは、国民保健サービス（NHS）も政府も、病院の歴史を保存することにあまり関心はなかったと語った。最近、英国図書館が彼に連絡してきて、このサイトをまるごとアーカイブとして保管できないかと問い合わせてきた。病院がなくなっても自分は構わないとウィンチは言っていたが、廃墟のこうした片鱗が保存され、都市探検家が珍しくアマチュア考古学者として敬意を払われることを彼は明らかに喜んでいた。

こうした廃墟にたいする探検家の楽しみには、その変わり易い特質への敬意という側面もある。朽ち果ててゆく場所に戻るたびに、以前とは違っている。それがどう違うのかは、総じてわからない。誰か探検家が古いタイプライターを一センチ動かして、写真のなかでうまく光が当たるようにしたかもしれないし、どこかの子供が壁に落書きをしたり、仲間が集まってここでパーティを開いたりしたこともあるだろうし、守衛は窓に新しい板を打ちつけ、キツネは外の世界を屋内にもち込み、最後には雨が屋根梁を水浸しにして腐らせる。僕らは自然がゆっくりと、しかし容赦なくその仕事をする様子を垣間見る。ツタは窓を這い、カビは壁を崩し、木は床板を突き抜け、雨は徐々に瓦を突つき、あるいは雪が積もってすべてのものが建築上の心停止となってくずおれる。

都市探検家が赴く場所には、市内の維持管理された地域にはおおむね顕著に見られる滑らかな手触りが欠けている。廃墟では、人工物はときには何百年もの汚れのように見えるもので覆われている。長年の埃が厚く堆積した古い瓶を見つければ、近寄ることができるし、カメラレンズでそれを拡大し、自分が場所を変えるにつれて光の屈折が、まるでそこで繰り広げられる幾重もの活発な生命をあらわにするかのように、異なったパターンを描くのを眺める。きしむ床に静かに腰を下ろし、場違いな者――埃にまみれていない唯一の存在――の気分になり、頭上で聞こえる鳩の鳴き声や、割れた窓ガラスにこすりつける枝がひっきりなしに立てる音に耳をすませると、その場所に自分を刻み込みたくなる願望が堪え難いものになる。現実の緊張感は、はじけるまで溜まりつづける。ゆっくりと指を舐めて手を伸ばし、瓶の側面にこすりつける。すると、唾液のなかのDNAが突然射し込んだ日の光に輝くのを見ながら、それだけの歳月の歴史をすべて身体のなかに取り込むことになる。新しい層が古い層のなかに入り込むのだ。時間がゆっくりになるか止まっている空間では、これらが身体の反応する方法――身体が反応しうる唯一の方法――なのだ。これらが関心を向けるべき瞬間であり、ベカが僕に言ったように、「ただじっとしている」ときなのだ。

カメラは放置された通路でトーテムポールのようにじっと立っている。慎重に目測した数秒間の光が、瓦の欠けた場所から入り込み、カメラに捉えられる。光の余韻はすぐに差し掛かった雲によって空気から吸いとられてしまう。探検家は小声で悪態をつく。大声をだすと、もっと光が失われるとでも言うように。探検家は別の光が射し込むのを待つが、そうはならず、廃墟の寒さと影が迫りきて、徐々に物質的に彼のなかへ取り込まれてゆく。その一瞬は終わった。身震いをして、彼はカメラをケースにしまい、鞄を肩にかけ、ゆっくりと立ち去る。光はいまや建物とのみ戯れているに違いない。もっとも、そうであるかどうか僕らは実際には決してわからない。〈融合〉が起こらなければ、建築物は記録されない言語で機能するからだ。

崩壊を停止した状態で恭しく維持・管理された遺産登録地や史跡を追い求める人は、このことを都市探検から学べる。いずれは移ろうことが予測できない場合は、物質や記憶がたどるはずの軌道が調整されている場合は、何かが欠けているのだ、と。僕らにはこれらの場所の将来に書き込まれた己の姿を見ることはできない。そこに自分たちを刻み込むことは許されていないからだ。遺跡を保存する行為は、結局のところ自滅的だ。崩壊の本質は、それを食い止めようとする努力とともに失われるのである。[*4] 崩壊の停止は、それが冷凍保存されたような過去への郷愁となったときには、廃墟にたいする誤解した愛情になる。

一般には都市探検は破壊を伴う無断侵入をすると信じられていて、探検家は放置された空間に「押し入り」そこを乱すものだと思われているが、むしろ都市探検家は脆い現場を保護し記録して、秘密の歴史がささやきのなかで、自発的な発見を通して明らかにされつづけられるようにする。探検家はますます凡庸になりつづける世界のなかで、非凡な情動の守り手として行動するのだ。

いずれ移ろうことを予期するなかで、廃墟は夢のように、僕らを心の奥深くの願望と、物質世界の制約を超越した人生へ引き寄せる。[*5] その緊張のなかに、僕らは廃墟になった将来を想像することの暗い側面を、つまりJ・G・バラード風に構築された都市の黙示録を見いだす。そこでは僕らの日々の暮らしの名残りが未来の考古学になる。

過去二〇〇〇年におよぶ廃墟探検にまつわるロマンチックな逸話はいくらでもある。十八世紀、十九世紀の廃墟の描写はおおむねジョヴァンニ・バッティスタ・ピラネージやヒューバート・ロバート、ジョヴァンニ・パオロ・パニーニのような芸術家の作風をもとに築かれたものだった。彼らはヨーロッパの廃墟を懐古の情に満ちたロマンチシ

ズムをたっぷり効かせて描き、ローマの廃墟の見かけの雄大さをかきたてた。一八三〇年には画家のジョゼフ・ガンディがイングランド銀行の建築家ジョン・ソーンの依頼を受けて、廃墟になった同行の景観を——まだ建築もされないうちから——描くことになったのは有名だ。

のちの二十世紀には、ヒトラーの建築家アルベルト・シュペーアが「廃墟価値の理論」について書いている。シュペーアは第三帝国の偉大さを美しく朽ち果てる建物を建造することで、生みだそうと心がけた。[*6] シュペーアを支えていたのは、ドイツ帝国の空想世界は「廃墟を眺めること」で強化されると主張した政治地理学者カール・ハウスホーファーだった。[*7] 著書のなかでシュペーアはこう書いた。

過去の記念碑のなかでヒトラーが称賛した英雄的ひらめきを、錆びかけたゴミの山が伝えうると想像するのは難しかった……。特別な素材を使えば……数百年後、あるいは……数千年後に崩壊状態になっても、多かれ少なかれローマの模範に似た構造物を建てられるはずだ。[*8]

こうした再現手法は、廃墟の「利用」にたいする人びと

の感じ方と深く結びついており、廃墟の美学に関する現代の多くの人びとの考え方を煽ってきた。帝国主義的な汚点を留める想像である。かならずしも周知の事実ではないものの、これらの事例は破壊のもつ審美的力が今日もなお、表向きはよりロマン主義的だった時代と同じくらい意味をもつ状況を生みだした。[*9]

シュペーアと哲学者ヴァルター・ベンヤミンを比較して基準系にすることで、現代の廃墟の探検家たちの動機は解明できる。[*10] ベンヤミンは廃墟のなかで、歴史的真実が明らかになると考えていた。ロマン主義者は人生の苦悩という人類の自然状態を取り除いて、永遠の完璧さというううわべで世界を覆い隠した、と彼は主張した。ベンヤミンにとって廃墟は、その幻想を引きはがし、むきだしにし、大文字のHで綴られた〔唯一の〕歴史(ヒストリー)の木目に逆らって読み返すべく準備のできたものだった。廃墟のなかに暮らしてみると、それどころか建設現場で寝起きしても、情動的連想が引き起こされる。あらゆるものがすでに絶えず失われつつあることに気づくにつれ、記憶の危機へとつながるからだ。写真への依存はしたがって、その遷移を捉える努力ではなく、時の流れのなかに存在する経験を捉えることなのだ。[*11]

一方、シュペーアは自然にすら逆らう永遠の第三帝国の建設を目論んだ。彼は伝統を表わす器として廃墟を見なし、建設者、歴史家、神話作者によって植えつけられた真実だけを盛り込んだ神話がそこに具体化されているのだと考えた。彼は特定の素材が朽ちてゆく様子にとくに関心をもち、未来の記憶を意識した物質的フェティシズムを築くことに余念がなかった。

今日の都市探検家の動機は、シュペーアとベンヤミンのあいだの思想の交差点に位置する。むきだしの世界に惹かれることを原動力に、廃墟に見入ることで引き起こされる感情の洪水には毅然と立ち向かい、まだ語られていない歴史を見つけようと切望し、それと同時に写真による保存を通して神話づくりにもかかわり、崩壊の歴史を描いているのだ。こうした役割ゆえに、探検家兼記録係はゲリラ的な保護主義者となり、動画と写真を通して、特定の時と場所の記録を蓄えるようになる。いずれ必然的に変わるものを保存し、探検家自身をこうした遷移に編み込んでゆくのである。

フリードリヒ・ニーチェは、この種の郷愁に満ちた憧れは感情的に禍根を残し、みずからの遺産の一部を保存することにあまりにもこだわる社会を生みだし、よっていま存在する時間を味わえなくなると主張した。ニーチェはこう皮肉った。その結果、「すべての過去が非難に値するものとなる」。[*12] 批評家のブライアン・ディロンはニーチェに同調し、都市探検家とアーティストが現代の廃墟を眺めることも、郷愁の泥沼ではないかと主張する。[*13] しかし、多くの探検家は場所が朽ち果てるに任せたがっている。そう考えると、彼らは本当にいまや存在しない過去に郷愁を覚えているのだろうか？　それはニーチェの言う「禍根を残す郷愁」なのか、それとももっと理性的な記憶の形態で、知覚したものから注意をそらすよりも、知覚を高めるものなのか？

都市探検は、歴史と現在の経験および未来を交差させる試みに、重要な手本を示している。ニンジャリシャスが主張するように、文明が滅んだ大破局後の未来に、僕らに必要なものは大自然で生き延びる技術ではなく、都会で生き延びるすべなのだ。塀を乗り越え、錠前をこじ開け、押し入って、高塀を登り、罠を察知して、屋内を探索するといったもろもろのことだ。彼はこう問いかける。「そうした技術を磨くのに、放置された建物以上によい場所がどこにある？」[*14]

歴史家のポール・ドーブラシャチクは爆破事故を起こしたチェルノブイリの原子力発電所まで旅をした。「想像のおよばない恐怖」の放射性瓦礫を掘り進む「追悼と都市探検の双方の要素を取り入れた」旅だったと彼は書いている。[*15] 一世紀にわたって映画やビデオゲーム、文学を通して、信じ難いほど現実的な崩壊のイメージや黙示録的な未来にさらされてきたあとでは、空想と現実の境界線がぼやけ始めているのは無理もない、とドーブラシャチクは述べる。[*16]

現実と想像のこの融合こそ、ドーブラシャチクが見出したように、都市探検の魅力の否定し難い一部である。記憶と崩壊について考えることに非常に多くの時間を費やした作家、W・G・シーボルトの散文にその余韻が感じられる。次の一節で、彼は〔イギリス、サフォーク州〕オーフォード・ネスの放置された軍事施設を探検する。

これらの廃墟に近づけば近づくほど……将来、なんらかの大惨事でわれわれ自身の文明が滅びたあと、自分が残骸のなかに立っているような気分になった。われわれの社会の本質を知らずに、金属スクラップの山や廃棄された機械のあいだをうろつく後世の見知らぬ人間だけでなく、私にとっても、ここにかつて暮らし働いていた存在は謎であったし、地下壕内の旧式の仕掛けや備品の目的も、天井の下にある鉄のレール、まだ部分的に傾いた壁についたフック、皿ほどの大きさもあるシャワーヘッドなども、同じくらい謎であった。[*17]

同様に、歴史家のジョナサン・ヴィーチは、『現代の廃墟』の編集に当たって、原爆実験を行なったネヴァダ核実験場への旅について書いている。こうした廃墟を見たら、陰鬱さや郷愁のようなものを感じるに違いないと彼は予測していたが、代わりに見出したのはボードレールの悪魔の笑いだった。あまりにも理屈抜きの恐怖に、まるで戦慄で感情がショートしたかのように、ただ一つ感じることのできた反応はユーモアだったのだ。[*18]

探検家はこうした概念を新しい画像製作技術を通して発展させる。ほかの仲間たち、なかでもトークアーベック

ス・フォーラムの探検家たちは、廃墟で高ダイナミックレンジ（HDR）合成した写真の実験を始めており、その傑作をロマニーWGがまとめて出版している。[19] HDRは、まったく同じ構図で露出を変えて複数枚撮影し、それらを重ね合わせて暗い部分と明るい部分のどちらもが均等に映った一枚の写真を作成する技術だ。その結果できあがったものは、ときには「やり過ぎて」あまりにも見せ過ぎてしまう――あまりにも色が多く、コントラストや彩度を上げ過ぎた、技術に頼り過ぎる写真になりうる。しかし、写真がうまく仕上がれば、HDR撮影したものはこれらの超現実的な場所をさらに空想的に、この世のものと思えない、不可思議な、大破局後の場所のようにすら見せる。

こうした画像は現実と空想の境目を曖昧にし、デジタルのデータと生物学的なものがたがいを煽る、デジタル特異点（シンギュラリティ）に向かって移行している。[20] HDRの写真家は暗い物質性を超写実主義的にすることをひたすら好むが、その技術もまたそこにある悲しみに証言をさせ、これらの空間、場所、時間、そして人びとが確かに存在し、人生が決して清潔で明解な物語の型にはまる単純なものではないことを明らかにする。ロマニーWGの最近の写真の多く――女性モデルが、廃墟でヌードになったものなどをフォト

ショップ加工して、美的に活気を帯びた、美しく滑らかで架空の光線や植物や建材といった要素を含めたもの――もまた、客観的で美的な空間の関係と考えられているものを複雑にする役目をはたす。たとえそれらがときには、別の意味でフェティシズムであり、搾取的に見えたとしても。

環境や状況に圧倒されて、どうにも「手に負えない」事態に陥る経験は、秩序が維持され、個々の人間から現実における軌跡の主体性を奪うことを誇るような社会では、どんどん少なくなっている。それはちょうど、廃墟の規則が往々にして僕ら自身の物語をそこに書き込めないようにしているのと同様だ。僕らは日々、自分の行動を制御する力を失っているので、現代社会ではますます多くの人が、「身体的にも精神的にも、自分のまったく手に負えない力によって、たとえば環境にある有毒化学物質や核戦争、金融不安、人間関係全般の不安定さなどによって、脅威を突きつけられていると感じている」と、社会学者のスティーヴン・リングは主張する。[*21] その結果、重苦しい将来に対処する戦術を磨くことも、現代社会が生みだす疎外や無気力に対処できないがための論理的延長のように思われる。

探検家が崩れかけた建築物に忍び込むことを楽しむ理由の一つは、明らかに、大破局後の未来を想像することに根ざしている。これらの場所はその悲惨さゆえに、本能的に心をそそられる。それは一部には、英雄行為や冒険に満ちた将来においてそこに住む自分の姿をときに想像しているからでもある。そこでは探検家がみずからの神話の書き手になっているのだ。

二〇〇八年から二〇一〇年にかけて東ヨーロッパの廃墟を探検した際に、僕らはみな崩壊後のソ連とナチスドイツの遺構を目撃することに、やましさのなかにも快感を覚え、ときにはばかげた行動にもでた。[*22] 二〇一〇年にウィンチ、〈ゲイリー〉、ガッツとともにポーランドまで行った旅では、途中のドイツでノーラと呼ばれる放置されたソ連軍基地に立ち寄った際に、高さ二・五メートルほどのレーニン像にでくわした。僕は説明しようのない衝動を感じてその像によじ登りたくなり、本当に登ってみた。ほかの探検家たちは僕の行動を無理もないと思ったようだが、あとから自分の反応を振り返って、あれは冷戦史と現実にかかわりたかったのだと思い当たった。両親にとって冷戦はじつに多くを意味したのに、僕にはほとんど意味のないものだった。僕らはみな大笑いし、レーニンを叩いて痛めつけ、写真を撮ってから、森のなかへ急いで逃げた。ある意味では、これがそのときまさに僕らの必要としていたことだった。それは遺産登録された公園内では明らかに奨励されなかっただろう。

とはいえ、過去の探検がすべて楽しいものとなるわけではない。場所によっては視覚や記憶に留めておくのが困難なところもあるし、破壊したくなるような悪意が含まれるところもある。[23] 文化的、あるいは社会的なものが欠如していて、加工すべきものが何もないような場所もある。こうした場所は、使用されていた時代にそこにかかわっていた人びとも含め、多くの人が記憶から消そうとする。

ニューハンプシャーの開発業者が、一九七三年に産業遺産の概念について聞かれたときの言葉が、ガーディアン紙にこう引用されていた。「製鋼所を保存するだって？ それがうちの父親を殺したんだ。誰がそれを保存したいのかね？」。[24] 〔スティーヴン・〕ハイと〔デイヴィッド・〕ルイスは、アメリカの錆(ラスト)のベルト〔脱工業化が進んだ東部から五大湖周辺地域〕と、そこに隣接するカナダの工場地帯で、産業施設が大々的に爆破解体された出来事について書いている。一九八八年四月に二万八〇〇〇人以上の人が集まって、モントリオール・マイロン採掘場の大煙突が破壊されるさまを眺めた。その解体イベントは、著者らの言葉を借りれば、「世俗の儀式」の様相を呈した。過去を爆破することで、工場が閉鎖されるまでそこを経営していた企業によって負わせられた傷を癒すと同時に、この地にまだ満ちている過ぎ去った年月を思い返すものだった。[25]

こうした場面では、ノーラで僕が見せた反応のように、その場に自分たちの痕跡を残すのかどうか、写真以上のものを取るのか、場所に自分の感情と思い出を刻むのかどうか決断することになる。重要なことに、廃墟に無断侵入するときであれば、それは僕らの選択になる。多くの都市探検家は崩壊のリミナリティ〔境界状態の不安定な状況〕を保存しようとして、場所に手を加えまいと心がけるけれども、ときにはそうすることがまさに必要だと感じることもある。アーティストであり都市探検家でもあるルーシー・スパロウは僕にこう語った。「探検は私たちがそうなりたいものなの。場所にどういう反応を示すべきかについて、契約書にサインをした覚えはないわ」

780

ЗНАМЯ
АРМЕЙСКОГО
СПОРТА !

探検家は、放置された場所に入り込む体験が危険だろうが、恐ろしかろうが（あるいはそれゆえに）、そうした場所へ乗りだしてゆく。実行する人びとはみずからの実践を似たような自己認識で問いただす。〈ゲイリー〉はドイツの工場内部で、部屋の向こうから僕を呼び、「おい、ブラッド、これを見ろよ。これからちょっとした〝歴史〟を記録するところだ」と言って、〔両手の二本の〕指で引用府をつくってみせた。彼はそれから笑いながら割れた窓の写真を撮った。こうした場所との出合いに探検家が見せる反応はがさつで、ときには軽蔑的にすら見えるかもしれないが、保存を求めるような外部の仲介者が存在しない場面では、理屈抜きのかかわりが生じる。二〇〇九年に二度目のヨーロッパ大陸の旅が終わるころには、僕らはベルリンの近くでキャンプをし、放置されたソ連の陸軍病院という、二〇年前なら決して見られなかった場所の壊れたドア枠を利用して、夕食にバーベキューをしていた。その皮肉は誰もが感じた。

これらの経験では、僕らはイギリスで遺跡を探検していたときとは明確に異なった状況に置かれた。単なる一企業や一つの建物ではなく、一国全土にまたがる放棄と失敗にたいする畏怖の念から、僕らの探検は心が痛むと同時に、罪悪感を覚えるものになった。哲学者のディラン・トリッグが『崩壊の美学』に書いているように、放置された工場が失敗に終わった過去を証明するだけでなく、未来も廃墟に終わることを僕らに思い起こさせているのだとすれば、国全体にまたがる廃墟は何を言わんとするのだろうか？[*26]

ポーランドの経済的に恵まれない地域や、ラスヴェガスの排水路を探検した際に[*27]、必要に迫られて廃墟をすみかとする人びとに遭遇し、自分たちのどちらかと言えば恵まれた境遇に僕らは居心地の悪さを覚えた。ヨーロッパの旅では、東へ進むにつれて、僕らの気まずさはいっそう深刻になった。二〇一〇年に、アントワープの地下鉄に潜り込んだのと同じ旅行で、国境を越えてポーランドに入ったとき、車内は歓喜にあふれたが、すぐさま戸惑いのつぶやきがつづいた。この土地の景観は、ソ連の置き土産――はてしない廃墟――から予想したとおりの状況を見せてくれたが、放置された空間と人の関係がまるで異なった場所にきてしまったことに僕らは気づいた。ここでは、廃墟は単に無断侵入や冒険のための場所であるだけでなく、地元の人びとがただで住める場所や売りさばける品を探しに必要に駆られてやってくる場所でもあったのだ。

森のなかを何時間も運転して、ケシャヴツァ・レスラという名のソ連の基地を探したあげくに、僕らは夜の十時に何棟もの建物が並ぶ場所に到着した。見るからにソ連式の建築物が、判読不能な戦争記念碑を囲んでいる場所だ。いかにも東ヨーロッパの定番に見えたが、側面にパラボラ・アンテナが突きだしていた。どうやら地元住民はソ連が崩壊して基地が放棄されたあと、ここを夏のキャンプ地に変えたようだった。ジャージ姿で〔左右を刈りあげ、後ろだけを伸ばした〕マレット・ヘアの十代の遊び仲間たちが、寂れた建物や防空壕から走って出入りしていた。人が居住している建物ですら、廃墟のように見えた。塀もなければ警備員も見当たらず、規則も、境界線も、排他的な慣習も目につかなかった。

僕らにとっては天国であるはずだったが、何かが違って感じられた。そして僕ははたとその違いに気づいた。そこには郷愁を感じさせるものが何もなかったのだ。地元民はむしろソ連の建物群から、価値という価値をすべてはぎとることを楽しんでいたのだろう。ここでは人びとはまだ苦しんでいたからだ。これらの窓を割り、地下から錆びついた大砲の塊を掘りだしてくず鉄として売るのは、おそらく心地よい精神の浄化作用(カタルシス)になっただろう。

東ヨーロッパの探検には、特有の罪悪感が伴った。放置された空間をめぐる異なった価値体系の衝突から生じるものだ。おそらくこれは資本主義と共産主義のあいだで、より大きな緊張がつづいていることの表われなのだろう。東が西と出合う場所では、欲望が実用と、郷愁が期待と、移動が場所づくりと出合うのである。僕らは自分たちが西側文化をもち込んだことを知っていたし、心の底では、こうした鋳型に残された社会的条件づけが、たとえどれだけ努力しても、完全に消え去ることはないのもわかっていた。ポーランドをあとにしたとき、ウィンチが言ったように、「いい写真が撮れるどころか、あそこでは頭を蹴られ、カメラを盗まれる可能性のほうが高いと思ったな……それでも彼らを責めることはできない」。やがて僕らは故郷に戻り、代わりに自分たちの都市の皮膚の下に潜り込むことに決めた。

共同溝〔電気・ガス・水道などをまとめて埋設したトンネル〕やカタコンブ、地下壕のような地下の設備を探検するときは、世界の他の地域で人びとが住み着くような意味で、僕らがそこで暮らすことは決してなくとも、いつの日か干ばつや飢饉、核攻撃、はたまたゾンビの蔓延から逃れて避難するような、なんらかの空想が働いていた。具体的な理由が明確に述べられたことはないが、この種のシナリオはありがたいことですらあると、しばしばほのめかされてきた。そうなれば探検家が自分たちの知識と技術を存分に活用し、ついに自分がそうであると信じるスーパーヒーローになれるからだ。

スーザン・バック＝モースは『ベンヤミンとパサージュ論──見ることの弁証法』で、[*28]ヴァルター・ベンヤミンの『パサージュ論』[*29]を通して、「廃墟」のイメージが、資本主義の脆弱さだけでなく、それが必然的に破壊されることをも象徴している、と書いている。建設現場に無断侵入するときですら、探検家たちは未来からまだやってきていない幽霊に出会うことを想像して楽しむ。[*30]労働者が三〇年間も会社のために献身したあげくに工場閉鎖された話を聞いたあとであれば、失敗に終わった過去の廃墟のなかで、探検家はただ廃墟内部での超現実的な時間と空間の崩壊を体験するだけではない。[*31]すべてのものが移り変わり、僕らがしがみつけると考えるどんなものも幻想であることを、探検家は自分に言い聞かせているのだ。[*32]

気候変動の大惨事後や大破局後の空想は大衆文化に広く浸透している。『マッドマックス』、『28日後…』、『12モンキーズ』などの映画やテレビ番組から、コーマック・マッカーシーの『ザ・ロード』のような書籍、それにバイオショックやレイジなどのコンピューターゲームまで多岐にわたる。こうしたすべての作品のなかで、未来は殺風景な暗黒郷として描かれていても、その根底には強い高揚感がある。国家、社会生活、および文化的期待から解放されることでもたらされる自由であり、頼るべきものも心配すべきも自分しかいないことである。

大破局後の空想にたいする都市探検家の関心は、したがって僕らが失ったものを取り戻そうとする関心にほかならない。場所の感覚、共同体の感覚、自身の感覚──マルク・エクスプロが僕に語ったように、「僕らはまた部族の一員になりたいんだ。人間関係が重要な場所に」。そして都市探検はいろいろな土地を通り過ぎるだけで、そこに恒久

的なかたちで杭を立てることはないが、それが不可欠な橋となり、入口にもなる。それによって想像から行動に移行するからだ。

都市探検家は放置され、遺棄された場所で体現した経験を通して、自発的な発見をし、時間の融解を生みだすことに関心がある。探検家は新しい場所を制覇するたびに、自分が場所を構成するもろもろのものの一成分になることに気づいている。自分たちをその基本構造に融合させ、そのなかで移ろう瞬間を捉えているのだ。[*33] 探検家は歴史のある場所を大切にする心づもりも、それらを消失させる覚悟もできている。とはいえ、探検家は自分たちの過去の見方のほうがより正当だと主張することはない。彼らが伝えたいのは、過去を体験するための場所や必要性、願望が存在するということだ。あるいはその土地だけの歴史解釈や、管理されないままの崩壊を求める別の過去の夢があるということを。なぜなら、廃墟で規制されることなく味わった経験は、僕らが探検する場所と同じくらい、自分たちについても多くを教えてくれるからだ。しかもいまは、場所の感覚をもつ人がますます少なくなっている時代だからだ。[*34]

廃墟は崩壊しつつあるかもしれないが、まだ死んでいるのではなく、驚くような冒険やひらめきや、静かなひととき、徒歩で回る楽しさ、暗黒郷的への準備、それに芸術的な潜在力に満ちている。打寂れた場所は独自のペースで創造性を刺激するが、それはそこでの過程のほうが成果よりも優先されるからだ。廃墟は一貫した物語を紡ぐのに役に立つわけではないため、つかみどころがなく、争いのもとにもなる。そしてその不確定さが遊び心と探究心に満ちた試みを招き、その複雑さからなんらかの意味を解明することになる。[*35] 都市探検家はこれらの場所で時間の錬金術師になり、可能だとは考えられていなかった遷移を、気づかないうちに失われてしまったはずの移行を生じさせる。

探検家は小さな物語や、地元の、非物質的で空想的、かつ気まぐれな歴史に関心をもっている。探検は過去の想像と現在の経験を育む。それは人びとが現代世界の権力への信頼を失い始めるにつれ、未来がもたらしうるものについて慎重な好奇心から教えられたものだ。おそらく、都市探検が急速に社会的な関連性を増しながら行なわれるようになった理由が、ここにあるのだろう。人びとが資本主義後の世界がどういうものか興味をもつようになったために、都市探検家は想像力豊かな描写を提供できるようになったのだ。[*36]

4　潜入集団の台頭

一つの定まったハッカー倫理など存在しない。誰もが自分自身の倫理をもっている。俺たちがみな同じように考えるなどと言うのは、ばかげている。

——アシッド・フリーク

それは長く寒い冬となった二〇〇九年の冬期の始まりだった。チームBの探検家たちは、広さ一四ヘクタールほどの国防省の封鎖された核シェルターが突破された、という知らせを受けた。イギリスの「秘密地下都市」として知られた〈バーリントン〉は、冷戦の真っ只中に〔ウィルトシャー州コーシャムにある〕バスストーンの地下の採石場跡内部に建設されたものだった。核攻撃に見舞われた際には、イギリス政府はここに再建されることになっていた。二〇〇四年に機密扱いを解かれた施設の地図には、電話交換局、イギリス空軍作戦センター、事務所、厨房、BBCスタジオ、水処理施設、食堂、作業場に宿泊設備が描かれている。この場所は一九八〇年代から使用されておらず、僕らが入手した説明によれば、歴史的に非常に価値のあるすばらしく保存状態のよい人工物がいくらでもあるらしかった。ある人物などは、ダイヤル式の電話が一台一台、型押しされた王室の紋章付きで、まるで店の棚に並んでいるかのようにビニール梱包されたまま山積みにされている部屋があったとすら報告していた。

僕ら八人は二台の車で夜の十時ごろに到着し、ティミーという名の地元の探検家に正しい道筋を案内してもらうことになっていた。僕らは隣の採石場のゲートにある穴から荷物をくぐらせた。そこはパッチが手に入れた地図から見てとることのできた廃坑で、国防省の地下基地に隣接するものだ。

僕らは夜遅くまで調査をし、坑道の壁面に地下壕に通ずる新しく掘ったトンネルがないか調べたが、最終的に唯一望みのある入口は「封印」された巨大な防爆扉からだという結論に達した。間違った情報をもらっていたか、僕らが到達する前に地下壕が再び閉鎖されていたのだ。扉を調べてみたが、一寸の隙もないことがわかった。横から覗くと、ネジ込み式の回転ハンドルによってかんぬきで閉じられているのが見てとれたが、僕らの手の届かない反対側にあった。

僕ら八人はしばらく時間をとって意見をだし合った。都市探検の倫理規定に厳密に従うのであれば、この旅はこれでおしまいだ。あとから気づいたことだが、これが僕らの仲間の活動方法を変えた岐路だった。僕らは多数決で防爆扉をゆっくり手前に引いて、何も傷つけないように反対側のハンドルを回してみることに決めた。

採石場から二本の太い金属棒を見つけてくると、それを防爆扉の上下の縁から差し込んだ。充分な隙間が空いたので、一人が胸まで入り込み、手を伸ばして扉の後ろのハンドルを回した。ハンドルは地面に落ちた。それとともに扉を引っ張りつづけていた二人の探検家もひっくり返った。扉は錆びついた悲鳴をあげて勢いよく開いた。

僕らはかなり大型の監視カメラから丸見えの場所で、国防省の破られたばかりの地下壕の入口に立っていた。

パニック状態で議論がつづいた。すでに姿を見られてはいるものの、実際には誰もカメラを見ていないことを願いながら、僕らは顔に覆面をして、気が狂いそうなほどおびえつつも、なかに何があるのか見てやろうと決意を固めてイギリス政府の地下都市へと入っていった。

バーリントン内部で僕らが見出したものは、単なる空想的あるいは物質的な発見だけではなかった。それは探検家としての僕らの境界線を再設定する機会にもなった。なかに入り込むために、すでにUE〔都市探検〕の倫理規定を曲げていた。基地内で電気カートを見つけると、僕らは規定をさらに拡大解釈することにした。僕らはカートを始動し、一晩中、地下都市内を運転して、カーブを横滑りしながら回り、写真を撮っては笑った。誰もがおびえており、不安のあまりすっかり酔っぱらっていた。

都市探検家の世界規模のコミュニティは、それが存在するとすれば、廃墟となった場末の空間を記録し、しばしば

それを守ることで、「本物の」本質と経験を保存している。個々の探検家や探検家集団は、「新しい」見つかりにくい場所を最初に突破することで頭角を表わす。あるいは都市環境のなかで最も困難で、たいがいは危険を伴う探検を実行することで、そして「聖杯」や「叙事詩」——比類ない歴史的価値や、それまで一度も公開の場にさらされたことのない美的魅力——の発見のために努力することで有名になる。「聖杯」を手に入れるために、倫理規定はしばしば特定のニーズに合わせて曲げられなければならない。世界で最も尊敬されている探検家の多くは、新しい探検場所を公開したいという欲望が、多くの人から受け入れられたいという願望に勝ったときに、インターネットのフォーラム参加者と対立することになる。僕が入り込もうと決めた仲間、チームBにとって、それがまさしくバーリントン内で起きたことだった。ほかに例を見ない美しい廃墟を見たいという欲望が僕らをかきたてたが、限界を押し広げたアドレナリンのほとばしりこそが、実際に得た報酬だった。

建築家のアラン・ラップが都市探検についてこう書いている。

われわれが通常近づくことのできる領域は、ただ日常的であるだけでなく、抑圧的とは言わずとも、規範的な場所でしかないことを〔都市探検家は〕痛烈に思い起こさせる。公認された環境から推測しうるような様式は、都市探検家がゆく空間には見られない。彼らは洗脳を解除されているのだ。[*1]

シチュアシオニストの言う漂流（デリーヴ）が場所を探検する新しい方法を示し、人びとを日常の美的枠組から解き放つのと同様に、[*2]都市探検はその実践者たちに場所を占領し、欲望のなすがままにする機会を与える。たとえそれが、バーリントンで僕らがやったように、一晩しかつづかないものであったとしても。[*3]

高潔な保護主義を唱える都市探検の主流派内部には、脈々とつづいてきた強い信念がある。都市探検家が記録してこなければ、正当に評価されることのなかったこれらの場所は、気づかないまま忘れ去られてしまうという感覚だ。だが、舞台裏では、「新しい」場所への潜入と探検はほぼいずれも、誰かほかの連中（子供や落書き隊）がどこかに押し入るのを待ってあとにつづく探検家よりも、倫理規定に背くのを厭わない者によって率先されている。その限界が破られて初めて、場所は記録できるのだ。

探検家はみなこれが現実だと、あるいは少なくともおそらくそうだと気づいていても、そんなことは語らない。都市探検の仲間内には偽善が横行している。都市探検家の重要な教科書である『アクセス・オール・エリアズ』は、ほぼ完全に潜入（インフィルトレーション）を専門としており、防犯アラームを解除し、変装をして、錠前をピッキングし、蝶番からドアをはずすなどの「ドア操作技術」に頼った侵入を含んでいる。[*4]〈28日後（デイズ・レイター）〉フォーラムの管理人、メタン・プロヴァイダーは非公開のスレッドにこう書いた。

> DP［ダーク・プレイシズ］から全員へ／初期の28DL［28日後］は実情を知っている。われわれはただ何も言わずに、世間体を守ることにした。現実にどういう事態になるか知らないのは、HDRに夢中なガキや初心者だ。[*5]

バーリントンを（再）制覇してから二カ月後に、僕は自分のブログに写真を掲載した。[*6]僕がそうしたのは、主としてコミュニティ内部での個人の自由の限界を試すためであり、非公式とされる倫理規定の効力を探るためだった。僕らに内報した連中は、僕らが行くところにはそこが封鎖されることを知っていたに違いないからだ。基本的に、僕は誰が規定を課そうとしているのか知りたかった。もちろん、封鎖された地下壕に入り込む努力をし、大きな報酬のために大きな危険を冒したチームBのことも、正当に評価してもらいたかった。

民族誌学者のジレンマは事実上のものだった。僕はたびたびメンバーの一員として、自分たちの功績を広めるのは僕の義務だという思いと、民族誌学者として仲間に代わってそんな決断を下す権利はないという考えのあいだで揺れ動いた。だが、そのすぐあとで、ダン・ソールズベリーに、「どっちかの立場にいなければならないと考えるのをやめるんだ。いつだってその双方にいるんだ」と言われた。こうした裏表のある行動をとっていると考えることは、心躍るものであると同時に恐ろしいものだった。

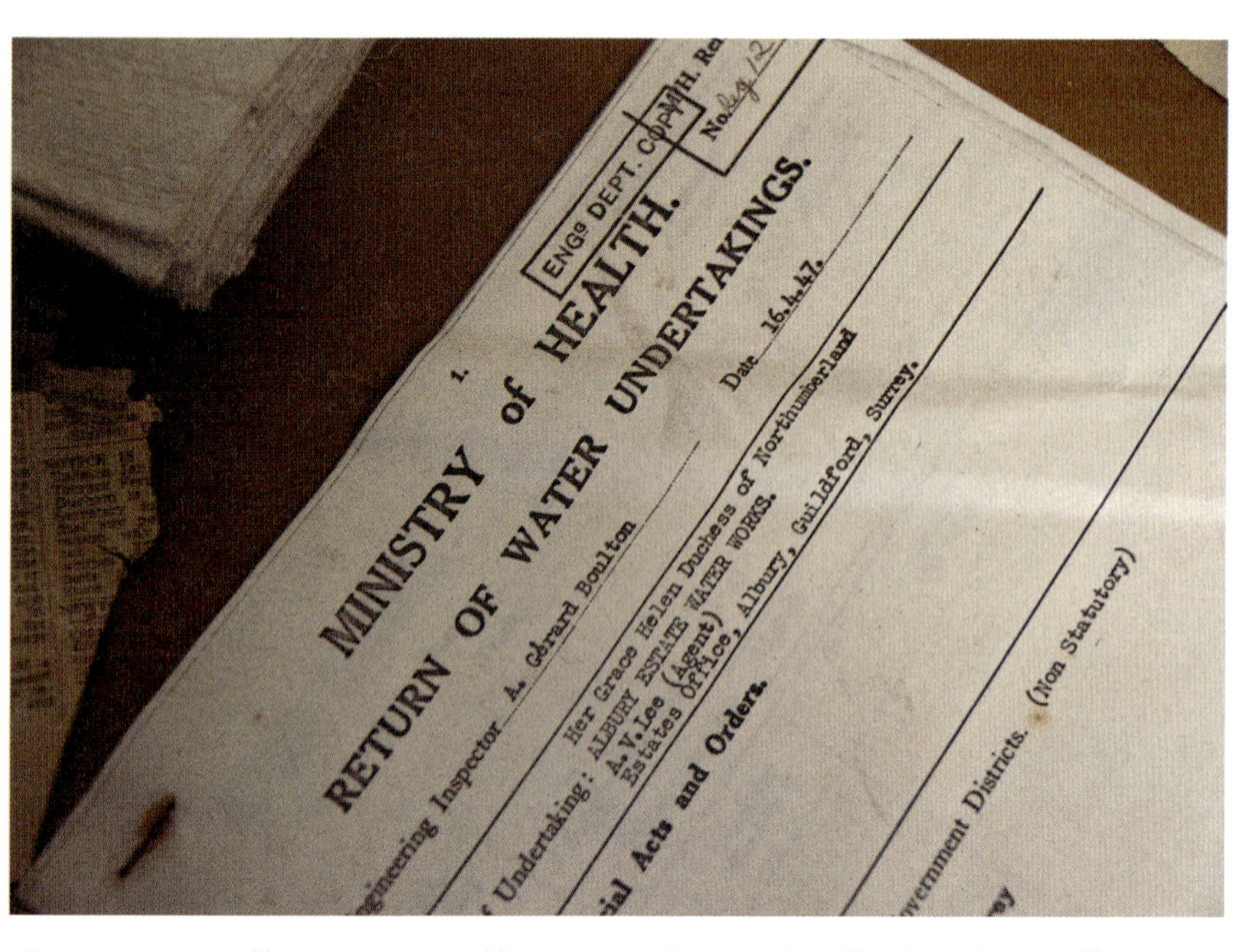

バーリントンのブログ記事は実際、〈28日後〉のメンバーと〈ダーク・プレイシズ〉の怒りの的となり、「皿に載せて手渡してやった」情報を僕らが利用したのだと、彼らは主張した。レモンヘッドは僕のブログに、「まるで自分たちが開拓者のような言い方だな。俺たちの多くはもう何年間もここに出入りしている。唯一の違いは、俺たちは防犯体制を強化させる（それにおそらく役人が関心をもつ）ようなやり方で、それを吹聴して回らないことだ。上出来だよ、うぬぼれ野郎。プレイス・ハックだって？ ああ、そうだ、ハッキングして、壊して、台無しにしてくれたよ」

一度も面識はないのだが、メタン・プロヴァイダーは僕のブログ記事を見たあと、〈28日後〉フォーラムから僕を終世出入り禁止にした。彼は僕の携帯に電話までかけてきて、記事を削除しなければ、「そのことをひどく後悔する」ことになり、僕らを「MODスクワッドに襲わせてやる」と言った。僕が断ると、彼はフォーラムの人びとを動員して、ブログ記事のコメント欄で僕を攻撃した。最終的に、彼を禁止や脅しに駆り立てた主たる動機は、規定を破ること以上に、〈28日後〉フォーラムのメンバーが「自分たちのもの」だと感じていた場所をうまいこと利用して、手柄を立てた事実に関するものであったことが明らかに

なった。

誰が、なぜこの規定を課そうとしているのかを突き止める僕の努力は実りあるものになった。自我の張り合いが劇的なかたちで明らかになったからだ。[*7] 数カ月後、マルクもやはりパリのカタコンブで仲間を死んだものと考え見捨てたとして、〈28日後〉フォーラムに出入り禁止になった（実際には、マルクがカタコンブを後にしたくなったとき、帰り道は自分で見つけられるとその人物が告げていたのだ）。

バーリントンの一件は、イギリスの都市探検の世界に見られるうぬぼれや政治駆け引き、場所の所有権（保護主義本能）の感情に煽られたテストステロンたっぷりの競争心を明らかにした。ほかの探検家たちから支援の電話やメッセージを着実にもらいつづけたので、コミュニティ内ではマルクと僕だけでなく、多くの人がいずれかの時点で倫理に「違反」し、炎上の標的となってきたのは間違いなかった。〈28日後〉のスレッドは、僕を攻撃する側と弁護する側のあいだの、熱を帯びた争いに発展した。

幸い、僕が［ネット上の］分身とIPアドレスを隠すVPNクライアントを使って議論を監視するあいだも、多くの人が僕の弁護に回ってくれた。群衆はしだいに関心を失った。ディサンクトはその間に僕にメールでこう書いてきた。「誰かが憎しみを集めるとかならず発生する集団リンチには、本来ひどく臆病なところがある」。彼らはさらにこうつづけた。「問題を理論づけて論理的に解決することなど、彼らには思いもよらないようだ」。この一件によって、僕らはイギリスのその他の探検家の世界から除外されたが、仲間としての僕らを結束させることにもなった。

情報共有の支配権をめぐるコミュニティの姿勢を、これは大方の探検家が賛同する実存的哲学と自由主義の政治信条にもコンプレックスと結びつけることは易しいが、男中心の人口構成やそれに伴う競争心旺盛なアルファ・オス・同じくらい関連するものだ。要するに、この一件は都市探検に排他的な本質が見られる可能性を示す一例というよりも、個人や集団の利益につながるものが脅威にさらされた場合、探検家の世界は実際にはただ島国根性的なものに陥ることを示している。

オーストラリア出身のバッカスがあとから僕にこう語った。「オズ〔オーストラリア〕のケイヴクランでは、こんなそったれなやり方はしない。おまえらイギリスの連中は妙に競争心が強い」。僕はまだオーストラリアを探検する機会に恵まれたことはないが、僕らの「突破」によって引き起こされた内部の政治的混乱が、イギリスの社会生活に深く根ざした政治的本質と密接にかかわっていることは、一瞬たりとも疑わない（アメリカでも似たような状況が起きつつあることに、僕はそれ以来気づいた）。パッチがバーリントンにおける僕らの成功についてあとで述べたように、大半の探検家は「おたがい共通の趣味が規則に反するものなのに、規則を破ったからといって誰かを叱りつける行為が偽善者ぶっているということを理解していなかった」。〔公共物の破壊に関与していると非難されることにたいし、都市探検家が自己弁護する方法について、彼はこう語った。「彼らは損傷を与えたり、侵入のために犯罪行為を犯したりすることは容赦しないし、自分たちもそれはやらない。でも、誰かが先陣を切らず、〈探検家も〉誰もそれをやろうとしなければ、基本的に古い養老院や産業用地はどこも、探検されてはいなかったことも、彼らは認めようとしない」

バーリントンで過ごした夜と、それにつづいたドラマは、僕らのグループに新たな活気をもたらし、イギリスの探検家が構成する大きなコミュニティとの縛りから解放されたことで、友人同士のより強い結びつきすら生みだした。

チームBはいまや独自の道を歩んでいるようだった。社会の一連の規則を捨て去るのに長年費やしたあげくに、別の規則（UEの倫理規定）を採用したように感じたあとで、僕らはついに自分たちの規則を書き始めた。僕らの反抗的な自己の再生が、夜な夜な探検にでかけるために外へ足を踏みだすたびに、マルクが叫んだように、僕らをますます「アクシオン！」に、つまり行動に駆り立てていた。これらの出来事は最終的に僕らをさらに遠くの地へと連れだし、都市探検家の世界規模の広いコミュニティと結びつけるようになった。

そうこうするうちに、いまや猛烈に団結力の強いチームとなった僕らは、末端にある場所を探しだし、忍び込むことに熟達し、一時的に住み込むようにすらなった。工事が中断した建設現場や下水道のような、都市探検と潜入の中間に位置する場所にも入り込んだ。じつを言えば、僕らは下水道で自分たちが何をしていたのか、本当にはわからなかった。ただ通りにある蓋を開けて、なかへ降りていった。たびたび狭いパイプで行き止まりになり、回れ右をして帰るはめになった。しかし、毎晩、何が起こるかわからないことが、そうした試み全体をおもしろいものにしていた。

都市を探検する新しい方法を探しだしつつも、スナッペル、バッカス、ゼロ、ディサンクト、ループス、および若干のメンバーがすでに都市のインフラ内に潜り込んでいることに誰もが気づいていた。これらの探検家たちはみな漠然と、僕らがチームAと呼ぶもの——ロンドンのトップクラスの探検家たち——の一環をなしていた。彼らは二〇〇八年以前に市内のさまざまな場所を最初に制覇し、都市探検の世界的なスターとなっていた。僕らのなかで彼らを本当によく知っているのはマルクだけだった。彼はパリジャンならではの気楽なスタイルと飽くなき冒険心で、ほぼ誰とでもなんらかの折にでかけていた。

チームAが実施してきた潜入は、主として五種類の場所である。建設現場、電気と通信ケーブルのトンネル、地下シェルター、下水道、そして僕らの多くが何よりも圧倒される挑戦だと思ったもの、すなわちロンドン地下鉄（チューブ）を含む交通網だ。

バーリントンの一件で僕らはチームAから一定の称賛を得た。おそらく封印された場所に入り込んだ功績と同じくらい、〈28日後〉から終生出入り禁止を食らったためでもあった。それから数カ月後に、僕と何人かの探検家がマル

ク・エクプロの二十九歳の誕生日パーティをキングズリーチタワーの最上階で開いた。ここはテムズ川の南岸にある三〇階建ての廃屋ビルで、チームAの有力メンバーでマルクの共通の友人たちも顔をだした。[*8]

僕はパーティ用にさまざまなものを集めるために一日中走り回っていた。小型蝋燭、風船、ヘリウムガス、アルコール、スナック、それにもちろん、たくさんの花火だ。ウィンチに車で拾ってもらい、一緒にキングズリーチタワーへ向かった。通りで僕らはガッツ、ピーター、ダン、パッチに会った。ダンは僕らが話しているあいだに抜けだし、三台の故障した監視カメラの前にある仮囲いを乗り越えた。数秒後には、彼が非常口を開けてくれたので、僕は安全ベストにヘルメットという恰好で、ヘリウムガスのタンクを片方の肩に担ぎ、もう一方にはお楽しみグッズを満載したダッフルバッグをかけて歩いて通った。

二九階まで到達すると、僕らは一時間かけて風船を膨らませ、蝋燭に明かりを灯してレッドストライプ〔ジャマイカのラガービール〕を飲んだ。マルクがやってきたころには、想像しうる限り最も壮観なロンドンの夜景が見える廃墟のペントハウスに数十人は集まっていた。ネブが音響システムを車のバッテリーにつなげたものを、二九階まで担ぎあげていた。僕らは眼下の都市のことなど完全に忘れて踊り、飲み、笑い、叫んで、花火をあげた。

夜中の二時を回ったころ、ダンと僕は下の公園にこっそりとでた。通りにあったロードコーンをいくつか失敬してきて、誰もが見えるような派手なロケット花火をまばゆいほどに連続して打ちあげた。通りから爆発が見えたと言って警察がやってくると、ペントハウスのパーティ客たちはこらえ切れずに笑いだしたが、はるか頭上なので音はかき消され、地上レベルでは気づかれることもなかった。ダンと僕は謝り、警官が立ち去ったあと、こっそりとパーティに戻った。

キングズリーチタワーでのパーティは解放感があった。子供のように自由で、飲んだくれの乱痴気騒ぎに欲望の赴くままに身を任せたものだ。[*9] ちょうどバーリントンの探検のように、僕らの自由が現実に意識できた夜だった。[*10] こうしたイベントではたびたび、キングズリーチタワー下の公園での出来事のように、当局と鉢合わせすることになったが、僕らは捕まる不安も楽しんでいたのであり、それが実体験の誘惑度をいっそう高めていた。

宴たけなわとなったところで、チームAの一員であるバッカスが酔っぱらって大げさに一席ぶった。彼は自分がイギリスを去るつもりだと僕らに告げた。そして、いまではチームBの僕らも最初のおおっぴらな喧嘩をやり、フォーラムの規制外で独自の道を進み始めているのだから、これからは一緒に探検をしてはどうかと提案した。そのあとにつづいたのは、ロンドンの二つのトップ集団の合併で、名称もロンドン・コンソリデーション・クルーまたはLCCと改められた。ロンドンのあらゆるインフラを制覇し、この都市で最も注目されている建設プロジェクトやランドマークに忍び込むことを目的とした潜入集団だ。

この新しい集団にとって、超高層ビルはまたとない度胸試しの場だった。僕がチームAのゼロと最初に探検したのはカナリーワーフ〔ロンドン東部のウォーターフロント再開発地域〕一帯だった。マルクと僕は夜中の十一時に彼と待ち合わせた。僕らはその前に下水道にいて、釣り用の防水長靴を入れたゴミ袋をかかえていたため、それを茂みのなかに隠した。それからゼロの案内で低いレンガ塀まで行き、そこを跳び越えた。塀の後ろに回れば、通りからは見えなくなり、隣にある工事中のランタンコート高層マンション群の足場をつかむことができた。足場の内側に入ると、僕らは階段をのんびりしたペースで上がり、超高層ビルの屋上から顔をだしてアイル・オヴ・ドッグスの絶景を見た。一帯を眺めるうちに、ゼロはクレーンがある別の超高層ビルを見つけ、登ってみないかと提案した。

三〇分後、僕らは照明用ポールにゆらゆらと登りついて、工事用の囲いをよじ登って建設現場に入った。ところが、今回、僕らはなぜかずっと緊張していた。そこへ、トランシーバーの音と犬のうるさい鳴き声が聞こえた。僕らは再び囲いを乗り越え、数秒後には三手に分かれて一目散に逃げた。番人が僕らの誰かを選んで追いかけなければならないようにするためだ。僕らは子供の遊び場で再び落ち合い、しばらくブランコに揺られながら失敗について笑い合った。二つ目の探検場所から追い払われて失望したかどうか、僕はマルクに聞いてみた。すると彼はこう言った。

「何が起こるかわかっていたら、探検にはならないぜ」

〈ゲイリー〉に僕らが潜入に移行することについて聞いてみると、彼はこう言った。「廃墟はすばらしいし、廃墟探

検はつづけるけど、そうした場所はいわば都市の外側なんだ。建設現場に入るのが好きなのは、それが都市の内側だからさ」。工事現場は廃墟と同様、おおむね人目につかない曖昧なもので、障壁の陰で見えなくなっている。そうした現場はたいがい都市の真っ只中にありながら、末端の場所で、排他的な、建設途上の都市なのだ。[*11]

二〇〇五年に哲学者ディラン・トリッグによるインタビューのなかで、ニンジャリシャスが考え込んでいたことは、彼が次のように語った言葉でより鮮明になる。都市探検家が「探し求めるものが本物の美であること以上に、崩壊の美だとは俺は言えない。崩壊は本物であることの一つの要素なんだ」。[*12]完成途中の超高層ビルが、セメント粉末やおがくずにまみれ、天井からはむきだしのワイヤーがぶら下がり、建物の外観のなかに押し込められんばかりになっている状態を見ることには、その本物らしさが備わっている。

潜入を、静かな社会的反体制（サブヴァージョン）のメッセージを伝える媒体として利用しながら、探検家は個人が異なった方法で都市生活とかかわる権利を穏やかに主張する。好奇心のある一部の人は建設プロジェクトを覗くことで満足するだろうが、ほかの人は「それに触れ、登り、においを嗅いで、あ

らゆる細部まで徹底的に調べ、すべてがどう機能するのか解明する必要を感じる」のだと、ニンジャリシャスは書いた。*[13]

そうした場所を露呈させることは、僕らが探し求める都会の本物の姿を突き止めることの一環であり、僕ら自身を夜ごとの出撃を通して都市と結びつける方法だったのだ。こうした現場の防犯体制は廃墟よりもずっと堅固なので、僕らはいっそう非破壊的に錠前をピッキングし、合鍵をつくり、警報を解除し、ロープを使って登り、換気装置に潜り込み、六角棒スパナやマンホール・フックをもち歩き、鉄条網やレーザーワイヤーをよじ登り、エレベーターのかご（リフト・サーフィン）の上に乗り、エアダクトに潜り込むようになり、都市を一ピースごとに解体して、いったん接近できれば、また組み立てられるパズルのようなものとしておおよそ考えるようになった。

活動範囲が廃墟探検を超えたものになると、探検はもはや広大な放棄地で開いている窓によじ登ったり、一人しかいない警備員の巡回を避けたりするだけの問題では済まなくなった。いまやいっそうの努力と危険が伴い、そこからはるかに充実した見返りがもたらされるようになった。

ＬＣＣが結束するにつれて、僕はドゥボールとシチュアシオニスト・アンテルナシオナルのことを思いだした。彼らもまた眺める行為から行動へ移行することで、都市の非参加的な側面への対抗を試みた。人びとに空間を提供し、都市を機能させている場所への潜入行為は、自分たちがロンドンとより深い関係を築いているのだという感覚を僕らに与えた。[*14]〔史跡のような〕既知の場所で〔埋もれていた〕別の歴史を探し求める代わりに、僕らはこれまで誰も表立って記録してこなかった歴史と場所を明らかにするプロセスを始めたのだ。

皮肉なことに、僕らは都市の片隅で無視されているものを探しているのだという感覚よりも、都市に失われたものを見つけているように感じることがはるかに多かった。そのため、僕らがやっていることは、新たな方向へ事態を押し進めるのではなく、実際には、都市探検をその根源に戻しているように僕は感じた。都市探検は、本来行くべきでない場所へ行き、見るべきでない場所を見ることなのだ。よく知られている都市探検の古い記録は、ホテルのプールに忍び込んだり、橋をよじ登ったり、都市のインフラ内に入り込んだり、建設現場を探検したりするものだ。そして、僕らはその伝統を受け継いでいたのだ。

現代都市を「安全にする」問題は、体積と次元の問題だ。[*15]超高層ビルの最上部、つまり最も裕福な人や企業がいる領域は、最も近づきにくい場所であり、やたら目につくために最も狙われやすい場所でもある。ザ・シャードは顕著な例だった。これらの構造物が与える景観の近寄り難さが、それらを興味の対象にしているのだが、イギリスではほかの多くの国にくらべて、こうした見晴らしのよい場所に到達するのは厄介だ。

イギリスは監視カメラに取りつかれている。ここには、ヨーロッパのその他すべての国を合わせたよりも、多くのカメラが存在する。[*16]僕らは世界で最も「安全」な都市ロンドンが、冒険や荘厳な経験を探そうと努力する者にとっては、まだいくらでもその機会を提供する場所であることを自分たちに証明したかったのだ。ダンが僕に語ったように、それは「もう一度、情熱を傾けられる何かを探す」願望だった。

＊　＊　＊

いくつかの手がかりを調べたあとでシティ内を歩いていたとき、ウィンチがブロック塀に穴が開いているのを見つけた。そこは建設現場につづいているように見えた。彼はいたずらっぽくにやり笑い、僕とジーナと〈ゲイリー〉のほうを見て言った。「試してみるか?」僕らはうなずいて、通りの左右を見た。誰もいなかった。仕事や飲酒の時間が過ぎたあとは、シティ内は通常そうだった。

塀のあいだを抜けると、敷地のど真ん中に巨大な赤いクレーンが鎮座する静まり返った工事現場にでた。僕らは姿勢を低くしてそこを走り抜け、格子状のクレーンをつかんで登り始めた。頂上まで上がると、息をのむような光景が広がっていた。僕らは交代でシティの屋上を見下ろしてみた。[*17] 最上階で集合写真を撮ってから、僕らはまた下へ降りて地上にでた。

塀の穴を通って戻るとき、僕らは興奮のあまり通りに人がいないかどうかまず確かめるのを忘れ、高級スーツを着込み、ネクタイを緩めた男から丸見えの場所にでてしまった。男はその場で足を止め、指を立ててこちらを指し、叫んだ。「いったいなんだ?」よろめきながら向かってきたとき、彼が歩くのもままならないほど酔っ払っていることに僕らは気づき、誰かにつかみかかるのではないかと思い、男を避けて通った。角を曲がってキングウィリアム・ストリートに差し掛かったとき、僕が振り返ると、その男はスーツ姿で穴に潜り込んでいた。僕は衝撃を受け、妙に誇らしい気分になった。彼はただ自分も加わりたかったのだ。何カ月ものちに、建設途中だったビルがロスチャイルド銀行の新しい本店であったことを知った。

一九三〇年代の有名なケンブリッジの夜の登攀者たちのように、LCCはロンドンの高い構築物や足場、屋上、超高層ビルに夢中になり、さらにマルクのあとを追って、彼の昔ながらの馴染みの場所であるパリの教会や大聖堂にも、教会公認ではない景観を見にでかけた。ヘロンタワー、バービカンタワーズ、ストラータ、キングズリーチタワー、テンプルコート、ニューコート、カナリーワーフの超高層ビル、そして最終的にはザ・シャードで、風に揺れる鉄製クレーンとセメントの釣合錘に腰掛けてテムズ川を見下ろし、そのすべてが僕らの夜遊び場になった。暗闇を

頼りに活動する僕らにとって、夕暮れは夜明けのようなものだった。

僕らはますます冒険に夢中になった。シティのスカイラインのはるか上方で、放置された高層ビルのてっぺんで、あるいはロンドンの何百メートルも上空の、わずかな風が吹いても腕部分が誘惑するように揺れるクレーンの上で。そうした場所で雲のなかに浮かぶと、そこにはつねに軽い靄がかかっていて、カメラのオートフォーカスに支障がでる。これらは確かに、大半の人は決して見ることのない光景だ。しかしまた、ピーターが言ったように、人には許されていないこうした空間こそ、往々にして最も自由でいられる場所なのだ。「俺たちはみんなビルの上のクレーンに登っていて、ニコラス・アダムズは歩道から望遠レンズで俺たちの写真を撮っていた。お巡りが近づいてくるのが見えて、なぜクレーンの写真を撮っているのか彼に聞くんだ。こっちの存在など気づきもしないで。俺たちは笑ったけど、実際、通りにいるよりも上にいるほうが安全だということが俺にはわかったね」

超高層ビルや教会、大聖堂を登って、ロープの使い方を学び、新しい技術を学んで多くの時間を過ごせば過ごすほど、仲間同士の会話から僕は、一見まるで異なった設備点

検用スペースや廃墟、建設現場のあいだの類似性や重なりについてより確信をもつようになった。

二〇一〇年の〔BBC〕チャンネル4のドキュメンタリー「クレーンの孤独な暮らし」であるクレーン運転士が指摘したように、[*18]都市では子供を除けば、ごくわずかな人びとしか上を見上げないというのは、じつに驚くべきことだ。クレーンの視点から見れば、通りにいる人びとは都市の流れに溶け込んでいる。ひどく煩わしく耳障りであることの多い都市のリズムと音も、そこではかすかなうなり音に過ぎなくなる。[*19]ザ・シャードの最上部に僕らが座っていたとき、当時はそこが七六階だったが、マルクがこう言った。「この高さからだと、ロンドン橋に入っていく線路はテムズ川に似始めるな。どれも流れなんだ」。僕らはこうした体験が別個の出来事ではないことを理解していた。僕らはまったく新しい都市の集合体を組み立てていて、そこでは結びつき、リズム、流れ、境界、および潜在力が前面にでていた。自分たちがロンドンの欠くことのできない一部であって、その結びつきすべてを目撃しているような気分にますますなるのだった。

ダンはキングズリーチタワーの端に座って、ブラックフライアーズ駅のクロスレール〔イングランド南東部に建設中の鉄道路線〕の新しい工事現場を眺めながら僕に言った。「この上では自分がすごく生きている感じがする。だから戻りつづけるんだ。現実の生活よりも現実なのさ」。都市における「不毛な」日々の営みから抜けだすこの感覚は、仲間同士がかかわり合う方法にも影響していた。建物を登っているときには、僕らはたがいに命を預け合っているが、個人的にも、ともに危ない橋を渡り、アドレナリンをほとばしらせることで生きている。放置された事務所ビルで、その後解体されたテンプルコートの屋上にいたとき、パブで飲んで午前三時に家路に着く連中の笑い声を聞いて、ティガーが僕に言った。「ここに登ればどんな気分になれるか知ってさえいれば、やつらもパブには二度と行かないかもしれないな。おそらくこれまで一度もこのビルに気づいたことはないだろうけど」。そのビルがなくなったあと、空き地を歩くたびに、僕は二度と腰を下ろすことのない空に浮かんで交わしたあの会話を思いだした。

こうした共有の発見や感覚が、仲間を感情的な抱擁によって結びつけた。ともに体験した恐怖や興奮によって生じた情動の巻きひげが、屋上に登るたびに、都市の基本構造と融合するにつれて伸びてくるのだった。[*20]僕らはこれまで以上に都市のなかに――文字どおりその最もよく目立ち、費用のかかる建設プロジェクトの内部に――いたけれども、静かに座って一緒に話すこともできて、逆説的だが通りにいるときよりも、そこで親密な会話を交わすこともできた。〈ゲイリー〉はのちにこう言った。「ここで別に何もしていなくても構わない。クレーンの運転室に座っていれば、退屈なことだっておもしろいさ」。僕はこの本の一部を、オールドゲートイースト地下鉄駅の上の、途中放棄された工事現場にあるクレーンの運転室のなかで書きすらした。研究者としての僕の日常生活を雑多な形態に変え、ビールを飲みながらそこにもたれかかり、宇宙管制センターの無線を聞き、明かりが瞬くのを眺めつつ、自分のペースでラップトップに文章を打ち込んだのだ。

しかし、その代償は高くついた。どこまでなら切り抜けられるのかにいったん気づくと、アドレナリン中毒は日常生活をも完全に消耗させるものになり、グループの人間の多くは、探検仲間ではない友人とはますます疎遠になっていることに気づいた。僕は考えうる限り最低の夕食パーティのゲストになり、会話を始めようものなら、「それで昨日、僕らはこの建設現場に忍び込んでさ……」などと言いだす始末だった。それでも、僕は生まれて初めて人生がそうあるべきものになっていると感じていた。毎日がその前の日よりも興奮に満ちていたし、友人グループとこれほど親しくなったことはなかった。僕らは部族主義になっていたのだ。

僕はますます、自分の集団以外の社会的期待などお構いなしになり、この部族主義を奉じて、ほぼすべての時間を潜入技術を学び、写真を撮り、探検をして僕らの物語を書くことに費やしていた。その生活様式は僕の強迫的性質を満足させ、それまで存在していたことも知らなかった自分の側面を引きだした。マルク・エクプロが言うように、「アクシオン!」あるのみの側面だ。

活動の最盛期には、僕らはほとんど毎晩でかけていた。もともとチームAにいて、いまやLCCの中心メンバーとなったゼロは、あるとき僕に自分は「通常の生活なんてやめてやり、夜行性になったんだ」と語った。

僕らはパリにもより頻繁に行くようになり、マルクが知っているか、侵入してみたいと考えていた場所を訪れるようになった。パリではロンドンよりもはるかに楽にいろいろなことが切り抜けられた。探検家たちは真夜中にノート

ルダムを登りすらした。マルクはとりわけ教会を登ることに関心があり、それを「オリンピック競技の一つにすべき」だと考えていた。サンシュルピス教会を登るまで、彼の言う意味はわからなかった。登るには僕らはバックパックを前にかかえ、背中を壁にぴったりつけ、柱に片足をつけて突っ張りながら、手、膝、足、背中を建物の表面に交互に押しつけながら登るチムニー・クライムで進まなければならなかった。一度でも滑れば、少なくとも脚の一本は骨折するだろう。頂上まで着くと、お洒落な恰好をした六人の大学生がワインを飲んでいて、親切に僕らにも分けてくれた。

上にいるあいだに、僕はマルクになぜこうした建物や修復工事の現場に惹かれるのか尋ね、ここは週の大半は誰か別の人たちの職場に過ぎないではないかと指摘してみた。彼はこう答えた。「ブラッド、建設現場は廃墟のようなものなんだ。つねに遷移の状態にあるからね。それを経験する楽しみは、一部にはその合間の瞬間を目撃することからくる。どれも都市の大半の住民には通常見られない場所を垣間見ることだな」

その旅の終わりには、僕らはクレーンから教会、カタコンブ、共同溝、メトロ、下水道まで多数の場所を探検し、ほとんど三日連続で徹夜をしていた。その時点で、僕はへたり込んだ。交差点の真ん中の中央島で、マルクがまださらに下水の蓋を一つ引きずりながら開けているかたわらで僕はひっくり返り、叫んだ。「お願いだ、眠らないとだめだ。こんなことはもうつづけられない！」それから草に顔を埋めてすすり泣いた。

僕らは社会的にさらにはみだし者になり、イギリスの探検家の大きなコミュニティ内ですら主流から取り残された。空間の政治学について僕が読んでいた文献や自分たちの行動が理論と実践を結びつけている方法のなかで、重要な岐路が出現しつつあった。僕らは都市の最も目立つ建設プロジェクトという、典型的な見世物空間の調査を具体化させることで、ドゥボールの言う「内部分離」を発見していたのだ。僕らは見えるものと見えないもの、できることとできないこと、想像したものと経験したもの、やったこととやっていないことの境界を曖昧にすることで、都市を織りなす基本構造のなかに「合間」を接合していたのだ。ネット上に写真を掲載し、僕らが新たな場所を制覇して、都市のパズルをもう一つつなぎ合わせたことに人びとが気づくたびに。こうした快挙は一人では決して成し遂げられなかっただろう。言い換えれば、部族主義は排他的ではあっても、カタルシスを起こさせるもので、僕らが成功しつづけるうえで欠かせないものだったのだ。

都市探検は慣習に逆らうものだとする見方もあるかもしれないが、コンピューターを通して見れば探検はこの意味で、社会的に「本物」である別の種類のものとしても見なせるかもしれない。[*21] 僕らの経験は協力して危険を冒すことで、僕が「エッジワーク」と呼ぶようになったものを実践することで、より強い仲間同士の絆を築いた。[*22]

ここでもまた、都市探検の源は、パリのシュルレアリストたちの実験にまでさかのぼる。日々のなかに埋もれていると彼らが信じた驚異を解き放とうとした試みだ。シチュアシオニストもやはり都市の見世物と同期していない、隠された意味や関係を含んだ場所に価値を見出した。[*23]

探検のために探検をし、経験するために危険を冒し、「結果」などほとんど考えない欲望は、子供のころに僕らの奥深くに流れていたものだ。都市探検家はある意味では、こうした抑制されない遊びの感覚を再発見し、形成しているのだ。夜通し起きてうろつき回り、策略を練って、自然発生的な出会いのなかで重要な会話を交わすこと、これらはいずれも探検家仲間のあいだに非常に強い絆をつくることになった。そこでは、都市で遊び回ることが、仕事や消費の重要性と対照的なものとなる。[*24]

ロンドンのヘロンタワーのてっぺんで夜中の一時に、凍りつくような湿った風に吹かれながら〔張りだした〕桁の上で写真を撮るためにバランスを取ったあと、ダンは自分のブログにこう書いた。「ときには俺はただ境界（エッジ）にいたくなる。アドレナリンとか自我とか、そういったくだらないものではない。もっと深い意識のレベルに操られた手綱に引かれたように、ただそうなるんだ」[*25]。その写真が撮られた瞬間に、ダンは彼の個人的体験から具体性を取り除き、消毒して商品化しようとする人びとに、都市を触れるべき場所ではなく、見るための景色の霊廟に変えてしまう人びとに、挑戦状を突きつけていたようだった。彼は現実に侵入し、自分のエッジを見出したのだ。

「エッジワーク」という用語は、ならず者（ゴンゾー）ジャーナリストのハンター・S・トンプソンが著書『ラスベガスをやっ

つけろ』のなかで最初に使用したもので、一部の人が充実感を求めて限界まで押し進めるなかで見出す必要性を表わした言葉だった。その意図は、傷を負わずに（少なくともあまり深い痛手を負わずに）できる限り「境界（エッジ）」まで進むことだった。トンプソンにとって、これは悪名高いヘルス・エンジェルズの暴走族の民族誌的調査を実施することや、突拍子もない組み合わせで正体不明の薬物を摂取することなどを意味していた。

二〇〇三年の自伝で「エッジワークの境界（エッジ）」を説明しようと試みた際に、トンプソンはこう書いた。

> エッジ……それについて説明する正直な方法は存在しない。それがどこにあるか本当に知っている唯一の人間は、すでに超えてしまった人だからだ。その他――生きている者――は、自分の手に負えると感じる限界まで運を試し、それから引き返したか、速度を落としたか、いまとあとでのあいだで選択を迫られたときにやるべきことをした人なのだ。
>
> しかし、エッジはそれでもまだ外にある。あるいは、その内かもしれない。[*26]

社会学者のスティーヴン・リンは「エッジワーク」を、怪我するか死を招くような異常な潜在力を含む経験を積極的に求める人によって実践されるあらゆる活動を漠然と表わす総称として借用した。彼はエッジワークを生と死の、意識と無意識の、正気と狂気のあいだの交渉として説明する。

> ありふれた日常の世界には限界や境界があり、そこには近づくことができる。そして境界への接近こそが、興奮してアドレナリンがみなぎる高ぶった状態を生みだす。悟られることなく、可能な限り境界まで近づけることにスリルがあるのだ。[*27]

多くのプレイス・ハッカーはそうした限界をつねに試す必要性を感じているだけでなく、実際に全体として考えられている制限を変え、境界を動かしたがっている。境界は排水設備にも見られる。そこでの明らかな危険は氾濫や溺死だが、(頻度は少ないものの)落盤事故からももたらされる。境界は放置された建物内にもあり、僕らの身体に短期的にも(たとえば倒壊)長期的にも(呼吸器疾患や癌)にも危険性の高い影響をおよぼす。そして、境界は落下する可能性がつねにある高所にも、間違いなく見出される。[*28]

安全衛生によって、あるいは活動規定によって規制されることのないこれらの場所では、潜入者は自由にエッジワークを実践し、クレーンからぶら下がり、垂直に切り立った場所の突端でバランスを取り、脆い床の上でよろよろとつま先立ちし、崩れかけた構造物の下で先を争う。[*29]ネッブに、なぜ登ったすべての高所から(クレーンの腕を含め)ロープやハーネスで揺られることにこだわるのか尋ねると、彼はこう言った。「そうだな、快感を味わいたいんだな。それにもし落ちても、少なくとも自分は死んで、障害を負うことはないと思うからさ」

作家のウィリアム・ガーステルはこう書いている。「巧みに賢明にやれば、危険を伴う生き方もわれわれの知性を必要とし、社会を前進させ、より幸せにすらする」[*30]。探検するパートナー間に強い信頼の絆を生みだす一方で、エッジワークは個人の主観性と本来備わった創造力も再確認する。僕らはよく「通常の」体制がなければ、人間の自己は消滅するのだと心配するが、自分が都市を構成するものの一部になってしまうと、「通常の」暮らしのなかでそれによって遮断されているものを危惧するよりも、そうしたつながりに依存しがちになる。[*31]カメラや肉体、建築物で自己と場所を接合させた場所で、意図せずして融合を引き起こした場所で、僕らは新しい活気ある都市生活をつくりだしたのだ。さもなければ、それが存在したことも知らなかったようなものだ。こうした結びつきは、しばしばこれまで実行された試しもない冒険をすることで生じるのだ。

僕はかねがねモーゼズ・ゲイツと探検してみたいと思っていた。モーゼズは共犯者のスティーヴ・ダンカンとともに、ニューヨーク市にあるいくつかの最高の場所を制覇していて、一〇年前に活動していたニューヨークの伝説のルーフトッパーでいたずら者の一団、ジンクスクルーにも比肩する人物になっている。

マルク、ヘレン、ジェームズ、および僕はスコットランドでフォース鉄道橋に登る旅の計画を立てていた。そうしたところ、モーゼズもちょうど僕らと会える時期に親父さんと弟とスコットランドにハイキングにでかける予定になっていた。僕らは彼に電話をかけ、橋に登ってみないかと誘ってみた。彼の答えはこうだった。「そうだな、あれを登るのは悪くない。でも、マジに悪くないのは全長を渡り切ることさ。北端までいって片持ち梁(カンチレバー)を全部這って渡って、南端で降りるみたいな感じでね」

フォース鉄道橋は一八八三年に建設された。この橋はエッフェル塔の一〇倍も多くの鋼鉄を使ってつくられ、フォース湾を越えて全長二・五キロに渡って延びている。歩いても大した距離ではないが、ナショナル・レールの所有物で、UNESCOの世界遺産であることは言うまでもない物件に無断侵入して、その鋼鉄の梁を横断するとなると、確かに相当な距離だ。

この計画は正気の沙汰ではなく、誰もが夢中になった。

僕らは金曜の夜の十一時に現場に着いた。橋の北端のたもとにある町、ノースクィーンズフェリーは寝静まっていた。地元のパブからでてきたばかりのモーゼズは、

バックパックもカメラももたず、革ジャンを着ていた。僕らがマイクを巻きつけ、首からカメラをぶら下げ、この遠征の動画や写真を撮るためのバッテリーや懐中電灯を鞄に詰めているのを見て、彼は戸惑った表情を浮かべた。装備万端で僕らは橋のほうへ、影からでないようにして歩いていった。

低い塀を跳び越えると、僕らは一つの鉄塔の基部にまで進み、よじ登れる場所を探した。ハッチから一本の電線が延びているのに僕は気づいた。引っ張ってみると、ハッチが勢いよく開いた。

ヘレンが言った。「まさかこんなに容易くないよね?」それから僕らは顔を見合わせた。

マルクは肩をすくめて答えた。「難しくなければ、おもしろくないというわけじゃないさ」

ハッチをくぐり抜けると、鉄塔の基部の内側に入れた。

懐中電灯をつけると、梯子が見つかった。鉄塔の内部は鳩だらけで、僕らが登ると羽ばたいて攻撃してきた。空気は淀んでいて、糞と羽まみれだった。外の氷点下に近い夜気とは対照的に、鉄塔のなかはうだるようで、僕らはみなすぐに汗をかいていた。てっぺんまで到達して、ハッチがさっと開き、ひんやりとした空気が流れ込んでくると、安堵感に満たされた。ハッチから這いでると、そこには信じ難い光景が、まるで宇宙のタペストリーのように広がっていた。

僕らは橋の真上にいて、立ち込める霧を突き抜けるオレンジ色の投光照明に包み込まれていた。ノースクィーンズフェリーの静かな町は、水蒸気を通してかろうじて見える程度で、空は美しく紫がかっていた。あたりは静まり返り、海の音もここまでは聞こえてこなかったが、やがて最初の寝台列車が驚くほどの速度で僕らの下を飛ぶようにやってきた。構造物が揺れてきしむなかで、僕は竜に乗っているような気分になった。

僕らは一列縦隊で、ゆっくりと横断を始めた。最初の塔から降りて、一人分の幅しかない梁の上で不安定にバランスをとりながら、カタツムリのようなペースでゆらゆらと進んだ。僕の心臓は激しく鼓動していた。わずかにでも右に傾けば、一一〇メートル下の湾に落ちるだろう。この橋を建設するために三六人が命を落としたことを知っていたので、彼らの亡霊のような身体が空を切って落下していく様子を思い浮かべずにはいられなかった。友達の誰か一人でも落ちれば、僕が味わうことになる無力感だ。こうした思考ゆえに僕の全身は恐怖と興奮に燃えていた。これは真剣なエッジワークで、僕はそのためにハイになっていた。

何時間も登っては降りた。巨大な四塔をつなぐ三つのカンチレバー構造のうち二つを渡り、はるか下に広がる冷たい水からさざ波が押し寄せるにつれ、一定のリズムが形成され始めた。

やがて霧雨が降り始めた。これは計画には含まれていなかった。

橋の反対側の梁にまたがっているジェームズが、僕らに向かって叫んできた。「たったいま、この瞬間に大急ぎで這い始めなけりゃ、この橋で俺たちは死ぬぞ！」僕らのうち何人かは不本意ながらも梁の上で立ちあがり始め、ボノボのように四つん這いにもなりながら、最後のカンチレバー構造を梁が濡れ過ぎて握れなくなる前に急いで渡った。

上部構造から降りてきて線路のレベルまで到達したころには、空は白み始めていた。最後の挑戦は、線路を走って脱出することだった。全速力なら五分ほどで走れる距離だったが、列車がくれば、僕らは間違いなく見つかり、イギリス鉄道警察の面々が絡む深刻な事態が引き起こされて、動画や写真を気まずい具合に検査されることになる。

僕らは急いで走った。映画『スタンド・バイ・ミー』で子供たちが列車から逃れて橋を走り、衝突ぎりぎりの瞬間に飛び降りる場面を思いださずにはいられなかった。幸い、列車はこなかったので、僕らはそのようなシナリオは避けられた。一時間後には、マルクが運転する彼の〔ルノー・〕トゥインゴに乗ってA1道路を飛ばしていたが、僕らのエネルギー・レベルは急速に下がっていた。ジェームズは後部座席で僕らの動画映像を眺めており、うつろな目でその一瞬一瞬を追想体験していた。モーゼズはニューヨークへと旅立ち、残りの者は朝には仕事に行かなければならなかった。

都市探検は、ストリート・アートやスケートボード、パルクールのように、意図しない、あるいは思いもよらない使途で都市空間を再占有する活動であり、その結果、身体に危害がおよぶこともある。[*32] 無用な危険を冒そうとする人間にたいする共通の反応の一つはもちろん、こうした連中はどこか変人ではないかと疑うものだ。[*33] しかし、社会理論家のクリストファー・スタンリーが書いたように、これらの「主流からはずれた」人間同士の社会的結びつきも、意

見の不一致の物語というよりは、コミュニティ形成の過程なのだと見なせるかもしれない。*[34] 個人として功績を遂げた瞬間も、集団への帰属意識を感じるときも、探検家が自由な存在としておたがいのために、自分自身で活動するという概念から生まれてくる。*[35]

スカイダイビングをする人びとも、同様の概念を信奉してきた。スティーヴン・リングが行なったインタビューのなかで、あるジャンパーがこう語った。

> 上空からジャンプするために飛行機に乗っているあいだは、いつもおびえていて、自分がこの奇妙なことに夢中になっていることに少々驚く。飛行機から飛びだすのだから！　でも、飛行機からでた途端、まるで別の次元に踏みだしたようになる。不意にすべてのものが非常に現実的で、非常に正確に思える。自由落下（フリーフォール）は、日常の生活よりもずっと現実的なんだ。*[36]

アドレナリンの放出は中毒になり、参加者はますます多くの時間とエネルギーを、その放出を求めて費やすようになる。ルーシー・スパロウは、彼女が友達二人とともにマンチェスター郊外で稼働中の工場に忍び込んだ晩のことを語ってくれた。

私たちはラシャム〔マンチェスター郊外〕を出発して、イギリス最大のビスケット会社があるストックポートに着くまで数キロを運転したの。従業員用の駐車場は投光照明がまぶしいほどだったから、外側のフェンスに恐る恐る近づいたわ。目の前の障害物は高さ三メートルほどの金網フェンスと、その上に張られている三本の鉄条網だけで、いろいろ考えると、巨大な工場にしてはかなり無防備。

工場は週七日、二四時間操業だったから、警備員に加えて、従業員にも見られる危険があったのよ。私たちは木のなかで姿勢を低くし、上着のフードの隙間からフォークリフトが荷を運んで搬入口を行き来する様子を眺めたの。彼らが通り過ぎるのを待ってから、木立と工場のあいだの隙間を走り抜けたわ。建物のあらゆる隅にある監視カメラに見られないように、壁際にぴったりと身体を寄せて。

ドアは開いていて階段には行き着けたの。工場の騒音や金属のぶつかる音やガチャンガチャン鳴る機械、それに話し声が耳にあふれてきたけど、それでも階段を上がって次の階にでる入口を見つけたのよ。そうしたらオート麦や焼きたてのビスケットの最高にすばらしい香りが、ボイラー室の工場的な臭気と合わさって鼻孔いっぱいに広がってね。そこに一分ほど立ち止まって、そのにおいを吸い込みながら、自分の心臓がバクバクする音を聞いていたわ。

それから工場の床全体にまたがる金属製の高い構台（ガントリー）の上によじ登ったの。下には製造ラインがあって白衣を着た人たちがいて、ボタンを押したり機械を操作したりしているのよ。興奮して顔を見合わせたわ。一二メートル下では世界が正常に動いていて、自分たちはただそれを見物しているなんて、とうてい信じられなかった。図に乗り過ぎているに違いないと思い、稼働中の無菌工場で見つかればどうなるか気づいて、脱出をはかったというわけ。家に向かって車を走らせながら、あの環境に入り込むのがいかに雑作なかったかを考えると驚くばかりね。私に想像できるのは、もし見つかっていたら、工場全体が汚染のために製造中止に追い込まれただろうということだけ。そうなれば、とんでもない法的責任を取らされたはずよ。でも、私たちは切り抜けたし、少なくとも二日ほど最高の気分だったわ。決して治まることのないムズムズ感を、また掻かなければならなくなるまでね。

リングがいみじくも指摘したように、一部の人にとって、危険を冒すことは幸せになるうえで必要なものだ。[*37] 多くの人は安全に暮らせるように導いてもらい、環境にたいする支配力をつけてもらう必要など感じていない。エッジワークの実践者はこのため、危険な行為におよびながら、世界との「一体」感を明確に表わすようになる。僕が融合と呼ぶものだ。[38] ダンは僕に、自分が最も深くかかわっていると感じる場所は、危険を冒したところで、社会の決まりが破られ、欲望と評価、および恐怖の超越から新たな枠組がつくられた場所だと語った。

そうした場所で、都市探検家は環境だけでなく、そのような危険をともにした友人たちとも絆を結ぶ。参加者は何かを試みているのであり、都市と実験的にかかわって、徐々に内部者ならではの知識を蓄積している。[39] 現代の社会において、それは単に人間の身体による行動が都会の絶え間ない刺激に反応するだけでなく、環境を支配する稀な時間なのだ。[40] 一つの状況にたいし主体性をもつことで、探検家は規範的な日常の経験からはずれた時間に身を委ねる。あるいはむしろそれを生みだし、自分自身の選択で「既知」の場所を再訪しているのだ。そこでは欲望を満たすことが政治的な抵抗と逃避の一つの形態をなしている。[41]

都市探検から潜入、エッジワーク、プレイス・ハッキングへの移行はしたがって、多くの探検家が奉じる自由の解放的概念にさらに一歩深く進むことなのである。これは既知の限界を超えて境界を押し広げようとするＬＣＣの願望のなかで、明らかになっていた。哲学者のジャン＝ポール・サルトルが書いているように、「自由とは自分にたいしてなされたことを、自分がすること」[42] であるならば、建設現場や屋上にあるものを探検したいと思うＬＣＣの願望は、失望や心配、ゆくゆくは苛立ちの感情のうえに築かれ、増えつづける現実の不安にたいする反応なのだと見なせるだろう。[43] これらの感情は、オーストラリアのケイヴクランの一員で無政府主義を自認するプレデターによって、下水道探検に関する声明のなかで一般に公表されている。彼はこう言う。「俺たちはけちな役人や幼稚な国会議員たちを嘲って楽しんでいる。俺たちが望む場所に行くのを止めようとする、中途半端な試みにたいしてだ……しかも俺たちの税金でやつらが建てている場所に」[44]

そうなると、権力をもつ側が直面する問題は、都市のなかに人びとがエネルギーを充電できる創造的な空間を残しておくか、そのエネルギーをスポーツ・イベントなどの管理された環境に向けさせるのか、あるいはそうした衝動を完全に抑圧しようとするのかということになる。僕らが民主的で大衆的な原則を誇る社会に生きているのであれば、最後の選択肢は決して選んではいけない。それでも、グループ外の人間にとって僕らの行動が「脅威を感じさせる」

オーラを帯びるにつれて、ＬＣＣは国家と対立しないように、ますます手の込んだゲームをするようになった。

建設現場は傍目に見える以上に、廃墟とよく似ている。監視カメラや運動センサー、守衛のいる境界を通り抜けたあとは、僕らは比較的自由に好きなことをできる。しかし、これらの場所への出入り方法はしばしば異なる。放置された場所に入り込むには、忍び戦術がほぼいつでも望ましい手段となるが、潜入の場合はもっと巧妙で独創的な考えや計画、集団による協力が必要となる場合が多い。工事現場に入るときは、作業員の恰好をするのが有効であることを僕らは発見した。ストリート・アーティストのＤ＊フェイスがあるインタビューで次のように指摘する。

いちばんいいカモフラージュは実際にはカモフラージュしないことで、そこに当然いるはずの人間のように見せかけ、真っ昼間に到着し、蛍光色のベストを着て、作業員のように行動することだ。壁を塗り始めるんだ。許可を得ているように見えるから、誰が質問などするだろう？[*45]

ロンドンの住民は単に物理的にだけでなく、社会的な意味

でも、都市の隠された垂直方向の空間には目を向けないようだ。中流階級はその名のごとく、水平方向に動き、建設労働者を含め、自分たちにかかわりのない大半のことを見逃す。安全ベストとヘルメットを身につければ、僕らは作業中に見えたし、ある意味ではそうだったのだ。僕らはただ誰かほかの人間のために作業をしていなかっただけだ。こうした場面においては、態度がすべてだ。僕らの忍び戦術は〔人の心理的隙につけ込む〕ソーシャル・エンジニアリングに取って代わられる。これらはチームAがすでにそれまでの年月のあいだに大いに学んでいた戦術だった。ディサンクトとウィンチが、ある共同探検でそれについて議論していた。

ウィンチはこう言いだした。「僕らが直面する障壁には二つのタイプしかないだろう？　一つは物理的で、いまのところほとんど問題のないタイプで、もう一つは社会的なものだ。社会的障壁も克服できるさ。ただ腕を磨かなければならない」

ディサンクトは答えた。「ああ、ただ何が起きているのか知っている人間が、その間に現われないことを願うだけさ」

超高層ビルを専門とするエセックス出身のダン・ウィッチャルズは、二〇一二年に僕らがザ・シャードの頂上からの写真を公開したあとで、自分はこのビルから四度、BASEジャンプし、一度は名札をつけ、ヘルメットに安全ベストという訪問者の恰好をして潜入していると宣言した。パラシュートをリュックサックのなかに詰め込んで、最上階まで堂々と歩いて登り、ビルの縁から身を躍らせて数百メートル先にある車のない駐車場に着陸したのである。[*46] 数カ月後、ケイティがフェンチャーチ・ストリート20番地の「ウォーキートーキー・ビル」〔と形状から呼ばれるロンドンの超高層ビル〕の上で夜中の二時にウィッチャルズにばったり出会った。ウィッチャルズは彼女に、僕らが写真を公開したことで迷惑しており、そのために「自分の動画をザ・サン紙に売る」はめになったと語った。そうして彼はクレーンから霧のなかに飛びだしてゆき、ケイティは口をあんぐりと開けてその場に立ち尽くした。

都市の権威主義的な締めつけにたいする組織的な反体制活動は、かならずしも街頭暴動のごとく直接的な違法行為になるわけではない。[*47] 独創的な抵抗運動は、フラッシュ・モブのように、移動することが期待されている場所で動くのを拒否する形態も取りうる。通行人の流れができるように設計された公共スペースで、組織的な参加者からなる大きな集団が一斉に動きを止めるものだ。[*48] 反体制活動は地方の私有地化された土地でも起こりうる。イギリスのランブラーズ協会のような集団は毎年、〈禁じられたイギリスの日〉の集団無断侵入を実行している。歩いてはいけないとされる場所で歩くという、単純な行動である。[*49]

物理的には起こらない侵入すらある。トレヴァ・パグレンは、ときには何キロも離れた場所からカメラの望遠レンズを使って、米軍の施設に衝撃的な視覚的侵入をはかり、ブッシュ時代のCIAの囚人特例引き渡し計画のうち秘密裏に行なわれたものの実態をあぶりだした。[*50] より近年の作品「先日の夜空」では、彼は存在しないとされるアメリカ偵察衛星を撮影している。[*51]

砂漠で待機してそれらの写真を撮影するパグレンと同様に、プレイス・ハッキングは概念的には挑発的といえ、実際にはかなり退屈なものになりうる。たとえば、多くの時間は守衛が立ち去るのをじっと座って待つか、写真撮影の機材を用意したり、照明をあれこれ動かして望みどおりの光と影の効果を得たりするために過ごしている。この活動にもち込まれた境界は、実際には総じて抽象的なものだ。それは、いま起こりつつあることこそ、グループが一緒になって積極的に参加しているものこそが本物の暮らしだという概念であって、実際にそれが起きていることに誰かが気づくか（あるいは知っているか）どうかではない。その多くは彼らのすぐ足元で起きているのだが。

僕はもう一度、ニューヨークから飛行機でやってきたばかりのモーゼズ・ゲイツと夜の十一時ごろに、オールドゲートイースト駅の外で待ち合わせた。僕のお気に入りのクレーンのある場所の一つだ。彼にはしばらく会っていなかったが、現われた彼は革ジャン姿で鞄はもたず、くつろいでいるように見えた。「それで今晩はどこに登るんだい？」路上でレッドストライプの缶を開けながら、彼が尋ねた。

僕らは建設現場の裏側の角を曲がって歩き、そこから二台の故障したカメラの前を通って防犯ゲートを跳び越えた。〔建設中のビルの〕中央にあるクレーンまで静かに移動してから、僕らは格子状の部分に跳びついて登り始めた。

てっぺんは冷え冷えとしていた。クレーンの運転室には鍵がかかっていたので、僕らは隣のアイビス・ホテルの屋根に移れるか試してみることにした。ところがその途中で、驚くような光景に足止めされた。屋根の上のとくに見晴らしのよい位置から、一二階建てのホテル裏側がすっかり見えることに気づいたのだ。宿泊客の多くは建設現場には誰もいないと考え、カーテンを開け放していたため、それぞれの窓辺でミニチュアの場面が展開していた。劇的な手振りで喧嘩をする夫婦、服を脱いで鏡に映った自分の姿にうっとりする女、裸の腹の上にあるスナックを食べながらテレビを見る男、服を脱ぎ合いっこしている二人の女。建設資材の陰に腰かけながら、僕は鞄からもう二本ビールを取りだした。モーゼズはこう言った。「これだから、おまえらはこの場所に何度も戻ってくるんだな！」

現実のジオラマをしばらく眺めたあと、僕らは建設現場にパレットがいくつかあるのに気づき、それを梯子のように立ててホテルの屋根に登り着いた。そこから従業員専用区画に入ると、喫煙者用に靴がはさみ込まれ、ドアが閉まらないようになっていたので、あとは比較的容易だった。僕らはそこを通ってホテル内に入り、エレベーターを使って一階まで降りて、ホテルの従業員に手を振って別れの挨拶をしてから、家路に向かった。一つのビルに登ったあと、覗き見をして、別のビルから抜けだしたのだ。そして、僕ら二人を除けば誰もそれを知る人はいない。

5　地下の聖杯

豊かな王国に生まれても、その境界線によって知識が制限されるべきだとはわれわれは考えなかった。

——モンテスキュー

二〇一〇年までに僕らは、一八五〇年代にジョゼフ・バザルジェットが建設した有名な下水道システム入り込む計画をより綿密に立て始めた。[*1] チームAの探検家ジョンドー、ゼロ、スナッペル、ディサンクト、およびバッカスという、[*2] ロンドンの下水道に最初に入った探検家たちの画期的な成果に、僕らは後押しされていた。

下水道の蓋を開けると、冬のさなかにはとりわけ、熱い気体が吹きあげ、有害ながらも独特の心地よさのある暖かい空気が放出される。頭上で蓋が快くガシャンと閉まると、僕らは真っ暗闇のなかに突き落とされ、やがて誰かがヘッドライトをつける。これは充実した気分にさせる。下水道は都市のなかでも珍しく安全で治安のよい場所だ。車の騒音は低いハミング音にまで弱まり、濡れて光るヴィクトリア朝時代のレンガの上を流れる水音にかき消される。安心感はもちろん、愉快なほど皮肉なものだ。僕らは入り込むために都市の防犯体制を突破していたわけだし、突然、雨が降れば、死ぬ確率も高い。

ロンドンの下水道で都市の汚泥も凍りついたある夜、僕ら四人はナイツブリッジの下水道に降りていった。一列縦隊になって下水道を歩くと、勢いよく流れる灰色の水に抵抗する釣り用の防水長靴の音が快適なリズムを刻んだ。自分たちの声を無線操縦機代わりにして、地下構造物の空間残響を調べるなかで、僕らの会話は絶え間ない水音に弱められて、歌うような、叫ぶような声に変わった。こうした無線操縦機の合唱はおそらくマンホールの蓋から路上に漏

れ聞こえていて、犬の散歩をする人たちをにやりとさせるか、軽いパニックを起こさせていただろう。

巨大な空間に到達したところで、僕らはみな立ち止まって写真を撮った。探検隊の騒音は不意に広大な空間に拡散して、この世のものとは思えないこだまが聞こえてきた。しばらくのあいだ、僕らはそこに座り込んで静けさに浸り、上流のほうで下水が立てる水音や、近くに引っかかっているトイレットペーパー上に溜まった結露から規則正しく滴り落ちる水に聞き入った。レンガの障壁の向こうのはるか遠方ではいずれかの深さで川が勢いよく流れていて、腐敗しかけた混合物の小さい塊はそこから、引き潮時にテムズ川へと流れ込む途中でクロスネス・ポンプ場方面へ、まるで異なった形態で運ばれてゆく。僕らの胃はまだ蓋の下に潜り込んで閉めたときの、緊張した三〇秒間のせいで引きつっていたし、予期しない暴風雨で水位が急速に上がって溺れるのではないかという恐怖から、周囲にあるすべてのものに僕らは神経を尖らせ、興奮状態がつづいていた。五感を総動員するのは快かった。この経験は刺激的に鮮明で、現実のなかで加速してゆくものだった。

ゆっくり流れる下水道のペースからは、熟考したうえでの写真が生まれた。やがて、ピーターが安価なブロックLEDを使って、赤いヘッドランプをつけた探検家を背後から照らしだす写真技術を開発した。これらの写真は大いに演出されたものだったが、下水道のなかで現実は、下水そのもののように、僕らの凍りついた空想にもかかわらず流れつづけていた。[*3]こうして撮影された写真は、ほかのどんな写真にも増して共同作業の結果であり、三人未満の人間では撮りようがなかったが、それだけの努力をする甲斐はあった。

ロンドンの下水道は並外れた工学の成果である。十九世紀なかばのロンドンは、インフラストラクチャーが急激な変貌を遂げた場所だった。その時代まで、都市設計家が下水を系統的に処理する方法を開発したことはなく、人間の廃棄物の処理はおもに家庭内の問題だと見なされていた。しかし、こうした場当たり的なインフラ制度は、二〇〇万人の住民と急速に拡大する都市の重みで崩壊しており、コレラの大流行をはじめとするさまざまな問題を引き起こしていた。一八四八年に行なわれたロンドンの下水調査のあと、首都公共事業委員会〔MBW〕の主任技師だったサー・ジョゼフ・バザルジェットがこの問題の処理を任命された。

SIR JOSEPH BAZALGETTE CB
ENGINEER OF THE LONDON MAIN DRAINAGE SYSTEM
AND OF THIS EMBANKMENT

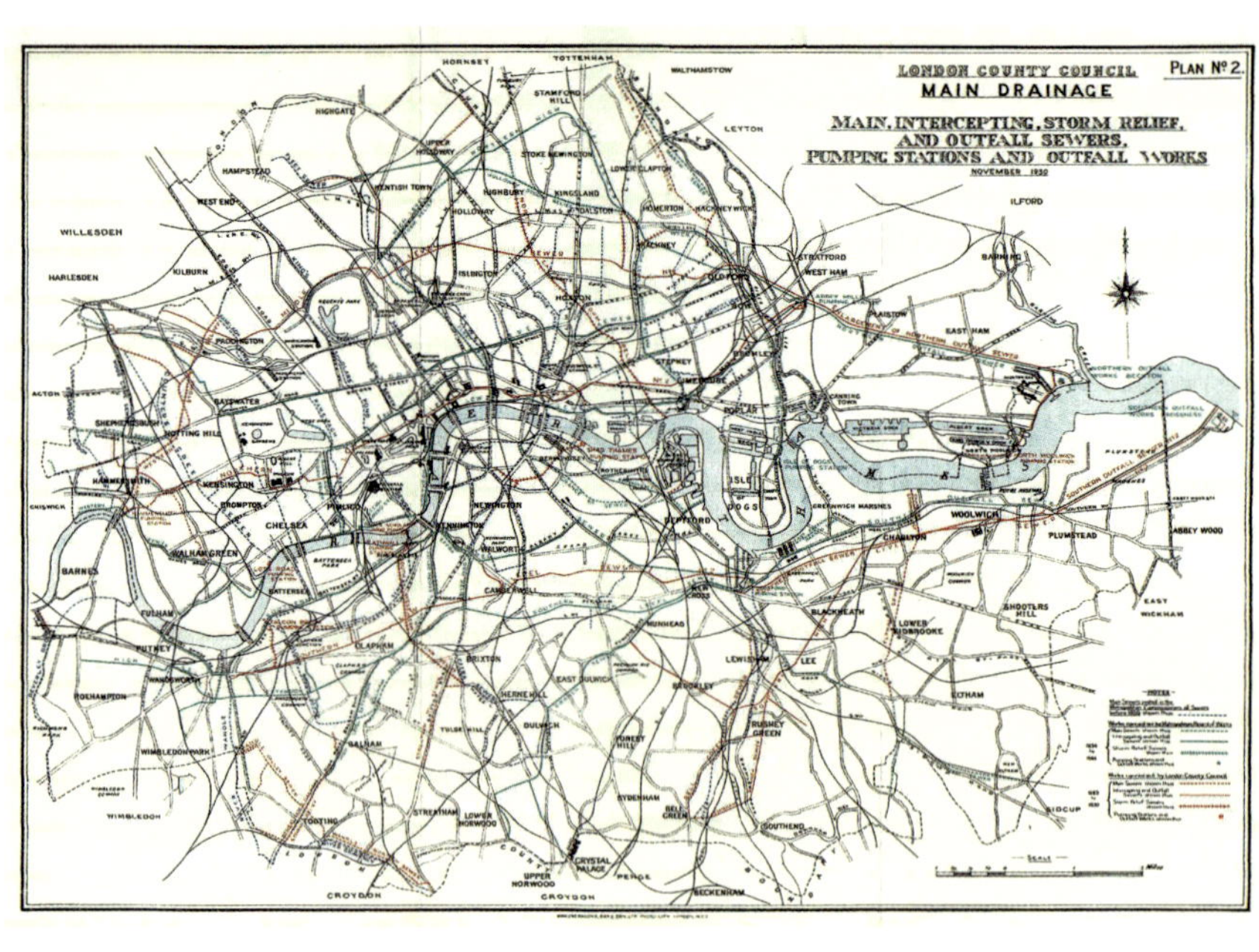

すぐさま資金が供給され、着手されたバザルジェットの新しい下水道システムは、一八六一年のオブザーヴァー紙に「現代における最も広大かつすばらしい事業」として説明されたもので、一三二キロにおよぶ主要下水道と、一六〇〇キロ以上の下水管および三億一八〇〇万個のレンガからなるものだった。[*4] 構想は単純なものだった。バザルジェットはロンドンを流れている既存の水路を利用することにしたのだが、その多くは当時すでに未処理の下水が廃棄される非公式の場所になっていた。彼はロンドンの水路を利用して、それと垂直方向に掘った太い遮集管渠にその水を流し込み、二つのポンプ場、ロンドン東部のアビーミルズと、ロンドン南部のクロスネスにそれぞれ送った。

バザルジェットは彼以前あるいは以後の誰よりも、ロンドンの住民の健康と福利のために貢献したと言われている。[*5] それでも、彼は今日もなおどこか謎めいた人物でありつづけ、口髭を生やした彼の胸像はテムズ川の北岸に彼が築いたエンバンクメント〔護岸堤防がそのまま地名となっている〕の上から見下ろしているが、そこを散歩し、ジョギングし、自転車で通過するロンドンっ子たちはほとんど誰も気にも留めない。ヴィクトリア朝時代の大衆

はそれとは対照的に、周囲で実施されている公共事業に苛立つのと同じくらい夢中になっていた。まるでロンドン全体が掘り起こされ、ひっくり返されているようだったのだろう。それでも、ひと掘りするごとに、新しい時代の希望が満ちていた。平等主義の人間の解放がすべての公共事業の陰で市民を待ち受けており、人びとは秩序と健康、安全、重労働からの解放をもたらされるのだと、都市設計家は示唆するかのようだった。[*6]

こうした事業の費用と規模は前代未聞のものだった。フィオナ・ルールが著書『ロンドンの迷宮』で説明するように、一八五九年の建設前の予算は三〇〇万ポンド（今日に換算すると二億三四〇〇万ポンド）前後で、あらゆる規模からして途方もない都市の大改造だった。[*7] 新制度は二カ所のポンプ場、七本の遮集管渠、それに昔からある各地の川や用水路との連絡水路を必要としており、すべて作業員による人力で掘らなければならなかった。

この大事業には問題が山積みとなった。下水があふれ、費用は超過し、下請け業者は当てにならず、爆破事故で作業員が死亡した。第六代バクルー公爵という裕福な住民は、裏庭が護岸堤防建設予定地までつづいていたので、年間九万ポンドを支払うことで新しい護岸堤防に私有地をもちつづけられないかと言いだした。これに怒った民衆は公爵を非難し、議会は一般人の出入りと通行権は維持されるべきだと主張した。[*8] 都市にたいする権利はヴィクトリア時代の人びとには重要だったのだ。のちに、下水道が暗渠になると、ロンドンっ子たちはもちろん、単純にそのなかへ忍び込むようになった。

THE SEWER-HUNTER.
[From a Daguerreotype by Beard.]
下水さらい人
〔リチャード・〕ビアードの銀板写真
〔を木口彫りしたもの〕

十九世紀なかばに活躍したヘンリー・メイヒューは重要な社会ドキュメンタリー作家で、ロンドンの下層階級の隠された日常生活を描いた。著書『ロンドン貧乏物語』のなかで、彼はトシャー、つまり「下水さらい人」について書き、ロンドンの下水道に進んで入って「トッシュ」——あらゆる銅製品——を集めるために相当な距離を探検する人間を描いた。メイヒューは地下の水流を這いずり回る下水さらい人たちの非合法的活動についても、さらにこう説明する。

路上の格子蓋に近づくたびに、彼らはランタンの灯りを消して誰にも見られずに静かに忍び込める機会を狙う。さもなければ頭上に人だかりができて、勤務中の警官に足元の下水道をうろつく人間がいることを暗に示すかもしれないからだ。[*9]

ジョン・ホリングズヘッドは一八六一年にロンドンの下水道システムを横断したとき、「ごく普通の錆びた品や湿った赤いレンガでも、たちまち血の痕跡のように思われる」と記した。[*10] 地下に入ることはたちまち、ドブネズミと犯罪者にのみ耐えられる行為となった。『レ・ミゼラブル』や『第三の男』などの本や映画で描かれるような、すでに汚れた人間と見なされた者たちである。

となると、こうしたシステムが地下に埋設され、忘れ去られたのは偶然ではない。地下の空間は長年、不健康で不潔で邪悪な場所と関連づけて考えられていたため、市民は亀裂や割れ目、不完全なつなぎ目、「有毒な発散物」が漂ってくる接触点にたいし、多様な強迫観念をいだくようになった。[*11] これらのシステムが建設されるとともに、それを見ることへの関心は衰え、やがて都市のインフラは、つなぎ目が崩れた場所でときおり目にするだけのものになり、その謎めいた神話が誕生することになった。

歴史的には、都市と地下世界のあいだのこうした不完全な接合部分が、パックリと口を開くと、それらは生傷にたとえられた。都市本体を宿主に、市の内臓を不潔な汚染地区とする、いまにも双方向に感染しそうな皮膚の破れ目だ。僕らはかつての下水さらい人たちのように、そうした地区に潜り込み、ヴィクトリア朝時代の人びとの神話や迷信に敬意を表しつつ、それを払いのけた。

下水さらい人たちほど熱心にではなかったが、僕らもやはり地下の水流のなかで宝を探してうろつき回った。銅は見つからなかったが、クレジットカード、ナイフ、タンポン、プラスチック玩具のかけら、それに大量のトイレット

ペーパーは見つけた。細かくちぎられ、格子蓋から押し込まれた手書きの手紙を発見したこともあった。それをつなぎ合わせる作業に、僕らは何時間も夢中になった。

末端部の空間、というよりむしろ末端部内の都市の下方もしくは上方の空間は、都市本体が経験によって変容した状態になれるように促進する。「すぐ目の前にあるんだ。ただつかみ取りさえすればいい」とダンが僕らに言う意識だ。探検場所は日常の景観から超現実的に切り込む入口となるほか、認可されていない美を創造するための場所と潜在能力を、僕らの世界の探検の一部として肯定することでもある。それはまだ進行中のテーマであり知識なのだ。[*12]

要するに、僕らはこれらの地下世界への割れ目を、感染の恐れのある区域として見なすだけでなく、機会を得るための入口としても見ていたのである。都市探検家のマイケル・クックはこう書いている。

都市の建造環境は手ぬかりによっても必然的にも、つねに不完全であったし、そうありつづける。未来派主義者がどんな構想を立てても、ありがたいことに、われわれの設計者やセメントを流し込む連中の仕事は割れ目だらけの非連続的な全体像でありつづける。内部の末端では

分裂し、腐敗によるへこみができ、その下に水流が隠されている都市圏だ。あらかじめ決められた交通パターンや定められた目的地からはずれれば、都市にはリミナリティ〔境界状態の不安定な状況〕が入り交じっていることに気づく……。消失点は一〇〇〇カ所もあって、それぞれにユニークで、生きている。[*13]

クックの文章は、都市の構造がただ生き生きと見えるのではなく、本当に生きている可能性をほのめかす。都市の位相幾何学、その建築は、実際には自己を表現する試みだ。[*14] 建築や建造環境が僕らの知っていることの反映だとすれば、有形の幻影として人間がビルや都市を建設したのは驚くべきことではない。クックの言う「消失点」に降りてゆくと、僕らは都市の血流のなかに入り、身体を都市と融合させて、都市のメタボリズムにたいする自分たちの影響を目の当たりにし始める。

ヴィクトリア朝時代のロンドンの下水道探検家だったホリングズヘッド氏は、ロンドンのウエストエンドでかつて彼が所有していた家の下の下水道を探索中にそうした出合いを体験して、こう書いた。「自分の胸の落とし戸を開け、長らく秘められていた神秘的な身体の機構を眺める力が私に与えられたかのように感じた」[*15]。彼の身体と、かつてその身体の中身が通過していた下水道との関連は、偶然の相関関係ではなかった。

タイバーン川では、僕らはバッキンガム宮殿の下に立った。バッカスは下水道探検のほかのメンバーを見てこう言った。「おまえらは、イギリスの女王とお茶することは決してないかもしれないが、これで彼女の糞のなかには立ったと言えるぜ」。下水道は偉大な階級平等主義者なのだ。

今日のロンドンの地図は、実際にはそこにフリート、ウエストボーン、エフラ、およびタイバーンの下水道があるうえに、地下の豪雨対策システム、通信ケーブルや電気・ガスなどの共同溝が縦横に走り、さらに地下鉄とさまざまな地中のシェルターがあることを考えると、かなり違ったものに見えた。基本的にロンドンは、どんな一画でも垂直方向に五層以上が重なる空間からできており、大半の住民の日常生活はその一つか二つの層〔たとえば、路上と地下鉄〕だけで営まれている。LCCは次々に着実に奥深くの層へと移動していった。そして、自分たちの都市図を頭のなかで描き直すたびに、それらの層がまるで崩壊してゆくように感じることがよくあった。僕らは超高層ビルや地下空間に潜入した経験から、都市は水平方向だけでなく、垂直方向にも構成されていることに気づかされた。

ピムリコ〔ウエストミンスターの南〕では、公営住宅団地の屋上に上がって、バタシー発電所を眺めた。パッチが団地の中央にあるインフラ用の塔を指差して言った。「あれはどこかへつづいているぞ」。すると〈サイレント・モーション〉が易々とフェンスを跳び越え、なかから開けてくれた。塔内はボイラー室で、僕らは気づくと事務所のなかに入っていた。コンピューターの電源がまだ入ったままで、誰かの飲み残しのコーヒーが机の上にあった。そこを通り抜けて、階下へ降りる階段に通じるドアを見つけた。階段を降りると、巨大な地下トンネルにでて、太いパイプが何本もバタシー発電所に向かって延びていた。

さらに歩きつづけたが、ある地点で僕は自分たちがテムズ川の下にいるという、衝撃的な事実に気づいた。パイプをたどって立坑を登ると、バタシー発電所そのものにつづいていることがわかった。議論の末、僕らは発電所の余剰の蒸気が以前は公営住宅の暖房に使われていたに違いないという結論に達した。いったいどれほど多くのこうした空間が、テムズ川の下にあるのだろうかと考えずにいられなかった。後日、僕はいくらか調査をして、この大河の下には三二キロ以上にわたってトンネルがあることを知った。[*16]

僕らの周囲ではつねに新しいトンネル工事や掘削工事が行なわれているが、たいていの人はその内部を見ることは決してなく、その存在を思いださせられるのは、作業員が水道管にぶつかってしまったときや、埋葬地を掘り当てたりしたような場合だけだ。二〇一三年にファリンドンでクロスレールの掘削工事中に起きたような事例だ。[*17] 地理学者スティーヴン・グレアムはこう書いている。

拡大しつづける地下の大都市世界は、首都のますます多くの地域を呑み込んで、そこに手を加え、地中奥深くへと埋め込んでいる。住民はそのため都市に張りめぐらされた格子や網状の流れに結びついているのだが、それらはめったに研究もされず、通常は当たり前のこととして受け止められている。[*18]

もちろん、ヴィクトリア朝時代の人びとは地下からの有毒ガスとそこに棲む霊的勢力を恐れていたので、国は地下のインフラを整備することの利点を納得させ、それについて人びとを教育する必要があったことは忘れてはならない。しかし、まもなく一般人はそうした空間の情報からは意図的に閉めだされていった。今日、市民はかつてないほどの疑念をもって扱われ、自分たちの税金を使って建設され、維持されている地下の「秘密都市」に関する詳細な情報はめったに与えられない。

『都市と都市』でロンドン在住のSF作家チャイナ・ミエヴィルは、同じ空間に存在する二つの都市を読者に提示する。フロイトの言うパリンプセストの典型が物理的に姿を現わしているのだ。どちらの市民ももう一方の存在を知ることを禁じられている。一線を越えると、違反(ブリーチ)と呼ばれる謎の警察部隊が現われて逸脱行為に対処する。この本はフィクションだが、監視政策や分断された都市、隠された垂直方向性に関する魅力あふれる解説書でもある。今日、僕らはさまざまな方法で分断された都市に暮らしており、都市の大半はそこに住むほとんどの人びとにとっては「立入禁止区域」なのだ。リオデジャネイロでは、裕福なエリート層は超高層ビルから超高層ビルにヘリコプターで移動さえし、地上レベルで活動する下層の大衆とは決して交わらないようにしている。おそらく、これはロンドンの将来を予想させるだろう。

探検家は、都市の隠された地物と長年、深く密接にかかわった末に、場所と場所だけでなく、ネットワーク全体同士も関連づけ始め、関連の概念をつくり直している。

都市探検家のデーヨとレイボーヴィッチはこう書く。

われわれの都市はあまりにも複雑になり、幾重にもなった複雑な層がやたらに積み重なっているので、これらの層がすべてどう一緒に機能するのか理解している人は、実際には誰一人としていない。[それでも探検をしていると] 恐怖を伴うダイヤモンドのような明晰さで、われわれには推論と経験の違いが、哲学と科学の違いがわかる。それはジョージ・ワシントン橋について読むのと、それをよじ登ることの違いだ。[*19]

LCCは下水道を通して、一五〇〇年前から現役で使われていながら、ロンドンの大半の住民は無視してきたヴィクトリア朝時代の下水システムに関する、徹底的な空間知識を守る門衛となった。これは刺激的な役割で、自信を与えてくれるものだった。オーストリアのケイヴクランの探検家、プレデターは一九九四年にネットに、同様の目的を念頭に一般人が公共事業に出入りする権利を要求する声明を投稿している。[*20] ニンジャリシャスは二〇〇五年に、都市探検家がやっているのは都市の隠された内部の仕組みに加わ

り、空間から注意をそらす娯楽を受動的に享受するのではなく、空間に僕らを融合させる意味のある経験を生みだすことなのだと述べた。[*21]

こうした都市の秘密のメカニズムは、僕らが空中のエッジワークを実践した目の回るような高所からだけでなく、地上レベルより下方からも明白にわかった。ナイトクラブからの活気に満ちたベース音や、マンホールの蓋の上を通過するタイヤの音、あるいはコツコツ響くハイヒールの音が、呆然とした恍惚状態で一列縦隊になり、同じ都市の住民たちの廃棄物が防水長靴を履いた足の上を流れてゆくなか、下水システムを歩く僕らのところまで漏れ聞こえてくるのだ。

都市が相互に接続し合うさまを、ビルが地下まで達し隠された水路の動脈系と接続している場所を、僕らは興奮のうちに発見しながら、これらのネットワークが場所だけでなく人間も結びつけていることを思い起こした。[*22] こうしたシステムの機能を当たり前のものとして考えるよりも、僕らはそのなかに入り込んで、都市のメタボリズムの背後にある謎を解き明かすことにした。[*23] 人工頭脳工学が情報交換によって情報を改正することであれば、[*24] 都市地理学者のマシュー・ガンディが「肉体と都市のあいだの物質的インターフェイスが最も顕著に目につくのは、人間の身体と広大な科学技術ネットワークを結びつける物理的なインフラにおいてであろう」[*25]と主張したのは正しい。

［アイルランドの］ベルファストや［ボスニア・ヘルツェゴビナの］モスタルのような都市で、人びとが甘んじなければならない都市内部の分断に関する研究書『分割された都市』のなかで、キプロスのある下水作業員が著者らにこう語っている。「市内の両地区からの下水はすべて処理されている……地上では都市は分割されていても、地下では一緒になっているんだ」[*26]。ロンドンはキプロスほど分割されてはいないが、僕らが存在を知らなかった相互関連性を明らかにすることに多くの探検家は興奮した。

下水道をハッキングすることは、侵入された場所と同じくらい、探検家をも変える。探検家は病気、危険、危機、それに当局と対峙する可能性にみずからをさらさなければならない。人の住む都市を探検することは、これらの理由から政治的に重大な意味をもつものとなる[*27]。例外的な場所を調査することの根底には、都会の住人が傍観者ではなく当事者となること、ただ変化を目撃するだけでなく変化をもたらすことへの呼びかけがある。都市探検が否定しようもなく政治的なものである点はここにあり、ハッカーたち自身は可能性を求めて腕を磨くなかで非常に弱い立場に立たされている。

ときには下水道を探索するうちに別の事象があらわになることもある。あるとき、僕はポポヴと示し合せてロンドン北部のルートンの地下にある防空壕システムを調べにでかけた。下水道の蓋を開けたところ、彼は意図せずしてこの防空壕にでくわしたのだ。そこは、チャーチルの戦車を製造していたヴォクソール・モーターズ社の工場を壊滅させようとドイツ軍が空襲をかけていたころ、住民が安全に身を隠していた場所だった。

ポポヴは、「あからさまなカモフラージュ」と彼が呼ぶ冷静かつ順序立った合理的な方法で僕を唖然とさせた。彼は歩道に車を寄せて止め、安全ベストを着込んでから、その一画をロードコーンで囲み、さらにコーンの周囲をテープで囲み、非常線を張ったのだ。歩行者を迂回させ、その場所を公共工事現場のように見せかけたのである。それから彼は二本のマンホール・フックを取りだした。二人で市松模様のマンホールにそれを差し込み、もち上げると、一丁上がり！　六〇年間の埋もれた歴史が僕らのものとして、体験できるようになったのだ。古い缶詰、腐りかけたマットレスやベンチが壁際にぎっしり並ぶ防空壕には、ドイツ空軍の爆弾が自分たちの都市を次々に跡形もなく破壊するなかで、おびえた家族が並んでいたのだろう。

その数週間後に開かれたパーティで、僕はウィンチに、潜入に移行して以来、新しいわざを身につけたと思うか、質問してみた。彼はこう言った。「ああ、二年前はこの概念を本当には理解していなかったというのは衝撃的だ。いまはこれがすっかり僕らのやり方の一環になっている」。実際、作業員に扮して都市に進出する機会はあまりにも頻繁になったため、いまや常時、車のトランクにこの変装用具一式を入れておくようになっていた。

見方によっては、僕らはあからさまなカモフラージュが通常の方法だとすっかり信じ込むようになっていたため、たまに誰かが実際に立ち向かってくると呆気にとられた。あるとき、ロンドンの通りで酔っぱらいの女がウィンチになぜ夜中の三時にヘルメットをかぶり安全ベストを着込んでいるのかと尋ねた。彼は大真面目に、かつやや迷惑そうにこう答えた。「もちろん、下水道に入って写真を撮るためです」。すると彼女はウィンチを抱きしめてから振り返り、理由は不明だったがネブの股間にパンチを食らわした。

一面では、僕らのグループの探検は場所そのものというより、自分たちがふさわしいと思うように時間を過ごす選択ができる自由に関するものとなり、周囲の環境にどうかかわれば、日々の型通りで安全な行動から抜けだす喜びと興奮を経験し、毎晩、見慣れない新しい街に出合えるかを決めることとなった。[28] 僕らはその情報を自分たちの頭とハードドライブに溜め込み、絶えず市内で活動し、反応し、人びとの反応を引き起こさせながら、より積極的に参加する市民になったのである。どこかの現場であること以上にそれは境界線に関することになり、場所そのものよりも侵入行為になった。「その現場に」立ったことを人に気づいてもらうよりも、冒険自体が僕ら全員の心のなかにあった。潜入集団に移行したことについてどう思うか尋ねると、ガッツはこう答えた。「こうした境界を押し広げることに夢中になると、都市探検から潜入に移行するんだ」。そして、いったんその一線を越えたら、戻ることは難しい。新しい境界を克服することに成功するたびに、僕らは比較的罰せられることなく次の一線を越えつづけられたからで

ある。[*29]

都市探検家は都市の内側および外側を知り尽くし、愛している。それはたいていの場合、彼らがまず内側から学び、のちに外側を学ぶからだ。探検家は自分たちの環境と歴史に深い尊敬の念をいだいている。たとえ、そうした活動が慣習に逆らう行為（落書き、パンク、ハッカー、ビートなど）の名残りの恩恵を受けたもので、社会的に期待され、受け入れられることを無視したものであっても。そうした動機の背後にはたいてい自由主義の哲学があるが、それは急進的な政治と混同されるべきものではない。マルクは次のように主張する。「僕はたとえば、一等地にある空き地の無駄に反対するような連中とはかかわりたくない。自分たちが体制に反対していると は思わない。ただ、その限界を指摘しているんだ。そして、当局が僕たちのやっていることに気づいた途端、境界線は消滅する。それはゲームなんだ」

エンバンクメントに遮集管渠を建設したとき、バザルジェットが共同溝のための空間もつくったことを僕らは知っていた。今日、こうした地下道にはガス管のほかに光ケーブルその他の通信ケーブルのねじり曲がった束がぎっしり詰まっている。下水道に出入りしたあとは、こうした場所に入り込む方法を考えだすのは難しくなかった。

MUST BE WORN
GAS DETECTORS REQUIR

地下鉄のブラックフライアーズ駅からエンバンクメントそのもののなかを通ってエンバンクメント駅まで歩いたあと、僕らは通りにでられる鉄格子にたどり着いた。すぐ頭上には、パーティ客たちがナイトクラブの前でタバコを吸いながら立っていた。僕らは座り込んでビールを開け、格子越しに彼らを眺めながら、妙な覗き趣味になった気分になった。彼らが格子を通して下を見さえすれば、彼らにも僕らが見えたはずなのだが。

それはまるで、同時に違う世界に存在しているかのようで、僕らはミエヴィルの小説のなかに入り込んだ気分だった。その晩遅くに、僕らは通信ケーブル路をたどってハッチを見つけ、それがクラブのスピーカーの壁から、ダンスフロアーまでまっすぐにつづいていることを発見した。〈ゲイリー〉が言った。「やったぜ！　別の次元に通じる出口を見つけたんだ！」僕らはスーツを着てパイプの地下道に戻ってきて、ハッチを抜けてダンスを始め、群衆に紛れ込んでみる計画を立てた。

エンバンクメントの埋設ケーブル路に入り込んでから数週間後に、ガッツ、〈ゲイリー〉、および僕はブルームズベリー地区の下にある別の地下パイプ埋設路に潜入した。僕らは怪しまれないように、安全ベストとヘルメットを着用した。夜の九時ごろ、中央分離帯にある蓋から入ったが、数時間後に入口まで戻ったときには、外に大勢の人がいる物音が聞こえた。頭上で何が起きているかわからなかったし、比較的見つかり易い場所にいることに気づいたので、僕らはとにかく急いでそこからでることにした。外にでると、そこにいた人びとが叫び、笑いだした。彼らは近くの劇場からでてきたところだったのだ。周囲の誰もが粋な恰好をして、飲み物を手にしていた。

一人の女性がこちらを指差して叫んだ。「まあ、なんてこと、ゴーストバスターだわ！」僕らはみな不安を隠しながら笑い、急いで蓋を閉めてボルトを締め、車に戻った。走りだしたあと、変装衣装を脱ぎながら、僕らはこの状況の愚かしさについて涙がでるほど笑った。〈ゲイリー〉は笑い過ぎて言葉にならないなかでこう言った。「あの連中は、たったいま何が起きたのか理解しようと何週間も悩むぜ！」まさに彼の言うとおりだった。あの場にいた誰かが、たったいま起きたことについて一瞬でも長く考えていたら、僕らがまったく本物の作業員でないことは、かなり歴然としていただろう。

ホリングズヘッドが一五〇年前に述べたように、「下水道には危険なまでに人を虜にするものがあり、入口が開いている場所はどこでも、間違いなく人だかりができる」。[*30] どちらかと言えばひそかに廃墟を探検するのとは対照的に、インフラから公共空間に姿を現わす行為は、見物人に周囲の都市環境について疑問をいだかせるようになる。これは探検家が大いに喜ぶことだ。

こうした状況では、探検家は意図的に「あなたにもこうすることができた」とほのめかすことで、「自分はこれをやった」と主張する以上のことをしている。その政治的意味合いは、大半の人びとの日ごろの無関心さに抵抗することにあった。[*31] 廃墟探検から潜入への移行は、有機的な進行だった。僕らの初期の探検は、都市の見世物の表面にある亀裂を露呈させた。インフラへの潜入につながったさらなる探検は、社会的規範を守る協定を僕らが拒否したことにほかならなかった。

ジュリア・ソリスは著書『ニューヨーク地下都市の歴史』のなかでこう書いている。「本当の探検ははるか下方に、エレベーター・シャフトを降りたところにある。ニューヨークが実際に何でできているのかを感じ、においを嗅げる場所、都市の基本構造が生命をもって躍動する場所だ」。[*32] ここでも、「本物の」体験というその論調は、「日常生活」と対比されている。僕らが潜入に夢中になるなかで発見したこと、すなわち探検家がこれだけひどく共有したがっているのは、場所そのものの本物らしさではなく、経験の本物らしさだということである。

バザルジェットがロンドンで下水道を整備する少し以前に、パリではナポレオン三世のために、オスマン男爵とウジェーヌ・ベルグランの指揮下で前代未聞の地下工事が行なわれていた。何百キロにもおよぶ新しい下水道トンネルの建設が命じられたのだ。都市の大改造熱は、薄汚いカルーセル広場の解体とともに、詩人のシャルル・ボードレールをこう嘆かせることになった。「都市の形態は人の心よりも、ああ、早く変わる」。[*33] 多くのパリ市民は、ヴィクトリア朝時代のロンドン市民と同様に、インフラが改善されたことに夢中になり、下水道作業員の先導で、統合された下水道システムを小舟で見学するツアーに繰りだした。[*34]

ウィンチ、ピーターおよび僕が、二〇一〇年にマルク、ディサンクト、イシス、オリヴィエ、およびキャットを訪ねたとき、僕らはある裏通りの丸いマンホールに入った。しばらく都市の地下を歩いたところで支流にでくわし、そこに梯子を見つけた。梯子を登ると、ハイウェイの上に架かった金属製の網状通路の上にでた。そこをさらに進みながら、僕は自分たちがセーヌ川の上を歩いていることに気づいて息を呑んだ。しかも、橋のなかにある保守管理用区域のようなところで、上を走る道路からはまったく見えず、近づくこともできない場所だ。半分渡ったところで、僕らは一つの橋脚に降りた。ディサンクトと僕は渦巻くセーヌの上に一本の横桁を伝ってでて、桁に座って写真を撮った。

　橋沿いに進むうちに、僕らは奇妙なことに、なかば放置された発電所の内部に入り込んだことに気づき、そこも探検した。その晩の終わりには、僕らはこの一帯を隅々まで探索し、最初に始めた場所からパリを横断して何キロも先にまで移動しており、下水道や共同溝、橋や建物を抜けて、「日常の空間」から見ても決して明らかではなかった結びつきを知るようになった。

　このルートをさらに何度かたどって結びつきを学ぶと、これは市内を縦横に移動するための実現可能な方法となり、横断できる空間の認識を永久に変えた。それは皮肉なことに、おそらくセーヌ川をときおり徒歩で橋を使って渡るより安全なルートでもあった。

　ロンドンやパリの下水道や埋設ケーブル路につづく市内の放置された場所を探検したこと、およびどんな空間が「出入り自由」であるかだけでなく、「立入禁止」や「グリッド外」が空間全体におよぼす重要性と〔環境から与えられる〕意味（アフォーダンス）の政治的含意を悟ると、僕らは周囲にあるすべてのものを明らかにしたいという思いに駆り立てられた。僕らの視野はあまりにも永久的に変えられてしまったため、もはや都市を提示されたままに見ることはできない。見世物は再符号化されつつあったのだ。探検家仲間は建築家アラン・ラップのあとにつづいて、「今日のインフラが支えているのは、明日には廃墟となるであろう衰退しつつある被害妄想の文明だ」という彼の主張を奉じた。[*35] ギー・ドゥボールは、彼が探し求める冒険と謎と神秘主義に満ちた新しい存在は、今日の見世物の廃墟の上に建てられると書いた。[*36] 僕らが近づいた地下の空間の多くは、明らかに何十年ものあいだ誰もいなかった場所だ。これらはドゥボールの

言う廃墟だったのだろうか？

ウィンチ、ピーター、マルク、それに僕は、パリの下水道システムのさらに奥まで入り込み、パリの奇人フェリックス・ナダールの亡霊を追いかけたいと考えた。[*37] ナダールは写真家で、現役時代に、近代における最高傑作と多くの人びとが考えたもの、すなわちパリ下水道として機械化された都会のメタボリズムを写真で記録に残そうと考えた。彼はこれらの変化に、地下のあらゆるものと同様に魅せられ、パリのカタコンブや下水道の写真を撮るために非常に多く時間を費やした。そのため、多くの都市探検家はナダールが、同時代のロンドンに生きたジョン・ホリングズヘッドとともに、最初の「下水道屋（ドレイナー）」だったと考えている。（現代の「下水道屋」たちの精神を先駆けた人物として、フェリックス・ナダールの名は仮名にすら使われている！）。[*38] ナダールは世界に先駆けて低光量写真を撮った人だが、もちろん、初期のカメラを使っていたので、露光時間には一八分から二〇分はかけていた。写真の技術が進歩したおかげで、僕らは同じ下水道の分岐点でも、二〇秒か三〇秒で細部までより鮮明な写真を撮ることができるようになった。

ナダールが写真を撮影していた一八五〇年から一八七〇年のあいだにインフラが急激な変貌を遂げたのは、人口が急増したあとでコレラが大流行し、さらにチフスが発生したことによるものだった。こうした状況から、ロンドンですでに実施されていたのと同様の解決策を、パリでも取る必要に迫られた。パリでは下水道の建設がその解決策となり、当時の設備がいまも存在する。疾病に悩まされた十九世紀の都市の住民にとっては、ユートピア的な展望だ。

現代の両都市の都市探検家にとって、ナダールがパリの地下で写真を撮影していた時期は重大な意味をもっていた。その時代に双方の下水道ネットワークが、都市設計者で技術者のジョゼフ・バザルジェットとオスマン男爵によって、現在もあるような構造でおおむね建設されたからだ。

初期の建設事業は、科学技術による解放を心待ちにする大衆に強い感銘を与えた。そこでホリングズヘッドとナダールはこうした建設作業を透明化し、成功の見通しを示した。しかし人びとがますます単調な労働条件で、ますます長時間働かざるをえなくなると、これらの科学技術は抑圧からの解放を約束するのではなく、むしろさらに多くの

時間、人びとを仕事に縛りつけるものであることが判明してきた。

その結果、都市地理学者カイカとスウィンヘドウが言うように、「都市の汚れ、泥、恥部、は、社会的にも環境的にも見えなくなり、日常の意識からは締めだされた」。下水道網はもっと新しい希望を推進する試みのなかで忘れ去られた。下水道網はもはや称賛されることもなく、無視されたのだ。「新たに」苦しみからの解放を約束する言葉のなかで、ル・コルビュジエのような建築家の影響力のある言葉のなかで、「完璧な家は個人のものとなり、その住人にとって明確かつ純粋で、機能的かつ安全なものとなって、外部や地下、都市の無規制や矛盾から守られたものになった」[*39]。

ルージュ、マルク、僕はパリの街をヘルメットに釣り用防水長靴といういでたちで歩き、ハイウェイの立体交差と古い線路を越えて、落書きアーティストや安い白ワインを飲む未成年の若者が多数いる暗い路地に入った。壁の穴に入って、その背後で一・二メートルほど下へ降りると、そこはもう別世界だ。「既知」の都市との境界ゾーンを越えて非合法の出合いや生身の体験、羽目を外した遊びに肉体的恐怖のある領域に入ったのだ。僕らは暗闇の泥のなかを四つん這いで進んだ。

パリのカタコンブでは、気づくと自分たちが空間的な狭間に、それどころか対象物のあいだの余白（ネガティヴスペース）のようなところにいることに気づ

BUREAU du Centre

いた。ここでは都市を建設するために石が採掘され、その上に都市が建設されたのだ。建築および都市計画の分野で、これはときに計画後に残された空間（スペース・レフト・オーヴァー・アフター・プラニング）――SLOAPと呼ばれている」。[40] イアン・ボーデンのスケートボードに関する研究などで、[41] 僕らはこれらのネガティヴスペースが都市におけるさまざまな反体制的活動に使われていることを知っているが、SLOAPがパリの地下ほど広大な規模になりうるとは、まず想像しない。

カタコンブに入ることは、一九五五年から禁じられている〔地下納骨堂の一画は訪問可能〕。それ以前はキノコの栽培や酒類の保管、それに戦争のために使われてきた。第二次世界大戦では、フランスのレジスタンスの闘士が採石場に防空壕を建設した。[42] ドイツ軍もまたそのなかに防空壕を築いていたことは、彼らはまず知らなかった。これらの地下の小部屋はときおり土で埋まってしまい、たがいに隔絶されたが、やがてカタコンブを探検するキャタフィルたちがつるはしとシャベルをもって入り、部屋と部屋をつないでいった。カタコンブのその他の部分は人骨で埋まっている。死者を埋葬する土地がなくなったとき、そこに押しやられたもので、貧乏人の古い墓は近代化の過程でさして気づかれることもなく簡単に取り除くことができたのだ。ここには確かに遺体を隠しておく場所はたっぷりある。マルク・エクスプロと僕が一八〇キロにわたる地下の通路と小部屋をさまよっているときに彼が語ったように、「採石場がどれだけの規模だったか知りたければ、パリにある石灰岩の建物すべてをとにかく見ればいい。そうすれば僕らがいる場所の広大さが理解できるさ」。だが、そのほとんどは広大という感じはしなかった。むしろ、押しつぶされるようだった。

カタコンブのあいだを這いながら、僕は現実の圧力としか説明しようのないものを経験していた。人類学者のキャスリーン・スチュアートは、もっと日常的な文脈のなかで、こうした瞬間を周囲との同調として描写する。結果的に何かになるかもしれないし、ならないかもしれないような出来事をうまく切り抜ける瞬時の出来事だ。[43] こうした性質はカタコンブには豊富に見られた。そこでは敷居が乗り越えられたときに起こる手品を、時間の亡霊が待っている。

こうした経験は確かに感情をかきたてるものではあるが、単純な感情に還元できるものではない。それらはただ部分を合計したよりもいくらか多いものでもあれば、いくらか少ないものでもある。[44] 都市探検はきわめて肉体的な実践でありながら、都市探検家が求めているものの多くは、名状しがたいものに近く、感覚的で超現実的なものなのだ。要するに、ここでは「体現」とは何はともあれ情動や感情、情緒に関するものなのだ。ウィンチはカタコンブでの発見の体験を非常に私的なものとして見る。

僕らのこの活動でいちばん重要な点は発見なんだ。歴史の発見といった初心者的な考えは、経験や情動を発見しながら僕らがかく汗で洗い流されてしまう。郷愁はたいがい僕らが求めるそうした経験のなかで深い意味をもつ構成要素だ。子供時代の遊びへの郷愁にしろ、無性に懐かしい過ぎ去った日々への郷愁にしろね。これは実際にはばかげたことだ。僕らの本当の発見は、自分のなかにある。[*45]

カタコンブに入ったあとは、[*46]何を期待し、考え、感じるべきかが融解し始め、汗と血と採石場の乾いた土とともに滴り落ちていった。僕らにできることは、行動するだけであるかのようだった。例外は、何かの光景やにおい、あるいは圧迫感で一時的に動けなくなる瞬間だけだ。僕らはときにはほかの地下都市の住人たちと鉢合わせになることもあった。人生の大半を、〈光の都市〉の下で過ごしているキャタフィルたちだ。ヘッドライトを上下させながら、ポートワインの瓶をもち、背中を丸めて一列縦隊で進む一団に出会うこともあった。通りすがりに僕らは無言で挨拶を交わし、感覚を没頭させるこの無秩序な空間で同じ体験をしていることを認め合った。それは果てしなくつづくように思われ、僕らは迷いからのとてつもない目覚めと並外れた明晰さの融合した状態に到達した。そこを去って、社会的期待に再び服従しなければならなくなると、その失望が手痛い打撃となった。

カタコンブで三日間を過ごしたあげくに、おそらく探検の途上で熱に浮かされたような興奮が募ったせいか、僕らは午前四時にパリの中心街のマンホールから抜けだしてみるのは名案だと考えた。溶接されたばかりのマンホールの出口に関する手書きメモを解読することを含め、いくらか地図の読みとりに苦戦したあと、僕らはお目当ての蓋を見つけたのだが、三〇メートルもの梯子を登った先にあることがわかり不安に駆られた。ルージュが僕らの荷物を見張るあいだ、マルクと僕はゆっくりと慎重に登って湿った梯子の上部までたどり着き、丸い鉄製のプレートを交代で押しあげてみた。蓋は下部に溶接されたばかりの棒があるらしく、内側からもちあげるには超人的な力が必要だった。

力を合わせて数分ほど試したあと、僕はパニックになり、暗闇のなかで滑り易いスチール製の梯子の上でバランスをとりながら、背中を蓋に押しつけてあらん限りの力で押し始めた。僕の振動するヘッドライトからの光が、壁に反射してゆらゆらと揺れ動いた。肩甲骨を蓋にがっちりと押し込むと、蓋がやや傾いたが、紅茶のカップに入れるには大きすぎるビスケットのように、はさまったままになった。頭上の静かな通りから、かすかな光が入り込んできて、舗装道路が見えた。僕は希望を感じた。

そのとき、車が一台通り過ぎた。いや、バンだった。警察のバンだ。そして、それが止まった。そして、バックしてきた。

数秒後、マンホールの開いた隙間から懐中電灯の光が差し込み、理解できないフランス語で何やら怒鳴って質問する声が聞こえてきた。疲労困憊したマルクは、ここに閉じ込められてしまい、外にでる助けが必要だと彼らに説明した。マンホールの蓋を開けるには四人の警官が必要だった。僕が梯子のてっぺんにいたため、最初に外にでた。そして、僕らの地下の監獄から見えていた警察のバンに座らされた。あまりにも疲れていて、新鮮な外の空気を吸えることがうれしくて、警察に身柄を拘束されたことも気にならなかった。

僕の警護を任された婦人警官が、上から下まで僕を眺めた。そのとき初めて僕は、自分が股下まである長靴を履いていて、ヘッドライトはまだ点いたまま、三日間も洗っていない脂ぎったモップのような頭の上に乗っていて、ウイスキーと汗のにおいを発散させ、頭からつま先まで採石場の泥まみれになっていることに気づいた。最初の直感では、彼女が僕を都市の下に住むホームレスか放浪者だと思ったのは間違いない。しかし、どう見ても高価なビデオカメラの機材を首に掛けているのが、問題をややこしくしていた。最終的に警察は、家に帰って少し寝るんだなと言い渡し、歩きがてら吸うようにタバコを何本かくれ、僕らが泥だらけのごみ袋を引きずりながら歩み去ると、陽気に手を振ってくれた。

ロンドンとパリで数十カ所の下水システム、地中電線路、およびカタコンブを探検したあとで、LCCは比類ない経験を味わわせてくれる場所ならどこへでも赴く覚悟が充分にできていた。それも困難であればあるほどよいのだった。僕らは地下の奥深くへと潜って、都市内で最も人目に触れたことのない場所を見たかった。「聖杯」が欲しかったのだ。

マルクと僕はパリのメトロの駅内にある小さいベンチに座っていた。普段なら絶対に座らないようなベンチだ。二人とも黒い服を着て、あちこち汚れていた。僕はフードの上からヘッドライトをかぶっていた。すでに二晩徹夜をしていたので、僕らは少々朦朧としていた。

駅の反対側には、三人の酔っぱらいが別のベンチに横になり、通りすがりの人にちょっかいをだしていた。電光掲示板を見ると、二本の電車がもうじき到着するところだった。一本目は二分後に、次は六分後だ。プラットフォームにはまだいろんな人が残っている。腕時計や携帯電話を見ている人たちはいい。彼らは周囲に関心を払っていないし、急いでいる可能性が高い。だが、風船をもって僕らを一心に見つめている小さい女の子がいる。両親はまるで無関心だ。彼女は僕らが何か企んでいるのを知っていて、秘密に加わりたがっていた。

マルクが僕を見てささやいた。「バックパックのその紐をなかに仕舞いなよ。引っかかったら降りられなくなって、失敗するぞ。いいか。僕らには電車と電車のあいだの四分間しかないんだ」。僕ははっとして気づいた。「失敗する」という言葉で彼は、六分後にやってくる電車に轢かれることを意味していたからだ。いまでは五分後だ。

次の一分間は僕の生涯で最も長い一分だった。近くにいるすべての人の心臓の鼓動が聞こえるような気がした。僕の身体はうずき、震えていた。本能的に監視カメラを見てしまう自分を制し、フードを目深にかぶって顔をもう少し隠した。そのころには、風がトンネルのほうから吹いてきて、電子音のベルが列車の到着を告げており、僕は汗をかいていた。誰もがこちらを見ているような気がしたが、その考えを頭の片隅に追いやってゆっくりと立ちあがり、電車の最後尾のドアに向かって歩いた。ドアは僕らがたどり着く直前に閉まり、二人してがっかりして見せ、向きを変えてプラットフォームを立ち去る素振りをした。ただし、そうはしなかった。

マルクがプラットフォームの末端にある柵を勢いよく開け、振動する線路上の真っ暗な通路に二人で走りだしたとき、僕が最後に目にしたのは、走り去る電車の窓からこちらを見ているあの女の子だった。彼女の顔はテールライトに赤く輝いていた。

キングズリーチタワーでマルクの誕生パーティを開いた少し前に、僕らはパリのメトロのクロワルージュ駅を含む、使用されていないゴースト駅まで線路の上を走ったことがあった。それからロンドンの地下鉄ディストリクト線のモニュメント駅とタワーヒル駅の中間にあって、放置されているマークレーン駅にも、レストランの下の小さい窓から潜り込んで近づき、経験を積んだ。廃駅の構内には、古い時代の色あせたポスターがあちこちに貼られていた。列車が通過すると僕らは壁の陰に隠れた。映画『ブレードランナー』から抜けだしたかのように、煤に覆われたトンネルを押し寄せる光線が照らしだす。忘れられた都市の考古学と機械化された交通科学技術の合体だ。ロンドン地下鉄では、それがチームBの探検した最初の廃駅だった。もっともバッカスとチームAのほかのメンバーはすでに地下鉄網内のいくつもの区画を探検していたし、世界のほかの地域では放置された高速輸送機関（ARTS）の駅が以前から探検されていたが。

ディサンクト、QX、マーシャルなどは、僕らがロンドンで始めてもいないころから、パリのメトロを「やっつけた」ことで知られており、インターネット上でこの噂は急速に広まった。*[47] 彼らはパリのすべての「ゴースト駅」に入り込んでいる。シャンドマルス、クロワルージュ、ポルトモリトー、サンマルタン、アルセナルなどである。彼らは数年という歳月をかけてゆっくり系統的にそれをこなしたのだ。これは探検家が主要な「システム」を踏破した最初の試みで、マルクとパッチにそそのかされて、僕らのうちの何人かもいくつかのパリの駅で腕試しをした。

それ以前に、チームAはナイアガラの滝に挑戦しており、ストゥープ、ジョンドー、およびディサンクトは絶壁にボルトを打ち込んで滝の下の放水路に懸垂下降で降りた。ここは世界でも最大級の人手によるトンネルになっている。二十一世紀の初めには、このような挑戦が都市探検家の限界となっていた。*[48] これこそ僕らが鑑にし、自分でも一〇年は語り継がれるような発見をして、それに恥じない行動をしたいと思ってきた遺産だ。

ロンドン地下鉄は、下水道と同様、放棄される瀬戸際にあって、無視する必要に迫られた状態にある。使用されなくなった駅には独特のものがある。これらは厳密にはまだ決して見捨てられてはいない。二四時間体制で勤務する人びとでシステム全体は「稼働」しており、放置された区域もほとんどは列車が通過し、いずれも充分に防犯設備が整っている。地下鉄では列車がくるときとこないときで、つねに緊張感が生みだされるため、僕らはこれまで探検したどんな場所にもないほどアドレナリンのほとばしりを味わうことになった。それは心惹かれる廃墟の歴史的重要性と、トップレベルの防犯設備を突破するスリルがあいまったものだ。[*49]

僕らのなかにはマークレーン駅での最初の地下鉄体験を怖がった者もいたし、ほかの者はそれに酔いしれた。ディストリクト線で飛ぶように通過する列車を見て、アドレナリンが放出されるのを楽しんだ者は「地下鉄中毒」になった。日々、何千もの乗客が見ることもなく通過する放置されたプラットフォームを、光の筋が駆け抜ける様子を、僕らは物陰に隠れながら写真撮影した。僕らはかなりおおっぴらに、探検できる駅をさらに探すことに夢中になった。ガッツは一カ月後にバタシー発電所に再び入ったとき、ずらりと並ぶ操作スイッチを生気のない目つきで眺めながら僕に言った。「地下鉄のスリルにとりつかれると、なかなか元には戻れない」。ディサンクトはマークレーン駅を探検した数カ月後に、僕にこう言った。すでにパリのメトロも何度か試し、これからもロンドンの地下鉄探検をつづけることが明白になったときだった。「本当の探検は、当初の廃墟好きを克服したところから始まるんだ」。僕らがそこに到達したことを彼は喜んだ。

建設現場に移行したときにその動機を探ったのと似た方法で、僕はメトロを探検したくなる自分たちの願望も解明しようと試みた。そして誰もが、以前にも増して、自分が体験している興奮を明確に言い表わすのに苦労していることに気づいた。終電後の時間に地下鉄内にいることには、ともかく不気味なほどのスリルがあったのだ。

ロンドンには世界のどんな地下の交通網よりも多くのゴースト駅が存在する。これは土地をめぐる圧力が高く、一五〇年にわたってさまざまな路線の所有権が歪んだ変化を繰り返したためだ（なかでも奇妙な私鉄路線はロンドン・ネクロポリス鉄道だ。これはロンドンと市の南西のサリー州にあるブルックウッド墓地のあいだで遺体を運ぶために使われていた）。マークレーン駅

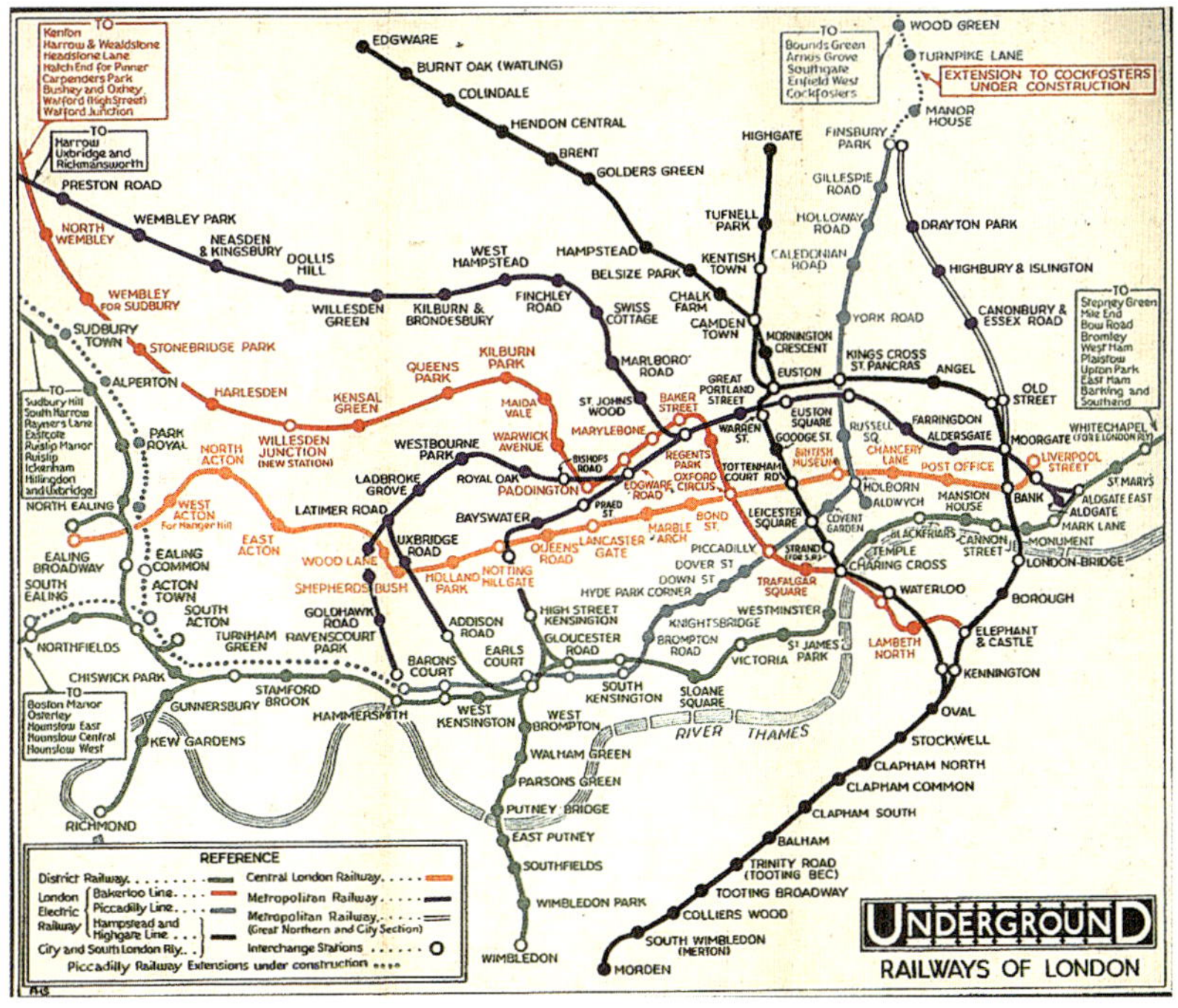
UNDERGROUND
RAILWAYS OF LONDON
REFERENCE
District Railway
London Electric Railway
Bakerloo Line
Piccadilly Line
Hampstead and Highgate Line
City and South London Rly.
Central London Railway
Metropolitan Railway
Metropolitan Railway (Great Northern and City Section)
Interchange Stations
Piccadilly Railway Extensions under construction
EXTENSION TO COCKFOSTERS UNDER CONSTRUCTION
RIVER THAMES
EDGWARE
BURNT OAK (WATLING)
COLINDALE
HENDON CENTRAL
BRENT
GOLDERS GREEN
HAMPSTEAD
BELSIZE PARK
CHALK FARM
CAMDEN TOWN
KENTISH TOWN
TUFNELL PARK
HIGHGATE
WOOD GREEN
TURNPIKE LANE
MANOR HOUSE
FINSBURY PARK
GILLESPIE ROAD
HOLLOWAY ROAD
CALEDONIAN ROAD
YORK ROAD
DRAYTON PARK
HIGHBURY & ISLINGTON
CANONBURY & ESSEX ROAD
PRESTON ROAD
WEMBLEY PARK
NEASDEN & KINGSBURY
DOLLIS HILL
WILLESDEN GREEN
KILBURN & BRONDESBURY
WEST HAMPSTEAD
FINCHLEY ROAD
SWISS COTTAGE
MARLBORO' ROAD
ST. JOHNS WOOD
BAKER STREET
NORTH WEMBLEY
WEMBLEY FOR SUDBURY
STONEBRIDGE PARK
HARLESDEN
KENSAL GREEN
QUEENS PARK
KILBURN PARK
MAIDA VALE
WARWICK AVENUE
MARYLEBONE
PADDINGTON
EDGWARE ROAD
SUDBURY TOWN
ALPERTON
PARK ROYAL
NORTH ACTON
WILLESDEN JUNCTION (NEW STATION)
WEST ACTON
EAST ACTON
WOOD LANE
SHEPHERDS BUSH
HOLLAND PARK
NOTTING HILL GATE
QUEENS ROAD
LANCASTER GATE
MARBLE ARCH
BOND ST.
OXFORD CIRCUS
TOTTENHAM COURT RD.
BRITISH MUSEUM
CHANCERY LANE
POST OFFICE
BANK
LIVERPOOL STREET
WESTBOURNE PARK
LADBROKE GROVE
LATIMER ROAD
ROYAL OAK
BISHOPS ROAD
PRAED ST
BAYSWATER
UXBRIDGE ROAD
NORTH EALING
EALING BROADWAY
EALING COMMON
ACTON TOWN
SOUTH ACTON
SOUTH EALING
NORTHFIELDS
TURNHAM GREEN
RAVENSCOURT PARK
GOLDHAWK ROAD
ADDISON ROAD
BARONS COURT
EARLS COURT
HIGH STREET KENSINGTON
GLOUCESTER ROAD
SOUTH KENSINGTON
SLOANE SQUARE
VICTORIA
ST. JAMES PARK
WESTMINSTER
KNIGHTSBRIDGE
BROMPTON ROAD
HYDE PARK CORNER
DOWN ST.
DOVER ST.
PICCADILLY
LEICESTER SQUARE
COVENT GARDEN
HOLBORN
ALDWYCH
STRAND
CHARING CROSS
TRAFALGAR SQUARE
TEMPLE
BLACKFRIARS
MANSION HOUSE
CANNON STREET
MONUMENT
MARK LANE
ALDGATE
ALDGATE EAST
ST. MARY'S
WHITECHAPEL
MOORGATE
ALDERSGATE
FARRINGDON
OLD STREET
ANGEL
KINGS CROSS ST. PANCRAS
EUSTON
MORNINGTON CRESCENT
EUSTON SQUARE
GREAT PORTLAND STREET
REGENTS PARK
WARREN ST.
GOODGE ST.
RUSSELL SQ.
WATERLOO
LAMBETH NORTH
ELEPHANT & CASTLE
BOROUGH
LONDON BRIDGE
KENNINGTON
OVAL
STOCKWELL
CLAPHAM NORTH
CLAPHAM COMMON
CLAPHAM SOUTH
BALHAM
TRINITY ROAD (TOOTING BEC)
TOOTING BROADWAY
COLLIERS WOOD
SOUTH WIMBLEDON (MERTON)
MORDEN
CHISWICK PARK
GUNNERSBURY
STAMFORD BROOK
HAMMERSMITH
WEST KENSINGTON
WEST BROMPTON
WALHAM GREEN
PARSONS GREEN
PUTNEY BRIDGE
EAST PUTNEY
SOUTHFIELDS
WIMBLEDON PARK
WIMBLEDON
KEW GARDENS
RICHMOND

の探検後、僕らは地下鉄に関してできる限り多くの情報を集めた。戦前の地下鉄路線図、戦後の再建計画、新しい作業員用路線図、それに二冊の本、『ロンドン鉄道アトラス』と『ロンドン地下鉄の廃駅』である。[*50]

僕らが手に入れた情報は断片的なものだった。多くの駅は取り壊され、改造されるか、ただ朽ち果てるに任されていた。ときには、駅が単純に近距離に建設され過ぎたために、使用されなくなったか、一度も使われなかったこともあった。もっと劇的な終わりを遂げた例もある。たとえば、セントメアリーズ駅は一九四一年にドイツ軍の空襲で跡形もなく破壊された。もっとも、僕らがあとから発見したように、プラットフォームは地下に無傷で残されていたが。マルボロロード駅、シティロード駅、ストックウェル駅のように、もうプラットフォームが存在しないか、内部の一画が崩れているところもある。ホルボーン駅やチャリングクロス駅のように、片方のプラットフォームは使用されているが、もう一方は閉鎖されているところもあった。僕らはみな、何が「廃」駅に相当するのかを議論し合った。バッカスがそれをすべて地図に書き込んだ。最終的に僕らは一四カ所の明確な目標リストをつくりあげ、さらに四カ所試してみる価値のあるところを選んだ。

ダウンストリート駅はリストの最初にあった。この駅はピカデリー線のグリーンパーク駅とハイドパークコーナー駅のあいだに位置し、一九〇七年に開業した。ここはハイドパークコーナーから五〇〇メートルほどしか離れておらず、利用客がほとんどいなかった。オールドウィッチ駅を除けば、ここは全線のなかで最も採算のとれない駅であり、一九三二年に廃止された。その後この駅は鉄道運営委員会の本拠地として再利用され、つづいてウィンストン・チャーチルの戦時内閣が入居した。[*51]

ブロンプトンロード駅もとくに興味深いものだった。ダウンストリート駅と同様、ここは使用されなくなって放置されてしまった駅だが、まだ完全に手つかずの状態を保ち、壁には当初のタイルがあり、階段の吹き抜けにある木製の手すりには何十年分もの埃が積もっていると噂されていた。[*52] この駅はいまでは国防省の「訓練」用に使われているので、入り込むのはとりわけ難しくなるはずだった。

地下鉄網の至宝はオールドウィッチ駅だった。ここは一九〇〇年代初めにはストランド駅として知られていた。駅が最後に閉鎖されたのは一九九四年だが、多くの駅と同様に第二次世界大戦では防空壕に使われていた。大空襲の時期には、エルギン・マーブルをはじめ、大英博物館の収蔵品もここに移されていた。だが、この駅で最も興味深いことは、一九七二形の木の床板張りのノーザン線の列車が、場違いなピカデリー線の線路上にあり、そこに撮影と訓練用の目的のために恒久的に停車していることだった。

最大の難関は、〔セントラル線上にあった〕大英博物館（ブリティッシュミュージアム）駅になりそうだった。ここは一九三三年に閉鎖されていた。ロンドンの伝説では、死んだエジプトのファラオの霊が大英博物館から抜けだし、この駅に出没するらしいとのことだった。ここに地上から近づく方法はなかった。駅〔入口部分〕は解体され、その上に全英住宅金融組合のビルが建ってしまったからだ。僕らはホルボーン駅から線路伝いに走るほうが、住宅金融組合の床からの入口を見つけるよりは、いくらか容易ではないかと考えた。

夜間に市内を手分けして探索し始め、地下鉄に入り込めそうなドア、ハッチ、錠前や通気孔がないか調べた。シティロード駅はエンジェル駅とオールドストリート駅のあいだにあり、第二次世界大戦中に防空壕として使われていたプラットフォームが撤去されたゴースト駅の一つだ。仲間はここに何週間も通って同じ保守管理用のドアを見張ったところ、ある日ついに作業員が鍵をかけ忘れてくれた。僕らはすぐさま招集をかけ、ロープを集めて結わえつけ、駅まで懸垂下降していった。防犯体制の抜け穴が見つかりしだい、ロンドンの探検家たちはすばやく行動を開始した。その晩、仲間が一人ずつロンドンの地下鉄まで懸垂下降するなかで、ロンドンは反体制的気運で脈打っていた。それはこれまで誰も試みたことのないものだったが、僕らがやると、ほかの探検家たちもそれにつづいた。

シティロード駅はグループとしての僕らの威信を確立するのに大きく役立った。その成功に後押しされ、僕らはローズ駅を探検する気になった。夜間に第三軌条への電流が切られるあいだに線路を走り、そこにつづくスイスコテージ駅とマルボロロード駅に向かうのだ。僕らが突き止めた一四の駅のうち五駅は、ものの数カ月で制覇した。

マルクの誕生日以降、ＬＣＣのメンバーが十数人は集まって毎晩、地下鉄に潜っていた。サウスケンティッシュタウン駅、ブロンプトンロード駅、オールドキングスクロス駅、セントメアリーズ駅、それにヨークロード駅が矢継ぎ

早に探検された。僕らは入口を見つけ、急いで探検してその場所を記録し、痕跡を残さずに姿を消した。ロンドン交通局の作業員は数日たってから入口を閉鎖することがよくあったので、僕らの夜ごとの遊びに彼らが気づいているのではないかといぶかしんだ。おそらく彼らは、落書きする連中が車両基地を探しているとでも考えたのではなかろうか。

地下鉄網のなかでは、二分ごとに悲鳴をあげて高速で通り過ぎる際の列車の感覚、顔に吹きつける生暖かい風、終電後に送電スイッチが切られるのをパネルで見守り、それから線路で遊び、ノーザン線、ピカデリー線、セントラル線およびディストリクト線のトンネルを走ること、そうした行動の大胆さそのものが、僕らの日常生活にも思わぬ方法で浸透してきていた。地下鉄に乗車中に一緒に探検した駅を通過すると、会話はやみ、僕らはみな窓から外を眺めたあと笑いだし、車内にいるほかの誰にもわからないような秘密を隠しもつようになった。彼らの目の前にある最後尾の乗務員室に自作の合鍵で入り込み、逆向きとはいえ運転席に座ってのけるまでだが。[*53]

在処を突き止めた廃駅の数が増えれば増えるほど、僕

らは毎日使っている交通システムの緻密な接続ぶりと機能を理解し始め、ありがたく思うようになった。路線間の乗り入れ――たとえばピカデリー線が、ともに地下でありながらその上を走るセントラル線と接続するホルボーン駅などでは、日々、何百万人もの乗客を乗せながら列車は往復する――は、ほとんど理解不能なほどだ。それに加えてこの入り組んだトンネルには地下の防空壕があることが知られている。そのうえ、新しいクロスレール・システムがそれらすべてよりもっと深いところで計画され、掘削されているので、ロンドンの垂直方向の現実は、十九世紀にピラネージが制作したなんともありえないような銅版画にも似始めてきた。そして、僕らはそのなかにいるのだった。

さらに多くの潜入を始めるにつれて、僕らは地下鉄のトンネルのような、殺伐としたインフラの背景に影響され、人物をそのフレームに入れて写真を撮影するようになった。そうすることで画像のシンメトリーを崩すことになるし、実際の大きさもわかるだけでなく、プレイス・ハッカーの存在も記すことになる。地理学者のキャスリン・ユソフが書いているように、「記録を残すことと記録されることのあいだの緊張が、探検家を再現手法と場所の敷居に立たせる」[*54]のである。

バッカスとチームAが当初、ロンドン地下鉄に侵入する道を開いたころ、オンライン投稿された写真について、「どの写真のどのフレーム内にも」彼がいるとダンがコメントした。するとパッチが言った。「彼がやり遂げたことを見ろよ！　おまえだってどのフレームにも入りたいんじゃないのか？」僕らは確かにそうだった。地下鉄は、そのほとんどが隠れた底流による複雑なシステムだ。そして、僕らはその流れを写真に収めるだけでなく、それをせき止めて融合のイメージのなかで再構成する自分の能力も示したかったのだ。ロンドン交通局は、地下鉄の写真撮影に一時間当たり五〇〇ポンドを請求するため、はからずも限りなく興味をそそる標的になっていた。その破格の料金を払っていないことが明白な人物を、フレームのなかに収めるのだ。こうして、場所そのものが写真を撮る僕らの行為を、単なる美的反応を超えたものにかたちづくり始めた。地下鉄では、写真は隠された場所の記録となり、その物理的な目撃の瞬間の記録者となってその力を主張した。[*55]

僕らのうちで毎晩、地下鉄でより多くの危険を冒し始めるようになった者はまもなく、そこに独特な興奮と理解という意味で、さらに多くの見返りがあるだけでなく、その果てに聖杯がある可能性も存在することに気づいた。ロンドン地下鉄で使用されていない部分を、ひそかに完璧に写真で調査することだ。僕らは場所の探検から、一つの都市交通網全体の制覇に向けて努力することへ完全に移行していた。聖杯を追う快感はこれまで体験したことのないようなものだった。

なかでも忘れ難いのは、ピカデリー線のダウンストリート駅だった。二〇一一年二月の夜の十一時ごろに、僕は気づくとグリーンパーク駅からロンドンの洒落た地区を歩いてハイドパークコーナー駅に向かっていた。これは地下鉄への潜入を試みるには最も似つかわしくない場所に思われたが、それまでの数カ月間に、あれだけ多くの駅を見たあとでは、入口は間違いなく見つかると僕は確信していた。ネブ、ウィンチ、バッカスは見張りに立ち、ガッツと僕がダウンストリート駅の横道に入り込んだ。そこで僕らは換気用の格子に小さい穴を見つけ、そこから潜り込めるか試した。かろうじて、入れた。通りに歩いて戻ると、ネブが誰にも見られていないと請け合った。そこで、僕らは一人ずつ、入口の端で服をたぐり寄せながら入り込んだ。

穴の向こう側で、僕らはじめじめした室内で煌煌と輝くコントロールパネルに迎えられた。床は金属製の網と格子で、僕らが歩くとたわんだ。バッカスが後ろのほうで鞄を引っ張っていたとき、ガッツがこう言うのが聞こえた。「クソッ、やつらハッチに鍵をかけてやがる」。彼が立っている方向を見ると、確かにそこは鍵がかかっていた。するとウィンチが上を見て言った。「じゃあ、上から入ることにするかな」。僕らは五メートルの柵を登って、反対側に飛び降りると、そこからは梯子を使うことができた。梯子のいちばん下までくると、コンクリートの出っ張り部分に座り込んだ。その下はまっすぐ二〇メートルほど暗闇のなかに落ち込んでいた。数分おきに、ピカデリー線の列車が僕らの下にあるトンネルを猛スピードで通り過ぎ、黒い粉塵まみれの生暖かい風を顔に吹きつけてきた。ロープをもっていなかったので、僕らは慎重にシャフトの構造物をつなぎ合わせているボルトや、錆びついたパイプなどにつかまりながら、線路のところまで降り始めた。

下へ降りるたびに、ハッチが閉まっていたり、門に鍵がかかっていたりして、僕らは先に進むためにちょっとした問題を克服しつづけなければならなかった。それでも最後には、切符売り場下の空間につづく階段の下までたどり着き、とうとうやり遂げたことに気づいた。もう一つの廃駅を征服したのだ。周囲のクリームがかった埃まみれの駅の壁は、蛍光灯でぎらぎらと照らされていた。そこは湿った洞穴のように、かび臭いにおいがした。歩いてゆくと、チャーチルの作戦司令室が、男性用小便器まで揃ったまま残されているのを見つけた。「ブリティッシュ・ブルドッグ」〔チャーチルのあだ名〕以来、僕がそれを使う最初の人間であることを願いながら、僕はそこで用を足した。列車の運転士が高速で通り抜けるときは、僕らは小さい避難所に隠れた。いまでは誰もが列車のリズムとさまざまな隠れ方を、撮影機材を使いこなすように知っていた。

僕らはこの潜入のタイミングを完璧に計画していた。そして、この線の終電が通り過ぎ、保線車両がつづくと、僕らは線路脇で光っているパネルを見守った。ロンドン交通局の作業員が第三軌条への給電を止めたら、それはトンネル内に照明が灯る合図でもある。僕らはそこで軌道上に踊りでて、静かに線路を跳び移り、トンネルのなかへ走っていった。これまでの経験から、保線要員（トラッキー）が点検にくるまでに、一五分から二〇分しか時間がないことがわかっていた

GREEN PARK TO HYDE PARK CORNER
P066PWBL0
540m

ので、僕らはそのすべてを利用した。脇にあるトンネルに走っていってみては、たがいに鉢合わせして笑い、ライフルの一斉射撃のように三脚を次々と手早く立て、一緒に移動することで一〇秒、一五秒、あるいは二〇秒間、露光するあいだ、ほかの人の写真のなかに入らないようにした。口にはださなくても、誰もが立ち去る時間になったことは知っていた。機材を鞄にしまい、僕らはゆっくりと登り始めた。

穴から這いだし、ロンドンの静かな通りにでると、僕らがダウンストリート駅にいたことを物質的に思いださせるものは、駅に張りつけておいた「すべて探検しろ（エクスプロア・エヴリシング）」の小さいシールだけになった。次の探検家たちがそれを見つけるだろう。夜中の二時には、僕らはグリーンパークに座っていた。何時間も話し込み、また一つ廃駅の存在を明らかにしたことを祝った。こうした駅を全制覇するのは時間の問題であることを、僕らはみな知っていた。

聖杯を目指して進むスリルとともに、無限の彼方まで曲がりくねり、美しく照らされたトンネルのある地下鉄の内部の仕組みを見るスリルは、僕らが廃墟や超高層ビル、下水道、埋設ケーブル路で得た経験を、さらに多くの用量で置き換えていた。[*56] ほかの探検家たちも遅れまいとして、僕らが忍び込んだ駅にすぐあとから押し掛けた。

チームAとチームBが統合してLCCになったあとは、個人の野心的試みやグループの共同作業を通して、ピーターが言ったように、「征服しがたい場所も、つねに征服された」。そして、ブリックマンがLCCのあるパーティで缶ビールをつかみながらお上品に付け加えたように、「交通局の連中は、俺たちが参上している現場にでくわしたら、どの晩でもうんこを漏らすだろう」。僕は同時に、こうした行為をある程度は認めてくれることも願った。ロンドン交通局の作業員だけが、地下鉄の奥深さと、僕らがはまった鉄道趣味を本当に理解できるだろう。間違いなく、地下鉄網を大いに愛している集団と、それを動かしつづけている技術者と運転士と保線係だけが、自分の自由時間もすべて使って古い地下鉄路線図を調べ、そこへ入り込む方法を見つけ、位置を記録し、それらすべてを明るみにだそうとするだろう。一年間、夜な夜な地下鉄網を探索しつづけたあと、パッチが冗談を言った。「自分の頭のなかに、地下鉄に関する限りない情報じゃなくて、実際に役立つ知識を詰め込んでいたら、おそらく驚くようなアイデアやビジネスモデルを思いついて、俺はいまごろ大金持ちになっていただろうな」

僕らがやり遂げる前に余計な注目を集めないために、情報の大半は公表せずにおいたが、LCCによるロンドン地下鉄侵入の噂はイギリスの都市探検家のあいだでは、ネットでもそれ以外でも、秘密のフォーラムでも一般の掲示板でもすぐさま広まった。ロンドンのある探検家スウィードは、〈28日後〉にこう書いた。

大半の人間にはこうなるのがわかっていたと思う……ロンドン中の関係者がいまや身構えている。非常に有能なメンバーからなる大きなグループがあって、大きな危険も厭わず、これまで表面をかすめていたに過ぎなかった場所にも入り込んでいる。中心人物の一人からロンドンに移って、「地下鉄をやっつける」といった趣旨のことを聞いたのは、たかだか一年かそこら前のことだった。一年たって、彼はまさにやると言ったとおりのことをしてのけた（このスレッドは二〇一一年七月に参照したが、二〇一二年一月現在では削除されている）。

その人物は実際ロンドンに引っ越してきて、クラパムの僕のところに転がり込んできた。僕は家主との諍いを、ナーボン大通りのアパートに無断居住（スクワット）するかたちで終わらせていた。ここはロンドン南部の僕らの新しい隠れ家になり、六人から八人が床に雑魚寝していることがたびたびあり、夜になると探検にでかけていた。共同生活を送りながらこの探検に取り組んだことで、また、すべての廃駅の完全制覇を遂げるという同じ目的に向けた協力体制を通して、集団力学はさらに確固たるものになった。僕らはまた別の聖杯に向かう道も歩みだした。伝説上のロンドン・メールレール、つまり大半の地下鉄よりさらに深い地下にあるミニチュアの郵便輸送システムだ。

メールレールは一九二七年にロンドンの地下深くに建設された、八駅からなる別個のシステムで、市内一帯に郵便を輸送するために通信省によって使用されていた。ここは二〇〇三年以来、閉鎖されていたが、どうにか入り込めるとされていた。ただし、僕らにはどうすればよいか見当がつかなかった。

やがて、二〇一〇年のハロウィーンに、放置されていた通信公社の大きなビルを、熱狂的な連中が一時的に占拠

し、壮大な規模で違法のパーティを開いた。この集まりの写真が公開されたとき、僕らはなかの数枚にそのビルから入り込んだらしいミニチュアの鉄道システムと思われるものが写っているのを見て驚いた。[*57]

ダン、ウィンチ、ガッツ、および僕は翌日そこへ向かった。ガッツとウィンチが見張るあいだ、ダンと僕が二つの壁のあいだに身体を押し込み、一階の開いている窓までよじ登った。なかは徹底的に荒らされていた。何時間も嗅ぎ回ったあげくに、僕らはようやく伝説のメールレールへつづく、穴が塞がれたばかりの壁と思われるものを発見した。前日、パーティ参加者が意図せずに見つけたものだ。僕らは車に戻って、レンガで封じられていない別の入口を探しだせるかどうか議論した。パーティが開かれたすぐあとなので、入念に調べるにはまだ郵便駅は注目の場所になり過ぎていると僕らは結論し、数カ月後にもう一度試してみることにした。

実際、数カ月後、僕が休暇で〔アメリカの〕モハーヴェ砂漠にいて、ボロンと呼ばれる放棄されたセキュリティの甘い監獄の周囲をうろついていたとき、ガッツからメッセージがきた。それにはただ「見つけたぜ、相棒」とあった。一日後、僕らのインターネット・フォーラムに写真が掲載された。それは見事な写真だった。仲間はロンドンの地下一〇・五キロにおよぶ全線のあちこちに、かつて市内に郵便を運ぶのに使われていた小型列車、つまりミニ集荷用台車（ヨーク）が残されているのを発見したのだった。ガッツはフォーラムにこう書いた。「いままで誰もやっていなかったのは信じ難い。アクセス情報はすべてサブテラネア・ブリタニカ〔イギリスを中心とした地下にある人工構造物同好会〕のウェブサイト経由で入手でき、ただ少々登らなければならないだけなんだ！」

「聖杯」や「叙事詩」の発見は、技術の問題であるのと同じくらい、運とこだわりし

FIRE EXIT
FIRE EXIT
28

だいでもあることを、これは如実に示していた。この冒険から生まれてきた物語は、王立地理学協会（RGS）の古文書の一節のようだった。ロンドン中心街の真下に何キロにもわたって走るトンネルが、ほとんど誰にも気づかれずに存在していたとは。仲間はその六月、何度もメールレールに入り込んで、パディントンからホワイトチャペル駅まで歩いた。〈ゲイリー〉は次のように説明した。

駅に近づくとトンネルは狭くなり、つまり全線を通して定期的に身をかがめる必要があった。この路線は、東端に向かうにつれて鍾乳石が増え、トンネルの天井から垂れさがり、蛍光灯の明かりに光っていた。それがまるでインディ・ジョーンズの映画に入ったみたいに、本物の冒険的な気分を盛りたてる。鉱山か洞窟システムのような感じで、木製貨車もあって湿気のにおいが全線に漂っていた。

アークルはここが滑稽なほどだったと言った。「実物大の地下鉄と驚くほどよく似ていて、模型の鉄道のなかに入り込んだような気分だった」

この輸送システムに入り込むには、タイミングをよく見計らうことと、少しばかりの登攀技術が必要だったが、アークルの説明では、いったんなかに入れば、監視カメラをよけなければならないときでも、「一つの駅を除けば、セキュリティの脅威はほとんど感じなかった」。たいていの場所では、運動センサーやカメラがある境界ゾーンを越えれば、僕らは放置された都市空間で比較的自由に好きなように振る舞うことができた。

メールレールへの侵入を最近の地下鉄の探検と比較したスコット・カドマンは、これを気楽な探検だと表現し、なかにいるあいだ彼らは「完全にリラックスして、夜がどんどん更けるなかで自由にしゃべって楽しんだ。あれは贅沢な経験で、探検を最初に始めたころの感じを思いださせた。周囲のものを純粋に称賛していた」と述べた。

四日間、仲間は何度も現場に通い、さらに先の駅まで線路上をたどり、監視カメラの前は急いで通り抜けたが、ときには非常ベルを鳴らしてしまい、誰かが到着する前に現場から逃げだすこともあった。しまいに四日目の夜に、彼らの運は尽きて、ガッツ、パッチ、そしてウィンチは逮捕された。ウィンチは僕にその全容を記したメッセージを送ってきた。

通りに立って人通りがなくなるのを待ったあと、僕ら三人はすばやく壁を登ってシャフトを降り、うまく入り込めた自分たちの手際の良さを喜んだ。余計な注目を浴びていないかたびたび確認し、誰の姿も見えなかったので、無事になかに入れたと考えた。

「よし、おまえら、その場を動くな。警察がやってくる。しくじったな」。みんな凍りついた――一人の郵便局員がこっちを見下ろしていた。僕らはトンネルへ走った。急ぎながらも注意深く走り、二〇分後には脱出できる真っ暗な駅を見つけた。

目立たない通りでピーターとバッカスと落ち合い、出直すことにした。バンが通りをけたたましくやってきた。サイレンが止まり、バンも止まった。尋問の始まりだ。

通常ならここしばらく僕らが楽しんだような「成功」状態のあとは、直感ですぐにずらかるところだ。一方で、もう少し留まって何が起こるか見届けたいという欲望も湧く。僕らは判断を間違えた。いままで面倒なことにはならなかったと考え、問題を起こしたばかりの街の同じ場所付近に留まったわけだ。

グループとして二〇一〇年には多くのことを達成したし、二〇一一年はそれをさらに上回った。こうした実績を評価して、僕らが下すいくつかの決断を検討し、もっといい選択肢があるかどうか確認すべき時期がきた。昨夜は、市内から離れるのが賢明な判断だったんだろう。だが、グループの願望としてはもっと多くを見て、もっと多くのことをやりたかった。最終的に一線を越えてしまい、手入れを受けるはめになった。僕らはそれほど無敵ではないし、ときには捕まることもある。

仲間は警官から忠告だけ受けて保釈された。警察が言うには、グループが何を企んでいたのかはわかっており、ケ

イト・ミドルトンとウィリアム王子の王室の結婚式が一カ月後に迫っているので、地下には入らないほうがよいとのことだった。下水道には警官が配備されるし、LCCが夜ごとに活動するので蓋は溶接するとのことだった。*58

ブログにメールレールの話を最初に投稿したのはサイレントUKだった。ものの数時間で、この記事はいくつもの主要なニュースサイトに取りあげられ、急速に広まって世界中から何百万回もアクセスされ、ウェブサイトがダウンする結果になった。LCCは何週間もインターネット上で書き立てられ、広く一般の人びとからまたもや非難されるはめになり、仲間のあいだでも落胆の声が聞かれた。探検できる残された場所が減りつつあるのに、メールレールの逮捕事件で警察から伝わった情報にもとづき、僕らの活動を当局に止めさせようとする圧力が高まっていることがわかったためだ。何人かの探検家は、ロンドンはもはや「しらみつぶしにされ（リンスト）」て、もう何も残っていないといった趣旨のコメントを書いた。パッチは「いつだって探検するものはまだある。問題は場所ではなく、体験することなのであって、それは有限の資源ではない」と主張した。

それからまもなくして、仲間がキングズウェイ電話交換局とブリティッシュ・テレコム（BT）のあいだに深いトンネ

ルがあることを発見した。これらのトンネルはもともとチャンスリー・レーンの下にある防空壕として建設され、その後一九四九年に中央郵便本局に売られ、そこが最初の大西洋横断電話ケーブルの末端となった。トンネルは何キロもつづいており、地上からの入口は三カ所しかなく、かつては作業員が勤務後に立ち寄れるバーがあったという。噂ではその店は地下六〇メートルのところにあり、イギリスで最も深い場所にあるバーだった。

仲間は一本のシャフトから入り込める口を見つけ、その周辺を八時間歩き回った。自分たちが地下の奥深くから監視カメラで録画されていることはわかっていたが、それはリスクを冒すだけの価値の充分にあるものだった。キングズウェイ電話交換局はLCCがつかんだ三つ目かつ最大の聖杯なのだと、グループ内の若干の者は主張した。ここはイギリスにある三つの電話交換局のうち最も感度がよく防犯体制の整った場所だからだ。残りの二つは、バーミンガムのアンカー交換局とマンチェスターのガーディアン交換局だった。

ところが、衝撃的なことに、僕らはかならずしもキングズウェイ・トンネルを見ることになった最初の探検家ではないことがわかり、よってここは聖杯としてはいわば失格となった。誰がここを最初に見たのかは、都市探検の歴史の奇妙な一コマだ。

キングズウェイに入り込むトンネルは一九五一年にイギリス政府によってひそかに改造されていた。だが、ジャーナリストのダンカン・キャンベルが著書『イギリスの戦時計画』のなかで書いているように、「新しい政府プロジェクトの秘密は長くはもたなかった。一九五一年九月にデイリーエクスプレス紙の一面に『秘密のトンネル網』の報告が掲載されたのである」[*59]。デイリーエクスプレス紙はその後、第二報を掲載し、新しいトンネルは官庁街(ホワイトホール)の下で掘削中であるとした。内閣府は英国機密諜報部MI5、中央郵便本局の職員、および建設省の役人との会議を召集して、デイリーエクスプレスに圧力をかけるか、トンネルに関する異なった情報を漏らすべきか議論した。

MISC 379とだけ知られている秘密委員会の議事録にはこう記されている。「地下深くにシェルターが建設されているという印象を一般大衆がいだけば、政府としては都合の悪いことになる。大衆は政府がそこで自分たちの身、もしくは直近の公僕の安全を守ろうとしていると考えるかもしれない。あるいは、シェルターは戦争時に公共利用することを意図したものだと思い込み、そうではないことに気づいて失望するかもしれなかった」[*60]

結果的に、こうしたトンネルのニュースは一斉にメディアから消えた。その後、一九八〇年になって驚くべきことに、ダンカン・キャンベルが自転車とカメラで武装してそこに入り込むことに成功し、トンネル・システムを探検して、僕らにはすぐさま「英雄写真」とわかる恰好で写真の前でポーズを取った。彼はこれらの写真とともに自分の探検の成果を、ニュースステイツマン誌に発表した。[*61] 取材された中央郵便本局は、探検したというのはつくり話で、トンネルの写真はスタジオで撮影されたものだろうと述べた。キャンベルはトンネルに入る手口を詳細に伝えているので、これは明らかにつくり話ではなかった。三〇年後に、LCCはそこからドアを抜けてキングズウェイ電話交換局に入り込んだからだ。[*62]

しかし、大半の地下鉄の場合でもそうだが、内部の監視カメラの前を歩かなければならないこともあって、キングズウェイとBTの地下トンネルはほかの人びとと情報を共有するにはあまりに厄介な場所だった。メールレールの一件によってメディアで取り沙汰されたあと、仲間は写真を内部でしか公開しないようにした。それでもこうした事情もまたこの数年間に、集団力学がいかに変わり、ますます閉鎖的になっていったかを示していた。活動のうちの写真撮影という側面が、グループの探検の動機づけにおいては、実際に新しい場所に侵入し、都市の地下の相互関連に関する理解を完璧なものにすることにくらべて、ますます重要性を失っていたのは明らかだった。僕らはわずか数年前に自分たちが都市探検だと考えていたものから、大きく乖離していたのだ。

長年、僕らの写真のレパートリーは下水道や屋上、地下鉄内でポーズを取る英雄写真から成っていたが、いまでは画像の撮影方法も変わり始めていた。ダンは従来の型を破り始め、動いている人物を長時間露光で撮影し、三〇秒間の写真の小さな部分として、フレーム内に亡霊のように写すようになった。僕らの写真の大半は、衝撃的にはっきりと切り取られた時間のなかで捉えたかのように制作されている。でも、ダンはしばしば三脚を使わずに手でカメラをもち、人物が五秒、一〇秒あるいは三〇秒のあいだにどこまで行けるかが見えるようにした。こうした写真を撮るようになったきっかけを尋ねると、ダンはこう言った。「人物が場所のなかでただポーズを取っているんじゃなく、場所とかかわっている図が欲しいんだ。探検は人間の行動だからね」。ダンの写真は反響する時空の塊だった。そこには時間の継続があった。[63] 長時間露光を利用することで、こうしたものを視覚的に植えつけることができた。

ある組写真では、ダンは薄汚いロザーハイズの道路のトンネル内部で、白いシャツを着て換気ファンのある部屋の壁を登っていた。一コマごとに場所の痕跡がシャツに徐々に残されるのは、探検家の肉体が場所とかかわるなかで記録されてゆくことを示す印象的な例だった。

時間がたつにつれ、仲間によって集められた一連の画像は反響を引き起こしつづけ、それがコミュニティ全体の芸術性を変えた。ピンぼけで、頭を悩ませることも多い画像があちこちで投稿され始め、英雄写真ではなく、アクション写真が強調されるようになった。往々にして写真の清潔な美学は犠牲にされ、入り込む手口の詳細や、人と場所とのかかわりを明らかにするものになった。前述のプロセスが、「汚い」、ピンぼけの、高感度のイカした写真になった。

僕らはもっと動画も集めるようになり、これまでの重要な探検で撮影した動画をハードドライブいっぱいに集め、『クラック・ザ・サーフィス〔表面を打ち破れ〕』という題名の映画を制作しようと考えた。写真から動画へ移行することで、僕らの行動はますます直感的なものになった。ビデオはある面で視聴者を引き込むのにより適していたからだ。[64] 僕らがネット上に投稿した動画には、多くの人が冷や汗をかいたとコメントしており、彼らの反応はこれを裏づけるようだ。

同時に、僕らはキングズウェイ電話交換局に侵入してすぐに内部情報をもらい、この一件がロンドン警視庁犯罪捜査部（CID）によって調査されていることを知った。僕らのリストに残された探検を計画するためにパブで集まったときに、〈ゲイリー〉が言った。「ちぇっ、相手がCIDとなると……おい、これで俺たちも本格的なUEになる

WAY OUT
MEDICAL AID POST
LAVATORIES CANTEEN

ぞ」。メールレールで逮捕されたにもかかわらず、誰もがますますやる気になっていた。リストにまだ残っている場所をチェックできるかどうか、もちろん警察と競争するつもりだった。放置されたブリティッシュミュージアム駅と、可能であればロンドン中心街の地下にある秘密の軍事要塞、Q‐ホワイトホールとピンダーも。

のちに安全な場所から振り返って見れば、大掛かりな捜査を受けずにグループがうまく切り抜けるために取るべき方法を、僕らは間違いなく完全に見失っていた。同時に、それほどの自由を体験し、複数の警察部隊を混乱させ、毎回、彼らをだしぬき、イギリス鉄道警察の地下で僕らがいわばフラッシュモブ式に、コルクボードにメッセージを残していたようなものだと想像すると解放感を感じた。しかも、どうすれば僕らを捕まえられるか彼らが対策を練っていたときにだ。グループは不可能なことに挑戦したいという深い願望と、自分たちの人生をあまりにも密接に結びつけていたため、僕らは都市との関係だけでなく、自分たち自身との関係も完全につくり変えていた。冒険にすっかり慣れてしまっていたことも、最終的な目的地に向けて頃合いを見計らうあいだ、廃墟や建設現場、下水道などで、確実に避けられたはずの危険を冒させる結果になった。そうした場所はもはや挑戦しがいのあるものには思えなかったからだ。

二〇一一年二月に、僕の携帯が鳴った。それはダンからの雑音混じりの留守電で、水面下にいるかのように聞こえた。僕に聞き取れたのは、「助けて」と「はまった」だけだった。冗談かとも思ったが、彼に電話をかけ直した。何度も鳴らしたあげくに、本人がでた。ほとんど会話にはならなかった。彼が何を言っているのかわずかにしか理解できなかったからだ。最終的に僕がつなぎ合わせた情報は、ダンが、仲間のうちで最も敏捷で抜け目のないやつが、ミドルセックス通り一〇〇番地のニド・スパイタルフィールズのビルのエレベーターから抜けだせなくなっているということだった。学生住宅になる予定の三四階建て超高層ビルだ。

僕はポポヴに電話をした。そんな事態に備えて、車のトランクに鞄いっぱいに用具を備えているのを知っていたからだ。僕らはミドルセックス一〇〇番地に急行し、夜の十時ごろに現場に到着した。工事用の囲いを跳び越えて、静かにエレベーターに近づいた。一基が十三階に止まっており、ボタンを押しても反応がなかった。僕らは手動で開閉するための一連の合鍵を取りだしたが、このモデルに合うものは一つもなかった。そこで階段に回ったときに、ダンがそもそもなぜエレベーターを使ったのかがわかった（潜入を始めた当初に、安全上からも警備員の関心を引かないためにも、絶対に避けるべきだと学んでいたものを）。階段の吹き抜けはしっかりと板で塞がれていたのだ。

僕らは何時間もかけて、板を割らずに引きはがそうと試みた。当局が絡んだ場合に、器物を損壊することで事態を深刻化させたくなかったからだが、徒労に終わった。ポポヴが指摘したように、板囲いを無事に通り抜けたとしても、十三階のエレベーターのドアをこじ開けられる保証はなかった。僕らはあきらめざるをえなかった。

なかにいるダンと連絡を取るすべがなく、僕らはそうした危機に際して取りうることがわかっている唯一の手段を、朝の三時に講じた。消防隊を呼んだのだ〔イギリスでは緊急通報は警察も消防・救急も同じ番号999にかける〕。僕が最初に電話をかけたときには、電話口にでた女性がそんな「話はおもしろくない」と言って切ってしまった。二度目には、「一団を派遣する」と言われた。二〇分ほどのちに一二台の車が現われた。警察は隣のビルに入っていって二四階にいる警備員と話をした。明らかに、僕らがでてゆくときに囲いを跳び越えるのを警備員が見ていたのだろう。警察は心配する市民からの電話は無視したが、企業内に住み込む警備員からの通報には対応したのだ。よくある話だ。僕はまた999に電話をして言ってやった。「あのですね、僕がいまいる周囲には、いたるところに警官がいるんですよ。そのうちの一人をミドルセックス一〇〇番地に送り込んでもらえませんか？　これは冗談じゃありません。そこから動けない人間がいるんです」。電話にでた女性は、かならず連絡を入れるからと請け合った。僕らは警察に見つかる前にその場を立ち去った。

その晩は、ダンからの連絡を待って、みな一睡もできなかった。ようやく朝の十時に彼が連絡してきた。彼によれば、消防隊も警察も彼の救助にはやってこず、朝の八時にエレベーターの電源が再び入り、大勢の作業員に迎えられたのだという。現場監督は「不用な書類」を作成したくないため、彼をそのまま帰したのだった。ダンは四八時間、エレベーターのなかに閉じ込められていた。彼は僕らの努力に感謝し、助けだせなかったことを許してくれたが、僕は生涯のなかで自分の無力さをこれほど感じたことはなかった。

より奥深くに隠された場所を見るためにリスクが増すことで、のっぴきならない事態に陥る可能性も増え、僕らの誰かが死ぬことすらありえた。クレーンから落ちるとか、電車に撥ねられるとか、暴風雨時に下水道で溺れるといったようなことだ。それでも、冒険や危険、恐怖は、いまでは僕らがともに築いてきた暮らしの重要な部分となっていたため、そんな危険に陥る可能性は薄いし、考慮する価値はないと思われた。数々のリスクを冒してきたせいで、混沌とした状況を、それもしばしば考えられないほどの事態を日常的に対処するだけの能力が僕らには備わっており、それは限りない解放感を与えていた。[*65]

「緊急」状態になれば恐怖を感じたとしても、そうした瞬間は往々にして最も語るに値する物語となる。ネブが僕に言ったように、「死にかけた経験をした人間は大勢いるけど、それがおもしろい体験だった人は少ない」。実際、ネブ、ウィンチ、ガッツ、およびパッチはヘースンティングズの〈スティンガー〉と呼ばれる豪雨時の排水調整設備でもう少しで死ぬところだった。それについてウィンチはこう書いている。

そこに四〇分くらいいたところ、右手の合流口のほうから轟音が聞こえ、水が急速に勢いを増してきた。初めは法面（のり）を上がってきて通路との境を越え、三〇秒後にはその上部まであふれて上を流れるようになった。僕らは大急ぎで荷物をまとめ、ほかの連中も右側の高台部分からこっちにやってきたが、流れは僕らのふくらはぎまで達し、そのうち膝まで上がってきた。僕らには選択肢が二つあった。高いところまで登ってやり過ごすか、僕らがやってきたトンネルを三〇〇メートルかそこら引き返して逃げるか。

ネブの鞄は流されてしまった。僕らは腰に巻いた紐を使って、グループ全員の体重を合わせ、いちばん深みにいる人間の足元を支えながら流れを渡った。出口に向かって焦りながらよろよろと進んだが、その距離はやってきたときよりはるかに長く思えた。壁の影や色には何度も騙された。出口に到達したと思ったのに、ただコンクリート壁の汚れだったりするのだ。やがて、僕らは合流点に達したが、腰まである流れのなかを歩かなければならず、延ばした三脚を使って梯子までなんとか登りついた。僕らはそれを這いあがって外にでた。周囲で稲妻が走り雷鳴が轟くなか、下水道からでられたことを僕らは感謝した。こうなるとは天気予報では言っていなかったし、僕らの筋書きには間違いなくなかった。[*66]

すべての探検家が運がよいとは限らない。二〇〇九年にミネアポリスのある探検家はミシシッピ川に洪水の水によって流され、溺死した。ミドルズブラのソロモンは、二〇一〇年にバンコクのホテルの五階から転落して即死した。僕らの仲間にいちばん近かったなかでは、チームAの多くのメンバーの友人だったダウンフォールン——探検家でありBASEジャンパーで、ブルジュ・ドバイ〔現在はブルジュ・ハリファと呼ばれる〕から背中にパラシュートをつけて非合法に飛び降り、世界記録をつくった——は、スイスの山のなかで滑落死した。[*67]

子供時代には人は恐怖をより頻繁に体験する、というのは論拠のあることだ。それには遊びのように解放感があって、何が可能かについて超現実的で挑戦しがいのある概念をかきたてる。ギリシャ語には「恐怖」と「奇跡」を意味する言葉は一つしかない。[*68] このことが、探検の肉体中心の性質を関連するほかの情動に結びつけ、おそらく恐怖がなかでも最も強力なものになるのだろう。ダウンフォールンへの追悼文のなかで、彼自身が次のように書いていたと友人の一人が引用していた。

僕は人生を異なった音楽に合わせて生きることを選ぶ。検閲されたり、過剰な規制でやたらに覆い包まれたりしないものだ。安全衛生が行き過ぎたものでもなく(なにしろ最近はどうかしている)、そうしろと言われたことを恐れ、それに盲従するわけでもなく……そうした覆いがあまりにも厚くて、もう音楽も聞こえない。怪我をしても、僕が責める相手は一人しかいないのがわかるだろう……自分自身だ。それは自分の行為にたいする自己責任を受け入れることだ。近ごろの社会には非常に欠けた本質だ。[*69]

都市探検家の多くは、ダウンフォールンのように、自分の身体に危害を加え、危険な目にさらす権利を主張する。

ダウンフォールンはこの信念ゆえに死に、探検家のあいだで英雄となり、このコミュニティが失った人びとのリストに——プレデター、ソロモン、ニンジャリシャスと並んで——みずからを加えた（すべての死がそれほど悲劇的な状況だったわけではないが）。限界に挑戦する願望は、一部の人にとっては本能的なものだと主張できるかもしれないが、それはまた新自由主義の都市の環境にたいする反発でもある。僕らの受け身の姿勢を助長し、共感して意味のあるかかわりをもつ可能性を減らす環境だ。[*70]

現代の都市環境では、自分の身体を極端かつ強い情動および圧倒的な感覚刺激を味わう状況にさらすことなど、たとえあったにせよ、めったに体験することはない。都市がほかの人びとのために建てられていると感じる人は大勢いる。僕らはそれを見ることは許されても、触れることはできず、博物館のガラスケースに収められた人工物が、空間に出現したようなものだという感覚だ。

ときには、その欲求不満が二〇一一年夏のロンドンで起きたイギリス暴動のように、暴力沙汰に発展することもある。この事件の背後にどんな政治が関係していようと、窓を蹴破り、車を燃やし、都市から好きなものを奪い、友人と一緒に集まり、近所の通りの支配権を警察と争い、汗をかくことができるのを、人びとは明らかに喜んでいた。自分たちの環境と本能的にかかわり合うなかで、祝賀気分が満ちあふれていた。そうした環境の多くは、それ以外の状況では永遠に手の届かない場所なのだ。

地理学者ステーヴィン・サヴィルはパルクールの実践者を研究したなかで、こう書いている。「パルクール愛好者はつねに新しい動きを、それもたいていは恐ろしい動きを探し求めている。その多くは身体的技術の獲得にもとづくものだ。［そこでは］恐怖は場所ときわめて複雑にかかわることができる。恐怖は、場合によっては人をすくませる大領主ではなく、遊び友達のように考えられるものだ」。[*71]都市の日常生活では、路上強盗やテロ攻撃の漠然とした可能性のように、恐怖は不吉で、おそらくは抑制しがたい力にもなりうる。だが、本質的に危険な空間を探検するあいだは、未知の領域をすばやく見て取ることが身の安全のために必要となる。[*72]恐怖は、現実の抵抗を受ければ、冷静な心的状態を生みだしうるのだ。そうなれば、人は身に迫った具体的体験をより意識し、世界のどこかで起きている出来事にはさほど関心がなくなる。[73]

探検のさなかに、死ぬかもしれないという思いで感情や情動が圧倒されたときの行動の瞬間、これが病みつきになる原因の一部だ。レーザーワイヤーを乗り越えるような、危険に挑戦するまさにその瞬間を選ぶときに放出されるアドレナリンは、全身全霊の働きを必要とし、筋肉や内臓、呼吸器、骨格を総動員させる。怪我をするまいとしてあらゆる手を尽くすあいだ、血管は脈打ち、毛穴からは汗が吹きでる。[74] 自分に可能だと思うよりはるかに多くのことができ、目標のバーが上がっていることによく気づかされる。

行動する必要性は、つねに他者によってつくりだされた状況に振り回される日常の空間とは対照的に（多くの人の職場での生活は間違いなくこうしたものだ）、状況を克服する個人の力を強化する。だからこそ、ギー・ドゥボールは僕らが「確かに本物で、創造力を満足させる」と思える状況を生みだして、世界における僕らの居場所を強化することを主張したのだ。[75] そうしてつくりだされた恐怖の瞬間に埋め込まれているのは、自由の徹底した表現なのである。[76] 物や経験を買うためのカネを追いかけて人生を費やしているうちに、売られていたのは実際には僕らの中身だったのだ。

僕らのために生みだされた場所とともに、自己が行動と反応に組み込まれてゆくと、〔人に認められたいと願う〕自我は消えてなくなる。不安定で、安全ではない、混沌とした状況を制御しようとする試みが、僕らの脳の配線を変えているのだ。[77] ＬＣＣは、発見を追い求めて恐怖と失敗に直面することによって、資本や投資、金融、建設、国家的英雄、政府からなる都市の歴史を、庶民の歴史として書き換えているのだ。そのなかでは僕らは英雄であり、冒険家であり、それと同時に犯罪者でもあった。[78] その変貌の過程が、特定のスタイルの画像でとらえられていた。それが僕らのものとなった署名的行動であり、いまやＬＣＣの視覚言語として符号化され、ロンドン在住者が吸収しようと試みる新しい美的感覚なのだ。

ときには、仲間は切迫した瞬間にたがいを信頼しなければならず、それが部族としての僕らを団結させるのに役立った。集団で制覇した場所のリストが長くなり、僕らのエッジワークがこれまでやってきたことの境界を再構築するにつれ、平均的な市民はほとんど手にすることのない力を僕らは社会のなかで見出した。[79] その力を獲得できたのは、調査と計画を怠らず、必要とあらば捕まることも辞さなかったこと、および多少はまったくの幸運にもよると僕らは確信していた。

当局に捕まったとき、グループのメンバーはたいがい恭順の意を示し、警察に時間を浪費させたことを謝罪した。警察の反応はときに甚だしく大げさなものとなり、何十台ものパトカーやバン、警察犬を出動させたあげくに、僕らに説教をし、「職務質問」の書類を渡すことになるから、なおさらだ。だが、作業員との遭遇はおおむね、悪い結果にはならない。ロンドン中心街の地下鉄の廃駅で、夜中の三時に二人の保線要員とかち合ったときなどもその典型例だ。その遭遇事件の直後、ダンが僕に言った。「彼らは何よりも困惑していたと思うね。ただ線路を歩いていたら、突然、脇のトンネルに覆面した男がいて、やたらに撮影機材をもっていたんだからな」。ダンは作業員たちに丁重に挨拶をしてから、階段を駆けあがって非常口から逃げだし、あとには唖然とした二人が沈黙のなかに取り残された。純粋に楽しむために周囲をうろつくことは人を困惑させるが、画廊で売れるような独創的な写真の撮影場所を求めてうろつくのであれば、たとえでていけと言われたとしても、理解してもらえることが多い。したがって、都市探検の「芸術」はしばしば正当性を与えてくれるのだ。

どの探検も、警備員や警察と鉢合わせることになったものですら、つねに技術レベルと意識を高める結果になった。こうした状況に境界(エッジ)を見出すことはつねに、虎子(こじ)を得ることと、不必要に虎穴(こけつ)に入るまずい判断を下さないことのあいだで、難しいバランスをとらなければならない行動となった。たとえば、容易に避けられたはずの警報装置を鳴らしてしまうような失敗だ。

しかし、いずれどこかの時点で、僕らが抜けだせない問題に入り込むのは避けられないことだった。

ロンドン南部、クラパムの地下には、地下鉄と同じ深さのところに使用されなくなった三つの防空壕、クラパム・サウス、クラパム・コモン、クラパム・ノースがある。これらは攻撃された場合に乗客を非難させる安全な場所として、第二次世界大戦中に建設された。地下構造物のなかで、僕らは防空壕とロンドン地下鉄のあいだの境目を発見し、双方を隔てている軽量コンクリートブロックの壁に耳を押し当て、ノーザン線の列車が高速で通り過ぎる音を聞いた。かつては一体化された設備だったものが、単純な壁を築くことで分割されていたのだ。しかし、ベルリンの例やメキシコとアメリカの国境、あるいはイスラエルと西岸地区の分離壁からもわかるように、壁は強力な政治声明であり、それを破ることもまた然りだ。

クラパム・ノースの防空壕はたびたび無断侵入が行なわれた場所だった。二〇一一年三月には、仲間はここでパーティを開いた。僕らはネブの音響システムを吊るして、「防空壕フリスビー」をして遊び、ポポヴが階段を三〇メートルも引きずって下ろしたディスコの照明のもとで、ドラムとベースに合わせて踊った。僕らはクラパム・サウスにも何度も足を運び、そこで珍しい水銀の整流器を見つけた。半導体整流器が発明されるまで、交流を直流に変換するために使われていた、なんとも異質な外見の機械だ。しかし、クラパム・コモンは長年、手つかずのままになっていた。厄介なのは、この場所が現在、スティールマウンドというファイル保管会社によって賃借されていたことだった。そして、ごくたまに、注意を払っていればいつもそうであるように、機会はおのずから訪れた。

ある晴れた日に、僕はクラパム・コモンの防空壕の近くを昼食持参で歩いていた。すると驚いたことに、そしてうれしいことに、換気シャフトの扉が開け放されていることに気づいた。僕は自分の無断居住地(スクワット)に走って戻り、防空壕の概略図を調べた。どうやら、その図とクラパムのほかの防空壕からの知識にもとづけば、換気シャフトから三〇メートルほど懸垂下降して、換気抽出装置のファンのあいだをすり抜ければ内部に入り込めそうだった。調べる方法は一つしかなかった。

いつもの仲間に電話をかけると、一時間後にはロープ、ハーネス、懐中電灯、それにあり余るのほどのアドレナリンとともに彼らはやってきた。

ダン、パッチ、それに僕が壊れたドアから入り込むと、ガッツがそれを背後で閉めた。僕らは金網の柵に抜け道を見つけ、そこから忍び込んだ。反対側には、ロープを固定できるものがなかったため、ダンは錆びついた六〇年前のパイプにそれを結びつけ、暗闇のなか三〇メートル下まで降りていった。僕はそわそわして期待感に震えながら、あとにつづいた。パッチが次に、僕らの荷物の大半をかかえて降りてきた。彼はライトもたずに岩の塊のようにロープを降りてきて、抽出装置のファンに超人ハルクさながらにぶつかったため、装置全体が揺れた。僕らは荷物を下に落として、ファンの羽根のあいだをくぐり抜け、防空壕のいちばん奥深い場所にたどり着いた。それから階段を駆けあがって、防爆扉の前ではたと止まった。真ん中に四角い穴が開いているが、通り抜けるには小さすぎた。

ダンが顔をあげて笑った。「見てろよ」彼はそう言って跳びあがり、突きだしている金属の端をつかんだ。さっと身体をもちあげると、彼はもう一階の下にある通気用シャフトのなかにいた。信じ難い。一〇分後には、ダンは防爆扉の穴から、クモの巣と埃まみれの頭を突きだしていた。

彼は言った。「たったいまPIRを作動させてしまったと思う」——受動型赤外線の警報だ。

パッチが答えた。「おい、俺はあのロープを戻るつもりはないぜ。だからこの扉を開けろよ、相棒」。反対側でハンドルがきしむ音が聞こえ、ドアが勢いよく開いた。

なかに入ると、ドアに取りつけられていた磁気リードスイッチの警報システムは、僕らが到着する前に故障していたことを発見した。この警報は、ニンジャリシャスの著書『アクセス・オール・エリアズ』に書かれていたのとそっくりの装置だった。*80 この時点でまだ防空壕が怒った警官であふれ返っていないということは、PIRも故障していたに違いないと僕らは結論した。ということは、僕らは機密にかかわる可能性のある書類が詰まった防空壕のすべてを、自由に動き回れるらしかった。もっとも、最終的には、その大半が実際はいかにつまらない書類であるかについて、僕らは冗談を言っていたのだが。

ジュリアン・アサンジがウィキリークスで大騒動を起こし、国家機密を暴露したかどでロンドンの裁判所に出頭したわずか数週間後に、僕らは万全の防犯体制のファイル保管場所に入り込み、そこにあったすべての書類を無制限に閲覧できたのだ。アサンジはこんな事態が起きていることを喜ぶのではないかと僕は想像した。透明性を求める彼の信念は、僕らの信念にもよく通じるものだった。この事件は、探検仲間としての僕らにとって、単にそうするのが楽しいから、単にアドレナリンの快感のために何かをやることが、どんなことを意味するのかを興味深く考えさせるものとなった。建築学的には僕らがすでに見た二つの防空壕とそっくりであるもう一つのシェルターを見ることは、ここに安全に管理されたファイルがあるという事実を除けば、歴史的にどんな価値がありうるだろうか？

多くの人は都市探検を、犠牲者のいない犯罪として考えているので、スティールマウンド社が自分たちの「安全な」ファイル保管場所に誰かが侵入し、その警報装置が役立たずであったことを知ったら、最終的にどんな結果になるだろうかと僕は考えざるをえなかった。彼らは顧客に、書類の内容が漏れた可能性を告げなければならないだろうか？　防空壕内のすべての書類の在庫を調べて、何かが盗まれていないか（もちろん、そんな無断侵入をする動機などほかに何がありうるだろうか？）確認しなければならないだろうか？　防空壕内の防犯設備のお粗末さからすれば、僕らにわかる限りで言えば、キングズウェイ電話交換局の場合と同様に、これまでも誰かがそこに入っているだろうし、それは僕らよりも何年も前のことかもしれない。そして、スティールマウンド社はまったく感づいていなかったのだ。

僕らはそれについて何週間も笑いつづけたので、そのころロンドンを離れていて、この冒険を逃したウィンチはこうコメントした。「これがいまのところ二〇一一年の手柄のようだな」

ブリックマンはそれにこう応じた。『ミッション・インポッシブル』の脚本家ですら誇らしく思うような仕事に聞こえるぜ」

するとパッチがなかば冗談でこう言った。「俺たちはもう都市探検家ですらないのかな？」

仲間たちに僕らの行動が引き起こしうる結果についてどう思うか重ねて尋ねると、ある探検家がそれを明確に説明してこう言った。「あそこに入り込まれたのを見て、やつらが不安になったとしても、俺はちっとも構わない。実際には、この会社の本来の役目は書類を安全に保管することなんだ。やつらの優先事項があのアホ臭い防空壕を守ることだと思っているんだろうが！」

二〇一一年の春には、僕らはスティールマウンド社のファイル保管庫にロンドン地下鉄、キングズウェイ電話交換局、工事中の二〇一二年のオリンピックスタジアム、セントポール大聖堂のドームの上、ブリティッシュミュージアム駅、それにほぼすべての大規模な建設プロジェクトに潜入していた。そのことと、何百万回もアクセスされたサイ

レントUKのメールレールに関する投稿があいまって、ロンドン一帯で警備が強化され始めた。[*81] 実際、パッチはコンサルタント会社がロンドン交通局にだした報告書をネットで見つけていた。「ロンドン地下鉄によるネットワーク全体の狙われやすい侵入口の見直しにもとづいて」、二四万ポンドの防犯総点検が必要であると提案するものだ。「見直しによって、個人が秘密裏に無許可で入り込むのを防ぐために工事が必要な箇所が多数特定された」[*82]のである。これはメールレールで捕まった際にロンドン警視庁が仲間に告げたことを裏づけたものだ。警視庁もイギリス鉄道警察も、僕らが何をしようとしているか知っているというものだ。彼らはおそらく苛立っていて、こっちがやっていることに悩まされているのだろう、と僕らは想像した。落書きする連中とは異なり、僕らがいたことの証拠はネット上の写真のほかはまずないからだ。

探検家にとって休暇の時期は、とくに困難な場所に潜入するうえで好都合だった。警備員を含め、大半の作業員がやはり休みを取っているからだ。王室の結婚式が行われる数週間前のイースターに、二つの別々のグループが二つの場所を探検にでかけた。

一つ目は地下鉄のブリティッシュミュージアム駅、つまり僕らの廃駅リストの最後の目的地だ。〈ゲイリー〉、パッチ、バッカス、ピーターが、物置に通じる通気用シャフトを通り抜ければ、ラッセルスクエア駅に入り込めることを発見していた。ここはもちろん現役の駅だ。それからエスカレーターを駆けおりて、駅のプラットフォームを通り抜け、ピカデリー線沿いにホルボーン駅まで行き、改札口を抜けてセントラル線の線路にでれば——いずれも何十台もの作動中の監視カメラの前を通り抜けて——ブリティッシュミュージアム駅にでられるはずだった。これは非常に危険の多いものだが、それが挑戦しがいとなった。彼らは探検にでかけ、ポポヴが路上の車で待機した。

あいにく、中央制御室でその日は誰かが実際にカメラを観ており、ラッセルスクエア駅のプラットフォームを、覆面をして黒っぽい服を着た四人組が走ってゆくのを目撃していた。ラッセルスクエアはおそらく最も監視された駅の一つだったのだろう。ここからキングスクロス駅へ行く途中で、7・7の同時爆破事件の犯人の一人が弾薬を爆破させたのだ。警察犬を連れた対テロ部隊を含むイギリス鉄道警察が押しかけ、全員を逮捕して、爆弾がないか駅を徹底調査し、翌朝は始発からラッセルスクエア駅を通る列車を運休にした。*83 パッチがそれについてこう書いてきた。

最も痛快だったのは、最初に逮捕されたとき、そいつが俺たちに何をしていたのかと尋ねたときだ。ただあちこち見て、写真を撮っていただけだと俺が言うと、やつはこんな調子だった。「ばか言うな、活動家どもめ。トンネルのなかで写真を撮るやつがいるか」

同じころ、ダン・ソールズベリーはテムズ川のロンドン橋近くにあるアデレイドハウスの、写真を撮るには絶好の屋上にいたところを、警備員に見つかった。ダンがこの場所から抜けだすために囲いを登ろうとしているところへ、この警備員が駆けつけて彼に跳びついた。警察がやってくると、警備員はダンが自分に襲いかかったと主張した。警察はその後、彼をキングズウェイ電話交換局の監視カメラの画像と結びつけ、オールドウィッチで捕まった四人の探検家とも関係があると判断し、全容が暴露され始めた。

四八時間以内に、複数の探検家が刑事法院の裁判官からの令状とともに自宅を急襲された。ラップトップ、カメラ、合鍵、地図、道具、変装用の服などが押収され、監視カメラの画像と特定の個人が照らし合わされた。写真とブログの投稿が関連づけられ、仮名が明かされ、あらゆることが崩れだした。

警察がやってくる前に、ネット上のウェブフォーラムのパスワードを急いで変更しようとしたとき、アークルが冗談を言った。「防犯体制の穴を見つけることに専念していたグループが、自分たちの組織を守ることにこれほど苦戦しているのは皮肉だな」。クラパムのスクワットの正面玄関から警察が強引に入り込んでくる直前に、僕らはどうにかドメインを消去することができた。玄関ではパッチと〈ゲイリー〉がそれを押し止めていた。パッチは彼の体験の終わりについて書き、公共のコンピューターから僕ら全員にメールで送ってきた。

聞いていると思うが、俺を含め何人かの友人たちが、女王陛下の仰せのままに一日を過ごすはめになった。リストにあった最後の廃駅に到達しようとして、地下鉄で捕まった件に関連してだ。その結果、俺たちは自宅や実家をひっくり返され、電話、コンピューター、カメラ、写真、ネガ、メモリーカード、およびその他もろもろの貴重なものを重大犯罪捜査チームに押収された。なかにはメールレールとキングズウェイ電話交換局の写真も含まれていた。俺たちは保釈され、金曜日に別々の時間に出頭することになっている。新たな証拠と付き合わせて再逮捕／再保釈されるか、その場で起訴されるか。幸い、このままではやつらが易々とフォーラムに入れてしまうことに俺たちは気づいた。BTP〔イギリス鉄道警察〕とシティ〔ロンドン市警察〕が五台の電話と少なくとも五台のコンピューターを押収しているので、俺たちの誰かが自動ログインにチェックを入れていれば、ドメイン名を引きだせるからだ。それがすぐさま実行されることはないだろうし、サイトは昨日の午前十一時に友達のコンピューターで確認したときには、もうアクセスできなくなっていた。二次的対策で、別の場所（オフサイト）にサーバーとデータベースのバックアップをつくったので、双方をホストのアカウントからは完全に抹消した。俺のラップトップではFTPが自動ログイン設定になっていたからだ。さらにメール、MSN、フリッカー等のパスワードも変えた（それに関連の画像も消した）。だからこれまで行った場所で、俺からやつらが証拠として手に入れられるのは、コンピューター上にある写真とやつらに押収されたプリントした写真だけだ。あいにく、証拠となるようなものはほとんど消去したとはいえ、さらに多くの人間が捜査されるのを防ぐうえで、完全に充分だとは言えないかもしれない。月曜日に没収された電話のどれにもおそらくメールが残っているので、少なくとも一部の者は地下鉄とキングズウェイの探検に関与していたことがそこからわかるだろう。

みんなが次に何をすべきなのか、俺には本当にわからない。おまえらが俺ほど心配する必要があるのかもわからない。でも、俺が知っている最新情報を伝え、少なくともドアをノックされるのに備えるチャンスは与えるべきだと考えた。今晩、ダンに会いに行って、あいつがどうなったか確かめたいと思っている。電話にはでないから、たぶん押収されたんだろう。俺たちの保釈条件には二十三時～六時の外出禁止と、地下鉄網の公共スペース以外への立入禁止が含まれている。だから、スクワットには少なくとも金曜日までは毎晩いるつもりだ。誰か顔をだして、それについてもっとしゃべりたければだが。

イギリス鉄道警察は最終的に、四人の探検家全員に訓戒を垂れたあと保釈した。しかし、それから数カ月後の法廷では、ロンドン交通局は「オールドウィッチの四人組」とマスコミが呼ぶようになった彼らに、反社会的行動禁止命令（ASBO）を下した。[*84]

トニー・ブレアの発案物であるASBOは、通常、刑事訴追を必要としない事件で人を懲らしめるためのものだ。これらは基本的に、国家にとって望ましくない行為とはいえ、かならずしも犯罪ではないことをする人物にたいし、法律の不備を恣意的に補えるようにするものだ。信じ難いことだが、今回のASBOには、すでに訓戒を受けた探検家はたがいに話をすることはできず、都市探検については（ASBOではその定義はなされていない）誰にもしゃべってはならず、探検を行なってもならないし、日没後に探検に使用しうる道具を携行してもいけないと定められていた。命令は一〇年間、効力をもつ。

こうした脅しを受けたうえに、裁判所が任命した弁護士からは法律に関するお粗末な助言しかもらえなかったため、〈ゲイリー〉はロンドン交通局とそうした条件で二年間のASBOを受けることで取引をした。ピーターは弁護士費用が嵩んだうえに、警察にコンピューターやカメラ、探検用具を差し押さえられているあいだ、何カ月間もたびたび再保釈を繰り返されて疲弊したために、最終的に控訴をあきらめ、同じ二年間のASBOに甘んじることにした。

数週間後、パッチ(このころには保釈されていた)、ルージュ、スコット、ユースレスサイキックがメールレールに再び入り込み、そこにあった電車を始動させた。パッチが「俺の人生できわめつけに気分爽快な時間」と表現したひときに、彼らはその電車を六・五キロほど運転したあげくに、きちんと敷設されていなかった線路に乗り入れて脱線した。損害はひどくなかったが、そのころには警察が建物を包囲しており、四人の探検家は全員が逮捕された。

スコットとパッチが僕に語ったところによると、警察署の尋問で、捜査官が僕のブログから九一ページにわたる記述を引っ張りだしてきて、グループの活動の中心に僕を据えようと試みたそうだ。パッチが自己弁護のために目を通すことになっている厚さ五センチのバインダーのなかにあった彼の起訴状を見たとき、僕はこれを確認することができた。証拠書類の一覧にはこう書かれていた。

MG6C証拠物件その7 ウェブページhttp://www.placehacking.co.ukから放置されたビルおよびメールレールを含む地下鉄駅での写真撮影行為を説明する九一ページ分。

メールレールで逮捕された四人の探検家は全員、ブラックフライアーズ・クラウン裁判所で裁かれることになり、国有財産に損害を与え、危険運転をしたために罪が加重されて、かなりの重罪に問われることになった。僕は彼らの裁判を傍聴した。法廷では、監視カメラに撮影された列車に乗る探検家たちが、側面から身を乗りだし、満面の笑みを浮かべ、拳を空に突きあげる様子が映しだされた。パッチはメールレールの列車を脱線させたかどで起訴された。

彼は懲役四カ月、執行猶予二年と、六〇時間の無給労働、および器物を破損させたことにたいするロイヤルメールへの賠償金として一〇〇〇ポンドの罰金を課せられた。もっとも、彼はそれでオールドゥイッチの逮捕によるASBOは免れたのだが。公判のあいだずっと、クラーク裁判官は繰り返し僕のことを「自称博士」と呼んでいた。

オールドウィッチ事件の捜査官、DC・クリアはパッチに、僕らを「現行犯で捕まえるのは途方もなく難しかった」と告げ、僕らの戦術を褒めていた。同じ捜査官はのちにスコットにこう言った。「普段は死や路上強盗や自殺を扱っているんだ。君たちの写真を見るのは、それにくらべて楽しかったよ！」

ダンの写真も、キングズウェイ電話交換局内で仲間が映っている監視カメラの映像とともに、ブラックフライアーズ・クラウン裁判所で映しだされた。じつは交換局とBTの地中深いトンネルからいくつかの鍵が紛失していた。なんの用途もなく閉鎖されていた一画を開けたときのものだったが、ダンの家が家宅捜索されたときに、その鍵がテムズウォーター社とネットワークレールの制服とともに見つかっていた。僕はこの訴訟では性格証人として証言した。ダンにとっては幸いにも、これは陪審裁判で、陪審員は明らかにこの訴訟全体が時間の無駄だと考えていた。彼らはほぼ即刻、無罪判決を下した。

このころには、スクワットもまた使えなくなっていた。夏のあいだはもったのだが、家主もついに全員を追いだすにはどの書類を提出すればよいのか見当をつけてしまったのだ。そこを立ち退いたあと、グループは無断居住できる場所をさらに二カ所見つけだした。そのうちの一つはピムリコにあって、実際には一二〇万ポンド相当の物件だった。だが、僕らにはもう一日二四時間、誰かがそこに居座りつづけるための人数がいなかった。立ち退きさせられないためには、その必要があったのだ。最終的にLCCの大部分はロンドンから離れて、大学に通い始めるか、仕事に就くようになり、もはや夜行性生活を送るのは容易ではなくなった。事態は沈静化し、熱気も失せた。二〇一一年末には、LCCは死んだも同然だった。*85

訴訟のニュースが公表されると、ロンドン・イヴニング・スタンダード紙はグループについて信じ難いほど否定的な記事を書き、僕らが探検したすべての場所に「押し入った」かのようにほのめかした。*86 その結果、イギリスの探検家コミュニティ全体にまたもや多大な後遺症が残った。それはバーリントンの一件のあとと同じくらい辛辣なものだった。ほかの探検家はLCCを、ロンドン・クリミナル・コレクティヴ〔犯罪者集団〕と呼び始め、パッチはそれがかなり気に入っていた。スウィードという探検家は〈28日後〉にこう書いた。「彼らが成し遂げたものについてはなんの疑いもないが、彼らはもう一つ自分たちの台座も築いたわけだ。やたらに高くて、崩れる石で築かれたものを」バッカスがその投稿にこう応じた。

> LCCのすべての活動に関して……要するに、彼らはイギリスで都市探検が行なわれてきた十数年のあいだに、どんな探検家グループもやらなかったことをやったわけだ。彼らは大ロンドン市をしらみつぶしにした。地下鉄、下水道、共同溝、メールレール等々だ。一〇年かかった理由は、それが圧倒的に最難関だからだ。一六年間、いろんな国で探検をつづけてきたなかで、ロンドンほど入り込むのが難しい都市には遭遇したことがない。それでも、LCCはやってのけた……「仲間（クルー）」として……なぜなら、一人だったら絶対にできなかっただろうからさ。[*87]

それと同時に、警察の手入れに関する新聞記事と、三年にわたって僕らが頻繁にブログに投稿をつづけてきたこと、それに僕らが制作し、これまで一緒にやってきた活動を記録した映画『クラック・ザ・サーフィス』が評判になったことで、メディアも再び関心をもち始めた。僕はBBCワールドサービス〔BBCの国際放送〕から、メールレールの探検に関する番組をつくりたいという素っ気ない電話をもらった。[*88] 僕らはこれまでになく忙しかったが、あまり探検はやっていなかったので、誰もがやる気をなくしかけていた。ウィンチは二〇一一年九月に自分のブログにこう書いた。

> 先月は最低だった。たびたび逮捕され警察に取り締まられて、このロンドンで僕らが達成してきたことの素晴

らしい高揚感が帳消しになり、スクワットもなくなって「時代の終わり」的な雰囲気がある。
ロンドンでもニューヨークでも、地下鉄と下水道でテロリストを警戒する話題ばかりで、都市の下部構造には普段より近寄らないほうがいいと思うようになった。僕らがこれまでワルツを踊ってきた多くの場所も放置され、これらの場所への愛着も、当局が本格的に介入した場合に起こりうる事態を考えれば抑制されている。[*89]

哲学者のアンリ・ルフェーヴルは、空間の機構は決して中立的なものではなく、つねに複雑な権力の配置のなかで絡み合っていると述べた。現代の都市環境では、空間を符号化して経済成長を奨励し、しばしばその他すべては損ねるような反応を引きだす試みがなされている。[*90] 地理学者ティム・エンザーはこう指摘する。

おそらく現代の西洋の都市では……緊張が最も顕著に表われている。それは監視戦略や美的監視に関連した規制制度と、それらに違反し混乱させ、驚きや偶然性、無法状態の領域を探しだし、つくりだす戦術家とのあいだで争いがつづく場なのだ。[*91]

都市探検家をはじめとする、こうした戦術家は、主要な物語に逆らう者として見なすことができるかもしれないが、僕らはただ別の種類の見世物をつくりだしているに過ぎないと言うこともできるだろう。自分たちが感じたものを他者に感じさせることはできないからだ。たとえ写真を通して、僕らが見たものの一部は彼らも見ることができても。[*92]

反体制活動の本質は、都市探検のもつ力と同様に、そのとらえどころのない巧妙さにある。シチュアシオニストの漂流(デリーヴ)のように、その活動は遊び心いっぱいで滑稽で、無意味ですらあるが、それでもそれは別の選択肢がある可能性を示すものだった。都市探検は、都市との親近感を生みだすような遊びとして説明されてきた。[*93] また、子供には世界にたいしてより多くの能力や領域、あるいは同調力があるのに、やがて社会的条件づけがなされ、徐々に関与できると感じる領域が狭められ始めるのだとも主張されてきた。[*94] こうした主張にはいずれも、明らかに遊び心のある要素がある。子供のころの野心をあきらめるのを拒み、現実のグーニー〔映画『グーニーズ』に登場する海賊の宝を探す少年たち〕になりたいと願うものだ。しかし、境界的な空間の探検は、そして場所をハッキングするのに必要な忍耐、こだわり、それに独創的思考もやはり、人が場所や物と情動的にかかわる可能性を増す。[*95] 可能性を増大させること、および与えられたわけではない機会を生みだすことは、つねに政治的な行為となる。[*96]

子供はこの世に生まれ、身体をもち、情動的にかかわるための広大な領域と潜在能力を与えられる。[*97] しかし、〈社会的身体（ソーシャルボディ）〉が個人的身体に条件をつけ始めるにつれ、情動的な可能性の領域は、支配的な社会によって認められた可能性の領域に沿って狭められてゆく。この場合は、近年の資本主義とそれが主張すること、すなわち関係や活動は利益を生み、しばしば地域社会および／もしくは個人の自由を犠牲にしてでも、国家や経済の利益となるようにすべきだ、というものだ。[*98]

物理的な〈社会的身体〉、つまり都市の機構（ボディ）に潜入することによって、大都市の代謝作用のなかに入り、その内臓を苛立たせ、都市の動脈や静脈のなかで反体制的で無意味な遊びを行なうことで、僕らは別の道を、若干の可能性のかけらをつくりだしているのだ。

生みだされた一つひとつの断片は、ゆっくり浸透するウイルスとなり、社会的身体を痙攣させ発作を起こさせる。どう見てもまったく無意味でありながら、かつ圧倒的に美しく、人を虜にするものに費やされた努力とエネルギーをほかの人びとが見たときに。解き放たれたウイルスは、それがなんともありえなく思える秘密〔たとえば、人が地下鉄のトンネルを走り抜けるような〕を明かしたときに、止めようのない集団パニック症状と喜びを引き起こし、ワールドワイドウェブ上で僕らのサーバーに何百万回もアクセスが殺到し、コメント欄に辛辣な言葉が書き込まれるにつれて記録されてゆく。僕らの活動が作家からジャーナリストまで、あるいは学生からドキュメンタリー映画制作者までから受ける関心は、さらに多くを知ろうとする彼らの飽くなき欲求は、都心探検が引き起こす願望をあらわにする。日常以上のものを求める欲望は、僕らがそれによって呑み込まれる危険があるほどにまで、活動を上回るものになる。[*99]

都市探検はパルクールのように、規範的な行動とされるものから逸脱して世界を体験することを求めるのだが、僕らの存在を豊かにし、再定義する活動ということでより密接に子供時代と結びつき、驚嘆や意欲を奨励して、恐怖よりも希望が勝るようにする。[*100]

近代の都市はこれまでになく安全で管理されたものになりつつある。反体制ののろしをあげるべき時と場所は、いま、ここなのだ。都市探検は、介入の度合いを増し、主体性を（再）確保する一連の都市の真っ只中に登場する。そこでは自由は着実に崩れてゆくように思われ、たいがいは僕らの自由を守るという名目で制限され監視されている。[*101] 僕らの探検は、その体制内部の管理や安全が幻想でしかないことを、それとなく批判する役目を果たしているが、国家は僕らのドアをたたき壊し、所持品を押収し、仲間がともに築いた社会共同体を壊そうと試みるなどの対応をとり、僕らにあきらめるか、さらに闘争的に、政治的になることを強要した。探検家がつねづね都市における個人の自由の権利を主張してきたことを考えれば、初めからそれがどの方向へ進むかは明らかであったはずだ。僕らは都市にかかわるために許可を得るのではなくむしろ、マルク・エクスプロが説明するように、ただ市民権を得るための独自の道を見つけるまでだ。

監視されていない場所に入るときに、説明責任を果たさねばならない感覚はない。そのようなインフラが身近にあれば、不正行為を働く機会はある。しかし、僕らは危害を加えることはないし、そう決心することで、実際には無断侵入しない人間よりも多くの責任を示しているのだ。

都市探検家は批判的省察を超え、実践の領域にまで入り込んで、やりとりの前衛で活動し、新たな空間と世界における新たな存在方法を生みだす実験をしている。[*102] 探検家は都市をこじ開け、連結部や隙間や破断点を露出させ、都市の有毒物質にさらされざるをえないために、その過程でみずからを殺す一方で、人間の関係と可能性を加速させる資本の巨大さをたたえる。

探検や都市の一部を一時的に占拠することから制作され、閉鎖された秘密の場所で創作された視覚的、聴覚的、感覚的な再現物は、心に蓄えられて、伝説を生みだすようになる。もしくは、一方的に封鎖された場合の妨害工作や、非合法のパーティ会場のような、自由空間の一時的な占拠、および安全シェルターとしての利用のように、実際に活用することもできる。[*103] これらの空間を再独占して、想像で埋めつくしたことが、僕らの活動の本当の遺産だった。その結果、都市探検の仮想空間上および物理的な側面が、一方のネットワークがもう一方に依存するにつれて、ますます分離できないものとなった。都市探検は、崇高な神話を織りなすものではあっても、物理的な世界からの逃避もしくは超越ではなく、深いところで具現化した実体二元論の境界そのものへの挑戦なのである。[*104]

都市探検は、都市が舗装された通りと建築物からなる堅固な塊ではなく、むしろスポンジのようなもので、機械というよりは身体なのだという意識を掘り起こす。都市は刺(とげ)と陥没穴なのだ。その表面は穴だらけだ。都市の血流は限りなく衝撃と驚嘆をもたらす導管となる。それを過剰摂取してしまう可能性はつねに存在するので、探検家は瀬戸際に立って、エッジワークを行ないながら、不可能な方向へ境界を押し広げ、快い心理的建築物を創造する。彼らは自分たちが愛する都市に何度でも戻ってくる。融合の痛みにさらされることへの耐性はそのたびに増し、与えられたものを超越する可能性は、登ったり降りたりするたびに増えてゆく。

僕らの〈黄金時代〉〔二〇〇八年〜二〇一二年〕は終わりかけているようだったことを考えれば、こうした出来事にかかわってきたことが何を意味していたのか、そして将来の探検家の世代にそれが何を意味しうるのか、熟考する時間は充分にあった。ロンドンにこれだけの圧力が存在し、LCCも解散したいまとなっては、おそらくまた外国に目を向けるときがきたのではないかと、このころには僕の親友になっていたマルクが提案した。僕らは逮捕されたぐらいで、おとなしくなるつもりはなかった。新世界で僕らの技術を試すときがきたのだ。

6　新世界をハッキング

飢えを免れる自由を保証されることが退屈で死ぬ危険を意味する世界など、誰が望むだろう？
——ラウル・ヴァネーゲム

モーターシティに到着してみると、マルクはひどい時差ぼけのせいで、薄汚いモーテルで伸びていた。僕らは真っ赤なダッジ・チャージャー（いかにもふさわしい）のレンタカーを借りて、ロンドンのごたごたを忘れるべく、ダウンタウンまで飛ばした。デトロイトには三万三〇〇〇棟を超える放置されたビルがあると、少し前に読んでいたのだ。[*1] ここは二十一世紀最初の一〇年間に世界中の都市探検家や工作員、戦術家、芸術家のメッカとなっていた。ちょうど一九九〇年代にベルリンの壁が崩れたあと、東側の無人の産業地が、西側の文化的資本と出合ったときのように。何十年にもわたって企業汚職と経済的困窮および大量の人口流出がつづいたあと、いまや破壊化がデトロイトを構成する大きな要素となっていた。

一九四七年から一九六三年のあいだに、デトロイトの製造業人口は一三万四〇〇〇人減った。一九六七年には、アフリカ系アメリカ人男性があからさまに犯人扱いされ、次々に逮捕されたことに触発されて、この都市では暴動が頻発していた。一九七〇年代の石油危機のあと、一九八〇年代には輸入車が好まれるようになったために、デトロイトは低迷する消費者需要と、強い労働組合が要求する高賃金の板挟みとなって経済的に荒廃した。人種間の緊張が高まるにつれて、「白人の流出」——中流階級の白人専門職が同市を去った——という問題もあった。ここは脱工業化による放棄の事例研究の対象となった。一九五〇年までに、一〇〇万人がデトロイトを去った。二〇一一年に僕らが訪れたときには、三四〇平方キロほどの都市の人口はわずか七〇万人だった。

僕らの関心はロンドンとパリの潜入体験を通して変遷していたし、廃墟好きの連中はデトロイト郊外によい写真が撮れる機会があると見ていたので、市内の有名なビルの屋上に登るチャンスはいくらでもあると考えた。こうしたビルは多かれ少なかれ無視されているはずだった。僕らはダウンタウンを偵察して、取り組める物件があり余るほどあることに満足して、暗くなるまで待つために郊外に向かった。

僕らは市の周辺部にある興味深い放置場所をかなり手早く片づけた。これらも充分に怪しげに思われたが、こうした「標的」についてはますます罪悪感を覚えるようになっていた。むしろ、デトロイトの自動車帝国の残骸を見たかったのだ。産業廃墟をうろつかずにここを立ち去れば茶番となる。しかし、僕らが入った場所はどこも驚くほど陰鬱で、どう見ても麻薬を吸うための場所か、ホームレスの住処になっているか、カメラもしくはスプレー塗料を振りかざす連中でいっぱいになっていた。あらゆるものがゴミとなって捨てられ、都市探検家がどこにでもいて、しかもここは僕らの街ではなかった。撮りたかった写真は撮り、見たかった場所は見たけれど、ともかくもはや放置された建物には興味がないという感覚を拭い去れなかった。

LCCの最盛期のころと同様に、僕らの探検は経験そのものが中心で、場所の歴史はおおむね後知恵になっていたのは明らかだった。もしくは、いまやすべてがいわば経験のぬかるみのなかでごちゃ混ぜになり、以前のように僕らを満足させることはなくなっていた。それはときどき以上の頻度でこの活動に加わったことによる、避けられない分裂の一環だった。仲間の一部は落書きアーティストに変わったり、無断居住者（スクワッター）になったり、プロ写真家に転身したりした。ほかの者たちは落ち着くか、静かに離れていった。いずれにせよ、僕らのうちの誰一人として数年間以上、放置された場所への渇望をいだきつづけることはできなかっただろう。それはもう少し真剣なものに進化を遂げざるをえなかった。

午前二時に、僕らはイタリア料理店の屋上に登って、開いた窓を通り抜けて三五階建てのブロデリックタワーに登った。眺めは息を呑むようであり、日中に僕らが見た荒廃ぶりとは対照的に、軽く、明るく、活気ある、美しい場所となってこの都市の新たな感覚を味わわせてくれた。デトロイトのダウンタウンはいまも活気と、イベントや政治的に活動する市民にあふれ、訪れる価値のあるすばらしい場所や、潜入するのにもってこいの場所がいくらでもあった。もっとも、細身のジーンズにカメラをぶら下げた廃墟好きにも地元の探検家にもたいがい無視されているが。こうした物好きたちは、デトロイトの廃墟を撮ったことで最も知られる二人の写真家イヴ・マルシャンとロマン・ムッフルの作品を再現しようとして、壁紙を破くことを崇拝するのをやめられない。[*2] 僕らは満足して車に戻り、ミシガン・セントラル駅に向かった。デトロイトの巨大な廃墟の象徴となっている最も有名な場所だが、写真に収めるためではなく、その晩、そこで寝袋を広げるためだ。

この都市の文化はいたるところに崩壊の画像があったので、社会的な反発が始まっていた。僕らが訪れる前の一〇年間に、デトロイトは都市探検家による崩壊や廃墟、放置された場所の画像の意味をめぐる論争の中心となっていた。[*3] ミシガン州立大学のアメリカ文学の研究者ジョン・パトリック・リアリーが、問題視すべきことを正確に突いている。

> 廃墟の写真や廃墟の映画は、その根源を問うことなく貧困を美化し、空間を劇的に表現するが、そこに住み、そこを変容させた人びとを探しだそうとは決してしない。そして現実の変容にたいして結託する政治・社会的な巨大勢力の存在を認識することなく、個々の抵抗行動をロマンチックに描く。ただ、都市が頑固に生き延びている様子を描く代わりに。[*4]

現代の探検家がつくりだす、やたらに鮮明で力強い長時間露光の写真をめぐる懸念の一部は、写真がきわめて様式化され、「完璧」にするために数十回も撮り直されていることが多く、植民地時代の探検家の伝統的な写真と居心地の悪いほど似通って見えることだ。白人が旗を地面に突き刺す図を思い起こさせるのである。[*5] 地理学者のキャスリン・ユソフは極地探検家について書くなかで、「〈英雄写真〉はポーズを取り、構える探検家のポルノグラフィのなかでこれが最も極端に表われた例であり、景観にたいし、それを支配するかたちで人を立たせることで男らしさが築か

Zebo

れている」、と指摘する。[*6] だが、都市探検家はもちろん、僕らがみなそうであるように、たとえ無意識にしろ、その遺産には気づいている。美学は非常に文化的に符号化されてきたからだ。となると、探検家が行なっていることは、昔の美学的カテゴリーを、新しい空間と科学技術とともに利用し、再誘導して、「安全国家」だけでなく、写真の美学に埋め込まれてきた系統そのものも蝕むことなのだ。見世物を融合のなかに巻き込むもう一つの手段として。[*7]

リアリーは主として、イメージが表現する、または想起させる活動からは切り離されたかたちで、探検からつくられた画像の美的形態について言及している。そしてその危険は、隔絶され、周囲から切り離されたイメージがよそよそしい抽象的なものとしてありつづけ、探検家が自分の画像を通して新しい世界の創造の貢献に加わるプロセスではなくなることにある。[*8] リアリーは次のように書く。

現代の廃墟がもつ皮肉な魅力は、考古学的な発見のファンタジーと、そこで発見されるものの凡庸さの組み合わせにある。一九八〇年代の歯医者の診療室など、もともとの状態でそこに暮らしていた人にしてみれば、そこはかとなく魅力的なものなどであるわけがない。[*9]

このジレンマにたいしリアリーが提示する解決策は、混乱を招く伝説化や場違いな郷愁を招かないようにするために、「本物」の歴史にたいする専門的な管理を確立することだ。いずれの場合にも、地元の大衆歴史家で、実際に「誤解する」可能性がある人、考古学的、史学的、または文化的価値の乏しいものを保存したいと願う人びとから主体性を奪う努力がなされる。こうしたことは、取り組むに値するもっとも懸念だが、その一方で、場所を大切に考える人には主体性を与え、場所にたいする特別な想いや共同体意識を与えるものはなんであれ、そのなかにいられるようにして、釣り合いを取ることは重要だ。

探検家が制作する画像に関して、それ以上に問題をはらむ側面であり、リアリーが「廃墟ポルノ」への反対声明のなかで一度も主張してこなかったことは、探検家が画像を通してどれだけ場所にたいする「所有権」を得るのかに関するものだ。だが、動機がなんであれ、探検家がつくりだす画像は、創造的な出合いのプロセスを伝えることなのだ。つまり、単純に場所を読みとるだけでなく、「ほかの」読み方を軽視したり除外したりすることなく、それを超えて作用するものだ。だから、一枚の写真は一つの場所にたいする所有者意識や、体裁のよい物語を複雑なものにする願望や、崩壊の美学をとらえることへの憧れを伝えるだけでなく、視聴者に触覚的に「手を伸ばす」ものでもあるかもしれない。[*10] 写真は決して、フレームに収められたある場面を機械的に再生するわけではない。それは世界の一つの解釈なのだ。[*11]

マルクと僕は次にシカゴへ向かった。ここでもデトロイトと同様、僕らは地元の探検家に知り合いはいなかったが、デトロイトとは異なり、いくらか場所に関する情報はもらっていた。州間ハイウェイ94号線を飛ばしてきたせいで、睡眠不足で、汗臭く、高揚しながらマルクと僕が到着したとき、この都市は汚らしくぼんやりとしていた。

僕らはアメリカの探検家たちから、ロンドンのメールレールが手本としたシカゴの広大なトンネル・システムに関する噂を聞いていた。ドクター・カオスと呼ばれる統合失調症らしい都市探検家が、今世紀初頭にシカゴ大学から盗んだシアン化物をそこに隠したのだという。トンネルはマンホールの蓋から到達できて、地下に鋼鉄製のドアがあるが、それを固定しているピンはハンマーとドライバーで上げることができるという話だった。そこで、僕らは考えた。次に立ち寄るべきはホーム・デポの店だ。それから地下へ潜ることにした。

ところが、このトンネルは想像した以上に難関だった。僕らの古くなった地図（ネット上にある一九九四年のニンジャリシャスの潜入情報から）[*12]では場所を特定するのが難しかっただけでなく、シカゴは人目が多いからだ。ロンドンでは何かいたずらをしていても人は無視してゆくし、パリでは一緒に行ってもいいかと聞かれるが、シカゴでは午前二時に通りで人が実際に立ち止まり、なぜマンホールをこじ開けているのか、誰に言われて作業をしているのか尋ねるのだ。愛すべきお節介なアメリカ人だ！　滞在時間が限られていることを考えれば、風の町（ウィンディ・シティ）［シカゴの俗称］の超高層ビルのほうがうまくいきそうだと、僕らは判断した。

1001
iPad 2
DO
EPIC
SHIT.

まずはシカゴ・ヒルトンに挑戦した。エレベーター・コントロール室から屋上につづくドアは、クレジットカードを差し込めば開くだろうと、ミネアポリスの探検家から助言をもらっていた。ダウンタウンに着いて数分もしないうちに、僕らは非常階段を上がって屋上にでていた。だが、ヒルトンの屋上は確かにセクシーではあっても、僕らは不満足だった。なにしろさらに高いビルの側面にいる人と目が合う高さなのだ。空を見上げると、壮大な規模の雷雨が近づいていた。アメリカ中西部にある最高のビルに登りたければ、急がねばならなかった。翌日はさまざまな都市から集まってくるほかの探検家たちと集会を開くことになっており、それだけの集団になると、巧妙な潜入を試みるには大人数すぎると思われたからだ。

四〇階建てのリッツカールトン・レジデンシズには、三六〇度監視できる黒い下向きドーム型カメラが回転しており、周囲にある高さわずか一・二メートルの柵の周囲を監視していた。そこから通りを隔てた場所に僕らがたどり着いたころには、雨があらゆる方向から吹きつけ、僕らの鞄を突き破って水に弱いカメラを濡らしかねない勢いだった。僕はマルクを見た。彼はうなずいた。僕らは通りを走って渡り、足場をニンジャしてなかに入り込む際に、カメラに向かって中指を突き立ててやった。

主要な階段はすぐに見つかったが、三階に派手な色のベストを着込んだ太った男がいて、机に座ってマキシム誌を読んでいることがわかった。しかも、まずい方向を向いて、雇われた職務を忠実に果たしていた。僕らは彼にその仕事をつづけさせることにし、クレーンを利用して、階段三階にあるさらなる「防犯」対策を回避することにした。南京錠で施錠されたベニア板の壁だ。クレーンに乗り移った途端、雨が再び叩きつけてきた。雷雨は激しくなって感覚を麻痺させる本格的なカコフォニーになり、おまけに枝分かれした青白い稲妻までが、影のような姿の僕らがクレーンの鋼鉄製の格子を雲に向かって登る最中、危険なほどの距離でジャブを繰りだしてきた。

数階上まで登ったところで僕らはクレーンを離れ、ベニア板の階段防犯壁を通り過ぎたあたりでコンクリート階段にこっそりと戻り、そこを登った。二〇階を過ぎたあとは、アドレナリンと恐怖と抑えられない期待感だけが完全に僕らの脚を動かしていた。おまけに僕はなぜか肋骨を一本折っており、二人とも基本的にナッツやレーズン、チョコのミックスとファストフードしか食べておらず、その一四時間前にはインディアナ州ゲイリーの霧のかかった湖畔で寝袋のなかで目が覚めていたとなれば、僕らがどんな状況にあったかは察しがつくだろう。

　そのとき聞こえたのだ。サイレンが。それもそこらじゅうで。サイレンは僕らのいる場所へ集まってきており、マルクの顔からは血の気が引いた。瞬きもせずに、彼はバックパックのストラップを締めて言った。「捕まるなら、僕は頂上で捕まるぜ」。そして、また登り始めた。僕らは勢い新たに階段を駆けあがり、向きを変えるたびに、熱気と不安と情熱の度合いが増した。頂上に到達するころには、僕はすっかり階段に酔った状態になり、脚はそれまでの一〇分間に慣れたリズムでひたすら動いていた。太腿は無意識のうちに揺れ動き、串に刺されてキャンプファイアの上に突き立てられたような気分だった。

　水を滴らせ、喘ぎ、ぼろぼろになりながら、僕らは四〇階で外にでて、途方もない悪夢に直面した。建築物は超環境的な収縮作用の真っ只中にあった。雨は横殴りにビルに吹きつけ、すべてを繋ぎ止めている仮設の懸垂装置をガタガタ揺らしていた。最上階の未完成の天井に仮止めしてあるらしい換気ダクトが、僕らの上に落ちてくるのではないかと恐ろしかった。

　振り返ると、マルクが建設途中の狭い棚部分（レッジ）に立っていることに気づいて衝撃を受けた。雨に殴打されながら、周囲で起きているあらゆるものに逆らいつつ、一〇秒間露光の写真を撮ろうとしていたのだ。

　やがて、雨が止んだ。そしてサイレンも止んだ。僕らは端からのぞいてみたが、通りに人の姿は見えず、ただ薬物中毒のタクシー運転手や、道に迷った旅行者や、ネクタイを緩めた酔っぱらいの気取り屋の車が目抜き通りを走っているだけだった。ということは、あのサイレンは僕らとはなんら関係がなかったのだ。

　その晩、稲光が雲からミシガン湖に走り、嵐がゆっくりと去るなかで、レッジの上に立って撮影した僕の大好きなアメリカの都市の黒雲と青い光に包まれた写真は、北アメリカではこれまで見たことがないほど美しい瞬間を捉えていた。それはその前に訪れた場所で探検に失敗していなければ、シカゴで過ごせる時間が限られていなければ、そして中西部の夏の猛嵐に僕らが剛胆に立ち向かわなければ、容易に見逃したであろう機会だった。

カメラを仕舞うと、僕らは四〇階から駆けおり、ビールを買って、シカゴ川に架かる橋の一つの真ん中まで行ってハッチを開け、ニューヨークの橋を登ってきたばかりの、ほかの探検家たちと乾杯をした。僕らとミネアポリスからの仲間と落ち合って、盛大な規模の国際探検家集会を開くためにやってきた連中だ。そうこうするうちに、モンスーンが再び勢力を増してきた。

翌日、僕らはイリノイ州エルギンの僕の実家に向かい、一週間で初めて温かい食事をとって、死んだように眠った。リッツカールトンの屋上からの写真は見事だったが[13]、そこへ登るための肉体的なドラマがなければ、それに「アクシオン！」にこだわるマルクがいなければ、その背景はまるでマクドナルドの店から撮ったスナップ写真のように、空しいものになっただろう。変化は行動を起こすことでのみ起きるというルフェーヴルの信念に、探検家は共感する。行動主義は具体化しなければならない。[14]

具体化の議論には、現象論に関する心をそそられる言説が往々にして含まれ、哲学者メルロー＝ポンティの著書『知覚の現象学』がよく引用される。同書のなかで、メルロー＝ポンティは具体化された経験を前景化するために熱のこもった議論を展開し、「行動へ突き進む」よう読者に強く勧める。[15] しかし、場所になんらかの衝撃を与えて、融合を生じさせることなく、これを行なうことはできない。

融合を身体と都市との一時的な融解として見なすのは易しいだろう。そして、ある意味ではそのとおりでもある。しかし、融合は結果というよりも、その過程なのだ。それは伸びてゆき、枝分かれするもので、実際にはつねに変化（ビカミング）の途上にある。

都市は決して固体ではない。そこにはつねに多数の機会の穴が開いている。したがって融合は探検家のイメージのなかで都市をつくり変えるというより、むしろ快挙を遂げるたびに新たな分岐点や連鎖や運動、感覚的傾向を生みだすのだ。融合は都市であり、人間であり、カメラなのだ。ともに生きて呼吸し、活動して死ぬ、離れることのできない、紛れもなく共同体的で、部族的なものだ。空間そのものよりも、そうした瞬間を開くことが、言ってみれば「超現実的」なのである。融合について考えるたびにいつも僕の頭に浮かぶイメージは、リッツカールトンのあのレッジ

ALLERTON

の上に立ったときのことなのだ。それは展開される一つの瞬間を完璧に伝える写真なのである。

シカゴでの翌日、僕らはミネアポリス／セントポール（ＭＳＰ）からの仲間と待ち合わせた。チャック、ローラ、ＤＪ・クレイグ、バブーシュカ、それにアレックス・プリンツといった面々だ。ＭＳＰのグループは世界でも最大規模で、一目置かれた都市探検集団の一つだ。カナダの著名な探検家で、貨物列車で無賃乗車の旅をするウィテックも、ロンドンからきたタイロンとモントリオールのアダムと一緒にやってきた。彼ら三人はニューヨークで市のインフラを徹底的に回ってきたばかりだった。僕らは四カ国から集まった一〇人の探検家チームになり、シカゴの晴れた美しい午後にいくつかの屋上に登りたいと考えた。

まず、マルクと僕は全員を連れてヒルトンの屋上に再び行った。やってみると全員が登るのも大して難しくはなく、屋上に登り着くと、僕らは熱くなって柔らかくなったタール表面の上に全員で寝そべり、さらに高いビルを見上げた。僕らが寝そべっているビルよりも二倍は高く見えるビルは、表面が鏡張りになっていた。マルクがそれを指差して言った。「ありゃいったいなんだ？　あれに登ってみたいな」

マルクが指差していたのは、七二階建てのレガシータワーという、高級高層マンションだった。このビルは現役で使われていたので、そこへ入り込める唯一の方法は、国際探検家のチームワークと少々のソーシャル・エンジニアリングを利用することだった。

アレックスとローラがまず入っていって、適当な質問をして守衛の関心をそらした。その隙に僕ら残り八人が住人のあとにつづいて入り、話に夢中になったふりをしてエレベーターまで行った。住人がキーカードを通すあいだ、僕らは話しつづけ、それから彼女と一緒にエレベーターにぎゅう詰めに乗り込んだ。誰かが七十一階のボタンを押すと、その住人が僕らのほうを見たので、全員が黙り込んだ。やがて、僕らはみな笑いだし、彼女を四四階で降ろして手を振った。従業員用の区画とエレベーターの管理室を通り過ぎたあと、僕らは屋上にでる鍵のかかったドアのハンドルが逆向きに取りつけられていて、クレジットカードを使えば開けられることを発見した。この種の行動はＵＥの倫理規定に抵触するものだったが、ＭＳＰの仲間は誰もカードでドアが開くのを見ても動じなかった。

屋上にでると、僕らは日が沈むまで待ち、二五〇メートルの高さから街の明かりを眺めることにした。夕暮れになり、レッジの上に八人で腰を下ろしていると、僕の胸は高鳴った。それは見事な日没だったが、アレックスとローラがこれを見損なったことで、僕は罪悪感を覚えずにはいられなかった。彼らはグループのために、自分自身の楽しみを犠牲にしたのだ。

ロンドン地下鉄に最もうまく潜入したときには、僕らはたいがい「地上」に誰かを残して侵入口を見張らせ、ロープを運んだり、市民の注意をそらしたりした。ポポヴとディッキーは、主要な任務でその重要な役割をはたしている。これは潜入集団が成功するためには欠かせないもので、協力することでうまく活動できていた。こうしたわざを使っているのが、僕らだけでないことを知るのはよいことだった。

二日後、僕はアレックスの家の地下室で、濡れたままの長靴の巨大な山に囲まれて目が覚めた。前の晩、ジョンとベッカの旨い自家製ビールが並々と注がれていた空のグラスを握ったままだった。頭を掻くと、大量の砂が落ちてきて、グラスと僕の寝袋に降り注いだ。目はひりひりと痛んだ。ウィテックは僕の隣で枕によだれを垂らしていた。機関車の夢でも見ていたに違いない。マルクはいつもながら裸で寝袋に入り、赤ん坊のようにいびきをかいていた。よろよろと二階に上がってみると、マリオがスマホでうねるようなダブステップを聴きながら地図を編集していた。

全員が目を覚ましたところで、僕らはのんびりとチャックのところに向かった。彼女の家にはさらに大勢の探検家がいて、モーゼズ・ゲイツもニューヨークから、スパンデックスと呼ばれる年に一度のパーティのためにやってきていた。僕らはようやくＭＳＰにたどり着いていた。これから忙しくなる。メンバーたちからは働いてもらうぞと言われており、マルクは掘りたがっていた。

ミネアポリスには地質学的に興味深い場所がある。石灰岩の地層の下に、市のほぼ全域にわたってよく固まった白い砂岩の層があり、驚くほど容易に掘ることができるのだった。実際、素手でも掘れたが、ノコギリがあればより効

Prudential

果的だ。十九世紀のロンドンで労働者たちが「開削」〔地表面から掘って上部を覆う〕トンネルを掘るために汗水垂らしていたころ、ミネアポリスとセントポールの地下では易々とトンネルが掘られていた。電話システム、下水道、上水道、ガスはいずれも埋設され、各システムとも独自の建設様式によっていた。

その結果、まちまちなトンネル網が少なくとも地下五階の深さにまで発達し、何キロにもわたって広がって、自然の洞窟システムと結びつき、その一部は一九六〇年代から七〇年代に当局によって「封印」されていた。そこであまりにも頻繁に非合法的なパーティが開かれたためだ。僕らは一九六八年のMSPの探検家も自慢に思ったに違いない、そうした洞窟の一つでパーティを開き、レンガ造りの壁にある取り外し可能な秘密のパネルを通って、下水道から抜けだした。こうした地下の地物が縦横に走っていることから、地質学者のグレッグ・ブリックはMSPを「スイスチーズの都市」と呼ぶようになった。ロンドンとは異なり、これらのシステムはほぼいずれも、通常は非合法的にさまざまな場所と相互に接続している。[*16]

この地下システムは、一九九六年にマックス・アクションが組織した都市探検家集団、アクション・スクワッドが大いに関心をもった場所だった。[*17] LCCがロンドンでやったように、アクション・スクワッドもMSPの廃墟から始め、それから下水道と、「ザ・クオリー」と呼ばれる市の地下の厳重な安全設備があるスチームトンネル網に移り、そのあと封印された洞窟を掘りだすようになった。やがてメディアがアクション・スクワッドの話を聞きつけた。その後、一人の探検家が下水道で溺れ死んだ。グループは最終的に分裂し、一部の者は何年間も法廷闘争をつづけ、その他は比喩的な意味で地下に潜り、報道陣を寄せつけず、自分たちのブログをすべて削除した。しかし、僕らが知ったように、オンラインではあまり話題になっていなかったものの、この地下の双子都市は二〇一一年よりもさらに活発に動いていた。

MSPの探検家は自分たちの目的に合わせて、絶えず都市をつくり変えている。これは下水道でパーティを開けるように道を整備することから、都市の下にある柔らかい砂岩を何十メートルも掘り進み、新しい洞窟システムにつづくルートを確保することまで、あらゆることを意味しうる。彼らは交替で作業する。LCCにはそのような組織的なところはまるでないが、僕らがシカゴで知ったように、双方のメンバーは明らかに冒険にたいする好みが似ている。探検をつづける理由が、新しい場所を見つけることと同じくらい、自分たちが住みたい世界にたいする想いを共有することであるのを誰もが知っていた。だが、MSPのメンバーがつねに信じられないような発見をつづけている事実は、見過ごせなかった。彼らの組織力のレベルや、それに費やす時間と努力、協力体制と功績の純然たる見事さはほかに例を見ない。

川沿いの曳舟道を、自転車が通り過ぎる横を歩いているうちに、アレックスが急に「こっちだ！」と言って、斜面をよじ登りだした。僕ら六人はあとにつづいた。彼は崖の中腹にある穴に僕らを案内した。そこからは木に結わえつけられたロープを使って下へ降りた。なかは四方八方に一〇〇メートルはつづく広大な洞窟システムが広がっていた。僕らはそのほとんどを歩き、広い場所では花火を上げ、最終的にバケツやノコギリ、橇、ランタンがそこらじゅうにある分岐した小さいトンネルへやってきた。アレックスは僕らのほうを向いて言った。「哺乳瓶穴掘り現場へようこそ」

彼らがやっていたことは正気の沙汰ではなかった。一九七〇年代に封印された洞窟が描かれている古い地図を見つけ、判明している洞窟のうちどれが最も近いかを探り当て、おおむね正しい方向にトンネルを掘り始めたのだ。問題は、スリム・ジムが指摘したように、「こうした地図は二次元で、僕らにはZ軸がない。だから、つまり洞窟の天井部分を通り抜けてしまうこともあるんだ」。

アレックスとローラが正しい掘り方の手本を見せてくれ、気づくとすでに僕らは流れ作業を始めていた。「先端（ポイント）」を掘る人が壁を広げる連中に土を押しだすと、もらった人間はそれをバケツに入れて、それを休憩中でピザを食べたり、サミュエル・アダムズ〔ビール〕を飲んだりしている連中に渡す。最終的にその土は橇に空けて、外まで運びださなければならない。僕らはローテーションを組んで六時間、興奮状態で掘りつづけた。一メートルは掘り進んだだろうと、アレックスは言った。

〔コンピューターの〕ハッカー倫理が単純に具体化し、分類し、境界を示せないように、探検家自身についても同じこ

とが言えた。探検の背後には普遍的に共通する動機、たとえば友情や地理学的興味などがあったとしても、一つにまとまった探検家精神を定義することは不可能だ。各人は単にみずからの欲望に従い、自分のエッジワークを行なっている。MSPでは、エッジワークの大半は掘り進められているトンネルの「先端」で作業することだった。そこは最も崩壊しやすく、砂で窒息する可能性が高い。

僕らが出会ったMSP探検家のうち最も怖いもの知らずの二人は、悪名高いファッツラッツのテルマとトワンダだった。この二人は誰かのルールに縛られて探検することはなく、世界でも名だたる無鉄砲で熟練した探検家だ。ミネアポリスの下水道で、二人の勇気に見せつけられたマルクと僕は、どす黒い下水の溜まった細い下水管にモグラのように頭から突っ込んだ。その穴はクモの巣だらけで、地下に棲む白い小さいクモがウヨウヨといて、それを追い払うものと言えば、棒とアンドレ・シャンパンの瓶しかなく、しまいにはもう少しで悪臭にやられるところだった。あれは強烈な融合の瞬間だった。トンネルでは何も見つからなかったが、ファッツラッツがその排泄物の穴に恐ろしく非現実的な方法で猛然と立ち向かったおかげで、リスト上の通路をもう一つ抹消することができ、それはたたえる

べき手柄だった。

MSPの成功の多くは特化によってもたらされた。ファッツラッツが前線の攻撃部隊になったとすれば、アレックスは後方で計画を練っていたし、ローラはきちんとした服装で建物に入っていって、トロイの木馬作戦で簡単に入口を開け、スリム・ジムは経過のすべてを詳細にわたって厳密に記録し、チャックは全員をまとめる接着剤となっていた。個人的欲望の充実が、集団の功績につながっていたのだ。

都市探検はどちらかと言えば単独の活動だと見られがちで、下調べから状況の見極め作業、偵察、実行というかたちで、少人数で成し遂げるものだと考えられている。しかし、現実には最も注目度の高い場所に侵入を果たす都市探検家は、人より一歩先んじることをよしとする者ではなく、結束力の固いグループで行動する者たちだ。ケイヴクランはこれをずっと以前に学んでおり、QX、ディサンクト、およびサージャント・マーシャルは、緩くつながった潜入集団としてパリのメトロを制覇した折にそれを再び証明した。そしてバッカスが言うように、イギリスの都市探検家の「世界」は、「まったくどうかしていて、やたらに政治的」だが、LCCはMSPのメンバーとよく似て、ロンドン史上で最も結束力の固い集団の一つであり、それが僕らの成功の主たる要因だった。

しかし、LCCとアクション・スクワッドの双方が悟ったように、強い集団力学にも不都合な面があった。人が集団で何か目的を達成しようとすると、当局にはより脅威を与える人間に思われ、その結果、その活動は陰謀として誤解されるのだ。MSPでは、アクション・スクワッドはすぐに当局の標的となった。彼らのパンク精神が、遊び心に満ちた創造的な活動というより、社会秩序への脅威だと見なされたのである。こうした懸念は、イギリスでLCCが明確に定義された団体として結成され、自己主張することにたいする、主要な反論の一つだった。

ロンドンでLCCが解散したも同然になったのちも、僕らがグループとしてますます社会的な方向性をもちつづけた目的は、一部にはMSPで僕らが見たことに刺激されたものだった。探検は、日々、自分に挑戦し挑発する並外れた物事を、親しい友人仲間とともに実行することなのだ。それをやり甲斐のあるものにしているのは、ただ場所や探検のプロセスだけではない。その背後にある友情なのだ。僕らはMSPのメンバーのように、時のなかで失われたものを発見する調査を実施し、のちに世の中にでてそれを発見したのだ。

MSPでは存分に楽しんだが、僕らの旅の計画は西海岸まで向かうことになっていて、道中もう一ヵ所立ち寄るところがあった。マルク、ウィテック、タイロン、および僕は飛行機に乗ってラスヴェガスに向かい、そこでエミリーと待ち合わせた。ラスヴェガス。無節操な道楽に肉欲的な満足感、そして野放しの資本主義のアメリカにおける巣窟。この街は一般に贅沢と娯楽と自由の場所だと考えられているが、モハーヴェ砂漠の真ん中で世界でもきわめつけの壮大な自由市場システムを展開した自由主義の精神には、驚くべきマイナス面があった。容赦ない現金の追求のもとに多くの人びとが押しつぶされているのだ。人口五八万人の都市には、一万四〇〇〇人を超えるホームレスが住んでいる。*18

ジャーナリストで『ネオンのもとで――ラスヴェガスのトンネル内の生と死』の著者であるマシュー・オブライエンは、二年をかけて同市の地下にある五六〇キロ以上におよぶ雨水排水路のシステム全体を探検し、そこに暮らすホームレスを取材した。*19 これらの人びとの多くは、マーク・トウェイン張りに、何か大成功しようと目論んでラスヴェガスに移ってきた。一度のカードゲームに全財産を賭けて失い、都市の地下にあるコンクリートの箱をねぐらにする結果になった人に、オブライエンは一人ならず出会った。

もちろん、保守的な原則のもとに築かれ、裕福な土地所有者や不動産王、カジノのピットボスであふれた都市では、不運な境遇にいる人びとにはかなりわずかな同情心しか向けられることはない。誰一人、過剰な売買が行なわれる都市の人的被害については認めたくないが、そうした被害はしばしば文字どおりのものとなる。ラスヴェガスは古代の川の流域で固く圧縮された平坦な土地の真っ只中にある。現在ここは一年のほとんどの時期に完全に乾燥しているが、たまに雨が降ると、恐ろしい洪水が起きて、この世の終わりのような惨状になる。そうなった場合には、雨水排水路はあふれ返り、人間も身の回り品も押し流す。

オブライエンは現在、〈シャイン・ア・ライト〉という非営利の団体を運営し、トンネルで生活するホームレスの住民の支援に献身している。[*20] 都市探検家のスティーヴン・ダンカンはナショナル・パブリック・ラジオとともに同様の運動に取り組み、ニューヨークの放置された鉄道トンネルに住み着いている人びとの困難な生活環境を明らかにしている。[*21]

それでも、こうした利他的なプロジェクトは異例なもので、都市探検コミュニティに一つの挑戦を突きつける。僕らの探検はどの時点で単なる創造的活動のなかの冒険ではなくなり、僕らよりも不運な人びとに悪影響をおよぼし始めるのだろうか？　探検中に僕らが誰かに迷惑をかけているとすれば、都市探検は本当に犠牲者のいない犯罪なのか？　そして、おそらくより重要なこととして、どの時点で僕らは、マシューやスティーヴがそうであったように、都市探検を卒業して他者の権利のために活動し始めるのだろうか？　探検家は実際にそうしたことを気にかけているのか、それともただリストに挙げた探検場所に次々にチェックを入れているだけなのか？　これらは、ラスヴェガス地下都市を探索するなかで僕らが自問したことだった。

ある晩、マルク、ウィテック、タイロン、エミリー、および僕は、リオホテルの近くにある明らかに排水路の入口とわかる場所の外にトラックを止めた。巨大な屋外広告板から〔奇術師で芸人である〕ペンとテラーに陽気に見下ろされ

EXPLORE
EVERYTHING

SmartSource
Coupons

ながら、僕らは護岸堤防を歩いてホテルの下にある地下の雨水排水路に入っていった。柵を越えることも、マンホールの蓋を開けることも必要はなかった。アメリカ西部では、個人はみずからの行動に責任を負っているのだ。

一週間前、僕はこのトンネルの入口からさほど離れていない場所に野宿している一人の男に会った。これ以上なかに入るのであれば、武器をもつか、誰か数人と一緒にいたほうがいい、と彼は忠告した。僕はそこで今回も彼に呼びかけてみたが、返事はなかった。僕らは彼の居間に忍び足で近づいた。梯子の段からシーツを垂らし、ソファを包むようにして、プラスチック製牛乳箱を並べたものだ。まるで子供の要塞のように。僕はこの男の持ち物を調べてみたい強い欲望に駆られ、ほかにもそうした人がいただろうかと考えた。僕らの誰も、実際にそんなことをしたわけではないが。

さらに奥へ歩いてゆくと、パイプはすぐに均質で装飾のない、ただのコンクリート管になった。しばらくその管をたどってゆくと、地下の落書きギャラリーのような場所にでた。僕は梯子を登って、格子から覗いてみて、自分たちがシーザーズパレス裏の建設現場の地下にいることに気づいた。

さらに先に進むと、配水路を抜けて広い水浸しの場所にでたが、そこで突然、警報が鳴り響いた。僕らは全員走りだし、水浸しの区域が駐車場のガレージにつながっているところまでたどり着いたところで、奇跡的にも、シーザーズパレスの係員付き駐車スペースにでたため、ヘッドライトをつけたままの恰好で、とてつもなく場違いな思いをした。

翌日、別の排水路で、一人のホームレスの男が僕らに言った。「シーザーズの下の警報を鳴らすのは、間抜けのクソったれだけだ」ヤラレタ。

さまざまな人と出会ったことから、多くは自分の選択によって排水路で暮らしていることが明らかになった。彼らは支配体制に貢献するのをやめる選択をし、賭け事で身代をつぶす選択をし、家族や安定よりもメスやヘロインを選び、社会に頼らず暮らす自由と危険を選び、最低賃金の仕事に就くよりは、銀採鉱（ゲーム機に残っている釣り銭集め）をして旅行者やカジノを騙すことを選択したのだ。彼らは焼けつくような砂漠の昼間の気温が下がるまで配水路のなかでハイになり、やがてそこから這いだし、この干涸びたプラスチック王国をもう一晩、走り回って喜ぶのだった。要するに、多くの人はラスヴェガス地下都市でのこの暮らしを望んだかのようだった。排水路に別の理由から興味をもつ探検家として、僕らがいだいた憐憫の情や罪悪感は、見当違いだったのかもしれない。

オブライエンが探検途中で出会った排水路住人の一人、ハロルドは、排水路に移り住んだのは経済的な選択からだったと彼に話した。彼は自分が払わなかった税金で建てられた排水路に無料で暮らすことによって、カネを節約していたのだ。ハロルドなら僕らが知らないことを知っているのだろうかと、僕は思わずにはいられなかった。彼は僕らより大胆かもしれない。これは融合のより奥深い形態なのかもしれない。ホームレス生活も、大半の人びとが仕事によって味わう精神面の空虚さよりは好ましいのかもしれない。シチュアシオニストは、物質的な貧困が根絶されたあとの人生における最大の脅威は退屈だと考えた。もしかするとハロルドもそう考えて、自分がそこへたどり着く前に、その悪夢全体を破壊することにしたのだろう。

パリのカタコンブは、ラスヴェガスで僕らが遭遇したのとおそらく最も類似した状況がヨーロッパで見られる場所だろう。採石場では、人間は地下に縦横に走る非公式の都市のマトリックス〔行列〕に複雑に織り込まれてきた。[*22] 九世紀にわたって共生関係が築かれたのであり、その間に民衆は閉鎖された坑道を何度も開き、いまでは歴史と文化が厚く堆積した場所をたびたび再発見することになった。土のなかでそうした過去が実感できるほどだ。キャタフィルたちは、そこで何かを掘りだす際にしばしばそのような事態に遭遇する。

ラスヴェガスの雨水排水路に立っている僕らの前には、閉鎖された奇妙な政治の世界があった。社会主義制度では、人びとはインフラの空間を人民のものだと考えているが、超高度な資本主義制度では、こうした空間はその制度で押しつぶされた人びとが最後に駆け込む場所となっているのだ。おそらくその政治的スペクトラムの中道領域で、こうした空間は往々にして完全に「閉鎖」されており、その存在を認めることすらある意味で禁じられているのだろう。[*23]

ロンドンやパリでは、人びとがなぜ廃墟やインフラのなかで暮らさないのだろうかと僕は考えつづけた。たぶん、双方の都市の所得分布や社会プログラム、慈善を受けられる可能性には根本的な違いがあるのだろう。あるいは単にプライドや社会的同調の問題なのかもしれない。いずれにせよ、ラスヴェガス地下都市、つまり怖いもの知らずの都市探検家がラスヴェガスで興味をもつ可能性のある唯一の地下の地物もまた、結果的には富と退廃の上に築かれた都市の真の顔なのであり、比類ない空間見本なのだ。その観点からすれば、ラスヴェガスを訪れる人は誰もが排水路を見るべきなのだと僕は思う。そうなれば、彼らもこの不思議の国の本当のツケが理解できるだろうからだ。僕らが見たものは、無制限の自由市場が生みだすものを如実に表わしていたのだと、僕はかなり確信している。とてつもない階級格差だ。

ラスヴェガスにいるあいだに、僕はオーレリー・キュリーという探検家と話をした。彼女は数日前に、廃業したサハラカジノのなかを歩いてみたのだそうだ。一九五二年開業のこのカジノは閉鎖され、あらゆる備品の閉店セールが開催されていた。オーレリーはその大安売り会場にただ入っていって、閉まっていたドアを通り抜け、階段を使って最上階まで上がり、閉鎖されたラスヴェガスのカジノのなかをくまなく自由に動き回ったのだという。これはすばらしい計画のように聞こえた！

僕らはすぐあとから現場にでかけ、古いビュッフェ、厨房に入り込む方法を見つけ、さらにステージまで行って音響機器をいじり、舞台上の狭い通路に登りついた。

しかし、サハラカジノで本当に興味深かったのはカジノではなく、屋上だった。そこから僕らはラスヴェガスにある唯一の建設途中で放棄された超高層ビル、フォンテーヌブローを偵察することができた。総工費二九億ドルの六八階建てのこの未完成の開発物件には、四〇〇〇室近い部屋がつくられることになっていた。これは隠れるにはじつに充分な数だ！　問題はそこにたどり着くには、これまでに見たことがないほどの防犯設備をくぐり抜けなければならないらしいことだった。

まず、僕らはラスヴェガス大通り沿いの柵を乗り越えなければならない。この大通りは通常の都市とは異なり、お

SAHARA

おおむね昼間の二時よりも夜中の二時のほうが人通りが多い。次に、僕らは緩衝地帯を通り抜けなければならない。ガソリン駆動の全地形万能車がつねに見回りをしている空き地部分だ。現場周辺を歩き回っている警備員の姿も十数人見えた。未知の要因もあった。ビル内に僕らには見えない防犯設備があるかもしれない。運動センサーに遭遇する可能性もあるし、階段の吹き抜けに警報装置があることすら考えられる。

解明する方法は一つしかない。

僕らは明け方三時に小さいバス停の外に座っていた。ラスヴェガス大通りの交通量が少なくなると、バス停を通りすがりの車からの目隠しに使って僕らは柵を乗り越えた。反対側に降りると、緩衝地帯の両端に全地形万能車がそれぞれ一台ずつ駐車してあるのが見え、そこを見られずに横切る方法はなかった。しかし、僕らはサハラカジノの屋上からパトロールの時間を記録しておいた。そして彼らはちょうど時間どおりに、超高層ビルの基礎の周囲を巡回し始めた。彼らが通過した途端、僕らは建物内に駆け込んだ。

なかに入ると、僕らはすぐに階段を探して一〇階まで上がった。それから大事を取って、いったん一〇階のフロアーにでた。道具やバケツ、垂れ下がったワイヤーなどが散乱したコンクリート空間が広がるなかを通り抜けて、最初の階段を上がるところを見られていた場合に備えて、僕らはもう一つの階段に向かった（大きなビルには少なくとも二カ所は階段がある）。

四〇分後、僕らは六八階にでた。そこで大きな問題に遭遇した。屋上に上がる仮設の木製扉に、特大の南京錠がかかっていたのだ。

僕らは未完成の端をすり抜けて向こう側に回ろうと試みたが、胸が挟まって通れなかった。そこで六八階のフロアーをもう一方の階段のほうに歩いて戻った。そのとき、空気警音器が夜の静寂を破った。静まり返った砂漠のなかで、その音は想像しうる限りの大音量だった。三人の警備員がエレベーターから現われたので、僕らは柱の陰に駆け込んだ。先頭の人物はつばがストレートな野球帽をかぶり、下唇の真下に小さく髭を生やしており、蛍光緑色の特大のエナジードリンクの缶をもっていた。彼はフロアーの中央まで歩みでてこう宣言した。「おまえたちは隠れてすらいないぞ。とにかく柱の陰からでてこい」

僕らは両手を挙げてでていった。まるで西部劇的な万事休すの場面を現代に再現したかのようだった。一方には、黒っぽい服にヘッドライトをつけた探検家の一団がいて、もう一方には安全服を着込んだ三人の警備員がいた。誰もが緊張していた。

やがてエナドリの男が言った。「おまえらはジャンパーか?」

僕らは戸惑って彼を見た。

「BASEジャンパーだよ、間抜け! バックパックに何が入っているんだ?」

ようやく僕が口を開いた。「あの、いえ、僕らは都市探検家です。ただ、写真を撮りたかっただけなんです」

彼は眉を吊りあげて言った。「なんだ、そうか。そりゃあいい。ジャンパーかと思ったんだ。こいよ、上に連れていってやる」

ほかの警備員たちは迷惑そうな顔をしていたが、彼は従業員用エレベーターに僕らを案内して、キーカードを通し、全員でそれに乗り込んだ。彼はフォンテーヌブローの警備員長のトムだと、自己紹介をした。

トムと一緒に屋上に座って写真を撮りながら、僕らは自分たちの探検物語を彼に語って聞かせた。そして、マルクはいわばこのビルに登るために、フランスからはるばるやってきたのだと説明した。トムはそれを光栄に思い、僕らにこう言った。「おまえらを捕まえるのにえらい苦労したぞ! 三〇階の窓辺に双眼鏡をもった人間を配備してあったから、全地形万能車をすり抜けるところを見ていたんだ。ところが途中で階段を変えたから、すっかりしてやられたよ。唯一のチャンスは屋上で阻止することだと考えたんだ」

一時間ほどいたあと、トムは自分のシフトが終わるのでもう降りなければだめだと告げた。彼はエレベーターで僕らを降ろし、正面玄関まで車で送り、僕らにたくさんの写真を保存したメモリーカードをもたせたまま、手を振って見送ってくれた。そして最後に一つだけ言い渡した。「誰かに聞かれたら、なんとかやり過ごしたとだけ言うんだ!」

アメリカは暴力的で、どこか権威主義的なところがあると評判が立っている。警備保障が大産業であるラスヴェガ

スでは、これはとくに顕著だと僕らは思った。しかし、トムは僕らに、良識ある人が一人いれば状況を一変させられることを教えてくれた。ロンドンではイギリス鉄道警察が、ただ好奇心をもち、少々の冒険をしたい探検家の人生を、可能な限り困難なものにしてやろうと決意を固めているらしいのは残念なことだ。

僕らは翌日、エナジードリンクを袋にいっぱい詰めてフォンテヌーヌブローに立寄り、トムに置き手紙をした。「じつに手際よくいろいろご対応いただき感謝しています。来年またここの防犯体制をテストしに戻ってきます」。それから、ラスヴェガスの砂漠の排水システムと閉鎖されたカジノ、および工事が中断された超高層ビルで数週間を過ごしたのちに、僕らは州間ハイウェイ15号線でロサンゼルスに向かった。

砂漠を抜ける長いドライブで、僕らは場所の異なった取り締まり形態について議論し、イギリスのほうが多くの面でアメリカよりもはるかに権威主義的で暴力的だという結論に達した。それはただイギリス人の控えめな態度と現状を受け入れようとする一般的な姿勢の陰に隠されているのだ。

僕らの探検がすべて完全に無害であったわけではない。それでも、若干の者が都市の下水道、トンネル、建設現場に忍び込むことで引き起こされた不都合は、たとえ錠前がピッキングされて、警報が一時的に止められていても、無視しうる程度のものだ。都市探検家は、たとえばスケートボーダーが縁石に「ワックスを塗る」とか、ストリート・アーティストが殺風景な壁にキャラクターをステンシルする程度の損害しか与えない。そしてそこから、非日常的なことが起こりうる場所を求める想像力旺盛で意欲的な市民という報酬として生みだされるのだ。僕らが創造的な都市をつくりあげることに本当に関心があれば、これは充分な見返りとなる。[*24]

トムは、僕らがフォンテーヌブローでやっていたことを理解したときに、頭のなかで似たような計算をしたのだろうと思う。僕らは（無意識のうちに）、彼の防犯体制の弱点を見つける手助けをしたのだ。これは双方に有利なウィン・ウィンの関係だった。ロンドンの状況とはいちじるしく対照的だ。ロンドンでは警察も探検家も納税者も、際限なく捜査が行なわれ、都市の反体制的な人物が標的にされる結果、みな迷惑している。裁判官や陪審員ですら、一部始終をばかげていると考えている。この泥仕合で得をしている唯一の人間は、弁護士たちだ。

探検家は、コンピューターの善玉（ホワイトハット）ハッカーのように、防犯システムの弱点を無害な探検によって暴露することで、もっと悪意のある集団または個人が同じことを試みる前にそれを強化する援助をする（「ブラックハット」、「グレーハット」、「ホワイトハット」はコンピューター・ハッキングから拝借した用語で、プレイス・ハッカーにも適用される。ブラックハット・ハッカーは場所に入り込むために損害を与える可能性があり、探検家の「コミュニティ」に一目置くことはまずない。ホワイトハット・ハッカーは警備側と協力して、防犯上の欠点を改良させることがあり、グレーハットはその中間に位置する）。僕らが探検を通して出会った当局側の反応から、探検家がやることの「問題」は、それが違法であることではなく、資本主義的な観点からすれば、それが無意味であり、したがってきわめて疑わしいこと、もしくはそれが安全、秩序、管理を担当する側の面子をつぶす点にあるのは明らかだ。しかし、たとえ新自由主義の代理人たちが都市探検に困惑するか、苛立ったにせよ、それは資本や見世物を非難する以上に、はるかにそれらをたたえるものなのだ。主要な活動と並行しているのは反見世物（アンチスペクタクル）であり、それが二重螺旋を織りなしている。アメリカのほうが、独自の規則によって遊ぼうと試みる人間にたいする理解はあるかもしれない。

資本の投資は、経済的生産のための分別臭い殺風景な空間と、空間的な流動性（強制された移動性と言う人もいるだろう）の双方を生みだす触媒になると同時に、残され、忘れられ（往々にして意図せずに）使われていない空間も生じさせる。どちらのタイプの場所も、際限ない「開発」がもたらす避けられない結果であり、利鞘や最終利益や株主の利益を増やすための容赦ない追求なのである。*25

資本の投資が新たな建設も廃墟も生みだす役割を、探検家は理解している。そして僕のプレイス・ハッキングの概念に結びついたそれに先攻する動きは、資本主義が消毒された無菌の安全空間を生みだし、それ以前の支配的社会秩序を転覆させる試みのなかで市街地を戦場に変えようとすることを非難するもの、*26都市探検はその成功と失敗の両面で資本主義をたたえ、新しい超高層ビルの建設を喜ぶと同時に、それらをもぬけの殻にする経済危機も楽しんでいる。建設と破壊のいずれも、相互に絡まり合った勢力が、機会を与えてくれる空間なのであり、その使用権はいつ何時にでも不正に拝借することができる。

僕はカリフォルニアに行って、これまで数年間に学んできたことが、自分の育った場所との関係をどの程度変えたかを確かめたくてうずうずしていた。家族にも随分長いこと会っていなかった。なにしろ、ロンドンの地下鉄駅を走り抜けたり、ヨーロッパの廃墟（ダープ）で眠ったりするのに夢中になっていたからだ。

　僕らはネヴァダ州プリムをさっと通り抜けた。カリフォルニア州ベイカーも通過した。そして、黄金の州（ゴールデンステート）の高地の砂漠に入った。僕らはヤーモに立ち寄って、モハーヴェ砂漠で巨大な焚き火をし、カリコ・ゴーストタウンで古い灰硼石の鉱山の周囲を登り、故障してばかりいるAR－15ライフルで瓶を撃った。ウォルマートで売っている安物銃弾が装填されたバナナ型装弾子のやつだ。

　僕は十代のかなりの年月を、砂漠で車を乗り回し、星空のもとで焚き火をし、その横で寝て過ごした。カリフォルニアでは三八〇〇万の人口の大半が沿岸都市に住んでおり、多くの人はこの州の二五パーセントが砂漠であることを忘れている。この土地ならではの特徴の一つは、比較的乾燥した環境だという点にある。水がなければ錆は生じず、そのため物がすぐに崩壊することはない。その結果、

モハーヴェ砂漠は壊れた器具や電子機器を保管するにはもってこいの場所になっている。僕らは何百台もの「退役」飛行機でいっぱいの巨大な廃棄場を見つけた。ロサンゼルスから一六〇キロ離れたモハーヴェ砂漠の乾燥した空気のなかで、見事に保存されたものだ。なんとしてもそこに入り込んで、見て回りたかった。

問題は廃棄場が現役の軍事基地に隣接していることだった。この問題には、独創的な解決方法が必要だった。さもなければ、747ジャンボジェット機ではなく、軍事刑務所に入れられる可能性が高い。そのため、僕らはトラックのボンネットに地図を広げ、四隅をテカテビールの缶で押さえて、周辺の柵の位置と周囲の砂漠を記憶のなかに詰め込んだ。

翌日、僕らはカリフォルニア州ヴィクターヴィルの郊外に着いた。ジョージ空軍基地（南カリフォルニア・ロジスティックス空港）の周辺柵まで車で乗りつけ、警備担当のトラックを見つけた。僕らは後をつけ、気づかれない程度の距離を置きながらも、彼らを見失わないようにした。タイロンとウィテックは後部開閉板に座って、周辺柵に抜け穴がないか、あるいは土壌が浸食されて柵の下に穴が開いた場所がないか探した。

あいにく柵には寸分の隙もないばかりか、地中に一メートル近く埋設されているらしかった。鉄条網もよく手入れされていた。ここの警備体制は恐ろしいほどのものだと、誰もが同意した。それでも、どんなシステムにも弱点はあり、僕らはついにそれを見つけた。柵の隅に、鉄条網の支柱を使って乗り越えられる場所があったのだ。これはなんら容易なものではなかったが、なんとかなるものだった。幸い、軍の巡回警備兵に見つかることはなく、彼らの見回り時間も突き止めることができた。一時間に二度、毎時二〇分と四〇分だ。僕らは二十四時間営業のデニーズに行って夜中の二時まで待った。

砂漠での探検の問題は、第一にそこまで運転しなければならず、第二に、無人のトラックをひどく人目につく場所に駐車しなければならないことにある。木もなければ、それ以外にこれと言って目隠しになるものがないのだ（まあ、ユッカ〔リュウゼツラン科の植物〕はあるが、サボテンと同様、これらは目隠しとしてはあまり役立たない）。ロンドンでの僕らの経験を考えれば、ここでの最大の問題が、陰に隠れられる塀や建物がないことであるのは皮肉だった。たいがい、都市のセキュリティ構造こそ、探検を容易にしてくれるものなのだ。最も難攻不落の防犯設備は、じつは開けた野原と、犬を連れた覚醒剤中毒者なのだ。

十数キロ圏内で人の住んでいる場所は軍事基地そのものしかなく、廃棄場にいるあいだに、トラックが見つかってしまう事態は、僕らとしては絶対に避けたかった。そこで入り込む場所から三キロほど離れた、メタンフェタミン精製場所の焼け跡にトラックを駐車することにした。実際には二つの建物の残骸のあいだにトラックを突っ込み、無事を祈るだけだ。それから、僕らは撮影機材を担いで徒歩で砂漠を横断し始めた。

門の近くまでくると、警備兵が時間どおりに巡回中だった。ヘッドライトが見えたので、膝丈のセージの茂みの陰にかがみ、『スクゥービー・ドゥー』のアニメの登場人物たちのように、彼らが通り過ぎるのに合わせて、僕らは茂みの周囲を移動した。警備兵が去ると、一目散に柵まで走り、バスルームから拝借してきたタオルを鉄条網に投げかけて乗り越えた。柵の向こうにでると、目についた最初の飛行機に向かって走った。ブリティッシュ・エアウェイズの巨大な747型機だ。トラックの鍵が着陸装置の後部にあるハッチを開けるのに役立ち、僕らはそれを登った。機内はべたついて暑かったが、手つかずのままだった。窓は塞がれていたが、僕らはそれでも操縦室に座り、操縦桿を引いて叫んだ。「シートベルトを締めろ、君たち、下降するぞ!」

廃棄場にはあらゆる種類の飛行機があった。リアジェット、フェデックスの貨物機、短距離飛行用の小型機、軍の巨大な貨物専用機などだ。そこは広大な遊園地で、夜は長かった。僕らは六機から七機の機内に入り込み、何十機も写真撮影した。しばらく経ったところで、柵の内側にも巡回警備がくることに気づき、彼らが通り過ぎる際に何度か着陸装置の陰に隠れなければならなかった。廃棄場の探検は複雑なプロセスで、ほかには方法がなかっただろう。予想どおり、入り込むのに苦労すればするほど、やりがいは大きい。

僕らはアメリカの旅の最後の目的地に近づいており、途中、カリフォルニア州キャニオンレイクに住む兄のピップのところに立ち寄った。僕らが到着すると、兄は二〇〇ドルのテキーラをもちだして、祝ってくれた。それから地図と銃器を取りだし、二件の有力情報をくれてから、派手に改造した4×4のゴルフカートで僕らを湖周遊に連れだし、そのあと楽しい道中に送りだしてくれた。

一つ目の情報は、ビッグベア近くの山中に一連の無線塔があって、それを登ればデイヴィッド・リンチ風の本格的なスカイライン写真を、インランド・エンパイア〔カリフォルニア州南部の地域〕で撮影できるというものだった。二つ目の情報はレッドランズの近くに〈ファラオの失われた王国〉という名の放置された親水公園があるというものだった。どちらもロサンゼルスに戻ってロンドンに向かう飛行機に乗る前の、最後のすばらしい冒険の機会のように思われた。

無線塔からは実際に絶景が眺められた。おまけに、僕らがそこに乗りつけてみると、地元の若者たちもやはりこれを登るべく準備をしていた。僕らはビールを分けてやり、みんなで一緒に鉄塔に登った。これまでインランド・エンパイアをあれだけの規模で見たことはなかったので、僕らは満足して立ち去った。鉄塔登りに成功したあとで、僕らは高揚した気分で放置された親水公園に忍び込んだ。だが、これは計画どおりにうまく運んだわけではなかった。

〈ファラオの失われた王国〉に到着してみると、公園の廃園部分はすでに解体され、地面は〔塩害で〕塩が溜まっていた。歴史から抹消された失敗が存在した証拠はそれだけだ。現地に残っているものは、〔放置されているのではなく〕まだ現役で使われていた。だが、すでに夜中の二時で、僕らは無線塔の上でビールを数本飲んでおり、これはアメリカでの最後の冒険だった。

ALDWYCH

そこでスプリンクラーのあいだを走って抜け、ともかく柵を乗り越えることにした。

内部に入ると、僕らはまず滝滑りに登った。そこからは遠くで夜間警備員が車に乗っている女の子と話をしているのが見えた。よし。僕らは滑り台を滑り降りたが、水がないと驚くほど滑らなかった。それから山と積まれた浮き輪をいくつか掴んで、プールに浮かびながら、暑い砂漠の空気のなかでくつろいだ。僕らのシャツは、塩素を注入されてきらきらと輝くプールの水を吸いあげていた。そのあと、公園のもう少し奥まで忍び込んだところ、これが大当たりだった。窓の開いている軽食ブース。僕はその窓をすり抜け、エナジードリンクが満載の冷蔵庫や、溶けたナチョチーズがでてくるディスペンサー、それにスラーピー〔シャーベット状の炭酸飲料〕をつくるマシンを見つけた。朝食はいただきだ！　新鮮な飲み物を鞄いっぱいに詰め、証拠写真を何枚か撮ってから僕らは車へ向かった。

ロンドンに戻るころには、逮捕されたり、保釈中だったり、ASBOを食らったり、仕事や家の事情があったりしたうえに、総じて興味が失せたため、旧知の探検家の大半は活動を休止しており、新しい探検家たちが主導権を握っていた。ゲリラ・エクスプロアリング（GE）とハームズの二人は、僕らも何度か共同で探検したことがあった（彼らはそれを競争と呼んだが）。彼らもやはり地下鉄の駅やメールレール、それに市内にあるほとんどの超高層ビルを制覇しており、路線にある最後の廃駅を訪ねる計画を立てていた。フィロ・ペイストリーと僕はすでにブリティッシュミュージアム駅に入り込む別の計画を立てていたので、共同でその探検を実行できないか聞いてみた。それが最後の地下鉄への僕の旅となる。

その晩はピカデリー線から、手製の梯子まで使って地下鉄網に苦労して侵入したあと、延々と歩いた。僕は夜の地下鉄のにおいや暖かさ、そこにいる感触を懐かしく思った。しかも、これはいままでにないほど怪しげな計画だった。僕らは使用されている駅を二駅、カメラの真ん前を通って抜けなければならず、四・五キロ以上は歩かなければならなかった。オールドウィッチ駅での逮捕劇の記憶もまだ路線内に生々しく残り、危険は決して無視できるものではなかった。

ピカデリー線のキングスクロス駅のプラットフォームの端に立って、GEは僕らのほうを向いて言った。「全員いいか？　全力で突っ走るぞ」。ゲートが開き、彼が自分のブログに書いたように、「俺たちはみな気が狂ったように走った」。八台、一〇台、ひょっとすると一二台のカメラを抜けて、スキーのマスクを汗で顔に張りつけながら。[*27] 僕らは反対端まで何ごともなく到達した。[*28] それからラッセルスクエア駅までなかば進んだところで、トンネル内の照明がついた。

GEが僕らを見て、静かに言った。「おしまいだな。やつらに見られた。どつぼにはまった」。彼はのちにこう書いた。「俺は［次の］プラットフォームまで死に物狂いで走った……どこかの出口からお巡りが現われてラグビーのようにタックルされるに違いないと、なかば思っていた。ところが、再びトンネルに戻れた。照明がついて、どうやら電源が落とされたらしく、俺たちはトンネルの中央の通電している軌道とそうでない軌道の真ん中を走った」。走っていたあいだ僕に考えられたことは、これでおしまいだ、物語は終わった、ということだけだった。数カ月前に、こうした事態が「オールドウィッチの四人組」の身に起きたとき、彼らは全員、留置場に入れられた。だが、イギリス人の友人たちは警告とASBOを受けただけだったが、僕は間違いなく「外国人」としてより深刻な影響をこうむるだろう。

僕らはじつに長いあいだ走った。ホルボーンの分岐点に着いたころには、脇腹の痛みは堪え難いほどになっていた。ここで選択肢が二つあった。最初の案は使われていないプラットフォームを通って、ピカデリーの廃止された支線からオールドウィッチ駅に行くものだ。もう一方は、現在使われているプラットフォームを通って切符売り場にでて、セントラル線に移動してブリティッシュミュージアム駅までまっしぐらに進む案だ。イギリス交通警察が僕らの進行をたどり、侵入後の駅をチェックしていることがわかっていたし、彼らはこれらの駅をすべて取り囲み、監視カメラで入念に追っている可能性が高かったので、僕はオールドウィッチ駅へ向かうほうを選んだ。地下鉄から最も早く抜けだせる道だ。自分ではまだオールドウィッチを見たことがなかったので、いずれにせよ、その晩の立派な手柄になるだろうと思われた。僕は誰もが同じ気分だろうと考えた。

ところが、ホルボーンの分岐点まできて左に曲がると、GEがそこに立って待っていた。何をしているのかと僕は尋ねた。彼は僕の目をまっすぐに見て言った。「ブラッド、リストに残っている駅は一つしかない。俺は行く。それが逮捕を意味しようがしまいが。誰かがやらなければならないんだ」。僕は何も言わず、彼の手を握った。その瞬間の剛胆さに呆気にとられて言葉を失っていたのだ。彼はあとから僕にこう言った。僕はこのときただ彼の手を握っただけでなく、「ロンドンの全地下鉄探検家を代表する人間の手を握っていた」のだと。それは僕がそれまで見たなかで最高のエッジワークだった。

実際には、照明は僕らとはなんら関係がなかった。明かりがついたのは、地下鉄網のずっと北部にどこかの落書きアーティストがやはり入り込んで、見つかったためだった。しかもどうやら、僕らがキングスクロス駅のプラットフォームを走っていたのとちょうど同じ時間に。したがって、僕もブリティッシュミュージアム駅を見て、LCCのために全駅踏破することはできたはずなのだ。だが、僕はやらなかった。僕はオールドウィッチまで全行程を走り、フィロ・ペイストリーとハームズも同様だった。僕はプラットフォームに停車していた車両の手ぶれ写真を数枚撮ってから、地下鉄から抜けだせる最も近い地上への出口に向かうと、通りは不気味に静まり返っていた。

まだ警察が向かってきていると考えていたので、僕は暗い裏通りまで走りつづけ、そこで自分のメモリーカードを植木鉢に埋め、地下鉄路線図を焼き、燃えかすは下水道に投げ捨て、手についた地下鉄の粉塵を水たまりで洗い流し、自分自身にゴミ箱から拾ったビールをかけて、片隅に酔っぱらいのように座り込み、サイレンを待ったが、ついにやってこなかった。

というわけで、さまざまな公判が行なわれているさなかに、ブリティッシュミュージアム駅は探検され、リストは僕らと同じくらいこの都市を愛しているが、決して自分をLCCの一員だとは考えなかった探検家によって完成されたのだった。ロンドン地下鉄は制覇された。

＊＊＊

数カ月がたち、マルクと僕は都市探検にたいする興味をほぼ完全に失った。彼がヨークシャーに洞窟探検にでかけているあいだに、僕は別の方向へ手を広げ、また興味をもてるものを探そうと試み、オールドウィッチ駅へ走ったことで研ぎすまされたような境界（エッジ）を探し求めていた。それに匹敵するものは何もないのではないかと僕は恐れた。

二〇一二年の暮れにハートルプールのヘレン・カールトンのスタジオで長時間、計画を練ったあとで、ルーシー・スパロウ、ヘレン、ウィテック、および僕は用具を集めた。それから夜中の二時に、僕らは車にロープ、弓矢、カメラ、熱いココア入りの魔法瓶、防寒着、それに大量のウールを満載してゲーツヘッドに向かって出発した。イギリスには厳しい冬が訪れていたので、高さ二〇メートルの自立式の金属製彫像〈エンジェル・オヴ・ザ・ノース〉が「寒くないように」ルーシーがマフラーを巻いてやりたがったのだ。

エンジェル像の上に登るのは、想定していたよりも厄介だった。風速一三メートル以上の強風のなかで、気温は零度に近く、小雨の降るなか、釣り糸を結びつけた矢を弓から射る作業は映画のなかで観るほど容易ではない。しかし、何度か試みたあと、ヘレンは翼の上まで射ることができ、ウィテックが走っていって宙にぶら下がる矢を引っ掴み、地面に打ち込んだ。それから、その釣り糸を頼りに、何度か切れて、やり直しもしたが、最終的には重みに耐えるだけの三本の紐を一緒に掛け、僕らはロープを引っ張りあげてツリーイングの準備を始めた。

ウィテックはすぐさま像の足をロープで縛り、登るためのロープを手際よくそこに結びつけた。この時点で、車の騒音が増してきているのが聞こえ、日が昇りつつあることに気づいた。僕らは予定した以上に手間取ってしまい、時間切れになりつつあった。一日に九万人（毎秒一人だ！）が目にするこのエンジェル像は、丘の頂上で朝日を背にシルエットになりながら、ロープを違法に掛けている現場を見られたい場所ではなかった。急いで行動しなければならない。ヘレンは手早くハーネスをつけてチェスト・アッセンダー〔胸に取りつける登高器〕とフットループ〔足を入れる輪〕を取りつけ、登り始めた。

翼のてっぺんから、ヘレンは僕らに携帯電話をかけてきて、上は吹きさらしで、どこにも自分を安全に繋ぎ止める場所がないため、頭部を回り込んでマフラーのもう半分を掛けてやるのは、どうも安全ではない気がすると言ってきた。

僕らは彼女に無用な危険を冒させるのを止め、マフラーを片方の肩から垂らし、チベット僧の法衣のようにエンジェルの身体に巻きつけることにした。マフラーを掛け終えると、ヘレンは翼から身を踊らせ、早朝の犬の散歩にきて唖然としている人の前で、ロープを使って安全な場所に降りてきた。足元に立って見上げると、エンジェル像の大きさはさらに感動的なものになる。車内の半分を占めていたルーシーの巨大なマフラーも、一本の紐のように見えた。

僕らはのちにニュースで、地元の人たちがマフラーの撤去作業を見にやってきて、その多くが明らかにこのプロジェクトを喜び、マフラーの一部を家に記念にもち帰ったことを聞いた。二週間後、僕はゲーツヘッド市議会から請求書をもらった。一六八ポンドの「マフラー撤去費用」だ。地元の市議会は僕の名前をニュースで聞いて、グーグルで検索し、すべては僕が考えだしたことだと判断して、一般に入手できるオックスフォード大学の住所宛に請求書を送ったのだ。僕は手紙を書いて、市議会の予算から一六八ポンドを使って人びとを微笑ませたのであれば、それは投資のしがいがあったはずだと説明した。それ以来、彼らからは何も言ってきていない。

この「コールド・エンジェル」プロジェクトからわずか数日後には、僕はまたうずうずしてきた。以前なら数週間は満足していられたのに、いまではさらに多くの冒険を欲するようになっていた。僕はなぜコミュニティ内の多くの人にとって、都市探検が「加齢によって効かなくなる」のかわかり始めてきた。それはこの慣習を卒業するわけではなく、以前はできたことが肉体的にできなくなることですらない。もはや自分のエッジが見つからなくなることなのだ。

エッジを失うことは、危険／報酬の割合が変わることである。たとえば、多大な危険を冒して地下鉄に入り込むことは、セットを完全制覇（コンプリート）するあいだは努力するだけの価値があっても、いったん達成されると報酬価値が下がり、もはや地下鉄に入り込む危険を冒すだけの価値がなくなるほどにまでなる。「叙事詩」を最初に発見したくなる探検家の願望をさかのぼって考えると、それは「いちばん乗り」の優越感を主張すること以上に、その過程で大きな報酬のために大きな危険を冒すことにたいするものなのだと、僕は思うようになった。たとえば、洞窟探検家も登山家も、実際には同様の思いをしているのだろうと僕は想像する。誰もがただ自分のエッジを試したいのであり、もはやそれを見出せなくなると、また先へと進んでゆく。そうしなければ、かつては気分を浮き立たせた関心事が、事務作業と同じくらい凡庸なものになり果てる。

7　群衆と手錠

人は、定期的に社会的勢力に反応することがいまやわかっている。ゆえに人は、自分自身が究極的な芸術的媒体なのである。

——ビル・ワジク

二〇一二年四月に僕らはザ・シャードの「頂部が完成」し、垂直面の頂点にまで達することを知った。何人かの探検家がこの超高層ビルに潜入した際の写真をブログで同時に公開する計画を立てた。二〇一一年にこのビルに複数回入った過程で集めた画像類だ。ここを登った探検家は二〇人から三〇人はいたし、何人かはすでに単独で画像を発表していたので、僕らはそれにはあまりエネルギーを注がなかった。僕はすでに完成していた博士論文からいくつかの文章を抜きだして、何枚かの写真のあいだにそれをはさんで投稿した。

この投稿はほぼたちまちネット上で拡散した。リンクは僕がこれまで経験したことのない勢いでリツイートされていた。ものの一時間で、僕のサーバーにはアクセスが殺到し、一万三〇〇〇件ほどヒットしたのちにブログがダウンした。うちに泊まっていたマルクとウィテックは、僕のブログがサイレントUKのブログとともに炎上し、eメールが殺到しだすのを驚きの目で見守った。やがて、電話が鳴り始めた。

最初の電話はデイリーテレグラフ紙からで、僕のブログから写真をダウンロードし、記事を掲載するつもりだと丁重に告げた。僕が反対すると、記者はこう言った。「いいですか、編集長はこれがニュースになるのを知っているし、すでにオンライン上にあるんですよ。この件は先へ進めるつもりです」。僕が好もうと好まざると、彼らは記事を書くつもりであることに気づき、僕の写真を使うのであれば、カネを払ってもらわなければだめだと告げた。前年、デイリーメール紙がセントポール大聖堂の上からサイトが撮影した写真を盗用して、彼が裁判沙汰にせざるをえなかった一件を思いだしたからだ。彼らはある条件のもとに、写真にたいする代金の支払いに同意した。僕らが取材に応じて、なぜそれをやったか説明することだ。

僕の研究活動を支援し資金援助をしてくれているロンドン大学ロイヤル・ホロウェイ校地理学部は、この研究が報道されることを喜んでくれるだろうと僕はかなり確信していた。僕が博士課程にいたあいだに、社会的影響や研究の範囲を拡大することについて多くの議論がなされていた。研究をより一般社会の目にも届くものにし、研究者にはメディアに対応する訓練をさせ、大学の範囲を超えて研究を広めることに関するものだ。[*1] だが、それは理論上のもので、これは現実だった。夜の十一時にクラパムのアパートの台所のカウンターに座っていても、電話はひっきりなしに鳴りつづけた。僕は数ヵ月前に卒業していたため、相談する相手もいなかった。メディアからの圧力は途方もなく、決断は即座に下さなければならなかった。

僕は、たまたまうちのアパートの床に寝転がっていた探検家たちに相談した。テイクアウトの夕食とビールで、市内へ出撃するのを待っていた連中だ。僕が記者と口論し、潜在的利益やこうした組織に関する複雑な質問と格闘するのを見たあとで、彼らはこの状況全体をかなり滑稽だと考えた。

マルクは言った。「まあ、僕らの多様で奇妙な動機を説明するのにふさわしい人物がいるとしたら、それはおまえだ。やってみろよ」

僕らはピーターに電話した。彼は言った。「いいか、相棒、おまえがやつらに話さなければ、俺たちが押し入ったとか、あれこれ言うに決まっている。とにかくそこからでて、被害対策をするんだな」

僕はテレグラフ紙に電話をかけて、取材に応じることにした。

それからの六時間、夜分遅くまで新聞社が次々に電話をかけてきた。ガーディアン、デイリーメール、インディペンデント、タイムズ、サン、デイリーミラー、フォーブス、ハッフィントンポスト、ルモンド、アトランティックシティズ、それにメトロインターナショナルの各紙だ。おそらくすでに他紙の取材を受けているので、ほかの記者とはもう話をしないと伝えるべきだったのだろう。しかし、彼らの質問内容を考えると、僕らを破壊者として描くか、僕の研究を時間とカネの無駄遣いのように思わせるのではないかと心配になった。そこで、自分の専門知識を利用し、会話を無断侵入や保険、法的責任の話題からそらすように心がけ、創造性や市民参画、民衆史、芸術的再解釈の概念を端々に入れながら、探検家はしばしば非人間的なものになるグローバル資本主義制度の背景のなかで、空間により民主的な関係をつくりだそうと試みているのだと僕は指摘した。[*2]

これこれしかじかの場所に僕らが押し入ったのかと彼らが尋ねると、ほとんどの探検家はそういうことはやらないと答えた。ただし、僕らは防犯設備を迂回するのは得意で、何年にもわたってそうしつづけているのだと。彼らはたとえば、僕らがテロリストを支援しているのかといった、ばかげた質問もしてきた。彼らが誘導しようとする方向には信じ難いものがあり、とにかく反応を引きだすためにあらゆる方向からジャブで突いてくる。いずれもかなり野蛮なものだった。深夜になるころには、BBCロンドン、チャネル4、スカイニュース、それにITVデイブレークの番組からも電話がかかってきて、同番組は僕らの誰か二人にスタジオの「ソファに朝の六時に」座ってもらえないかと要求してきた。僕は気分が悪くなり、恐ろしくなった。電話をかけまくって、誰か僕と一緒にテレビにでたいやつはいないか聞いて回ったが、同意してくれた唯一の人間は、僕の声がおびえていたせいだろうが、ヘレンだった。彼女はハートルプールからロンドンまでタクシー代を一四〇ポンドも払って、朝の三時に到着した。僕らは二時間ほど眠り、テイクアウトの空き箱のあいだで眠りこけた。電話の電源はありがたいことに切れていた。

朝の五時に、銀色のベンツがロンドン南部の僕のおんぼろワンルーム・アパートの前で止まった。ウィテックが緊張を和らげさせるために、ビールを一飲みさせようとしたが、僕はたちまち吐いた。これはまるで別の種類のエッジワークであるかのようで、超高層ビルを登るよりもはるかに神経をすり減らすものだった。ヘレンと僕は寒い朝のなかに歩きだし、たちまちITVのスタジオまで車で送り届けられた。スタジオではクリップボードをかかえ、頭にマイクをつけた女性が僕らを髪とメークのところへ連れてゆき、そのあと待合室に座らせた。時間はこれまで想像したこともないほどゆっくりと過ぎていた。

ようやくクリップボードの女性が、「本番五分前」だと伝えた。僕らはスタジオまで連れてゆかれ、そこで大勢のカメラマンと、厳しい表情のディレクター、および走り回るアシスタントに遭遇した。その全員が配線の後ろから番組を見ていた。コマーシャルが流れるあいだに、僕らはソファに案内され、番組のホストたちに紹介された。彼らは純粋に関心をもっていて、かなり上機嫌に見えた。

それから誰かが叫んだ。「では本番五秒前……四……三……」。ホストが僕らのほうを向くと、彼らの態度は豹変していた。ここに論戦のためにきたことがわかっていたので、ヘレンが隣にいてくれることがうれしかった。最終的に、インタビューはほぼ問題なく終わったが、例外は僕が「厳密に言えば、僕らがやっていることはすべて違法だ」と述べた点だった。これはアメリカではそのとおりだが、イギリスでは違う。僕はこの発言を撤回して、ホストと視聴者に「イギリスでは無断侵入（トレスパス）は犯罪行為ではない」と請け合ったが、その後の歳月に、この発言は文脈から切り離されて引用されることになった。

僕らは番組からくたびれ果てて戻った。通信社や熱心なファン、不気味なストーカー、独立映画製作者、および「都市探検に関するプロジェクト」をやりたい学生からの電話がひっきりなしにかかってきた。僕の電話はしょっちゅう電池切れになり、充電しようとするたびに、また鳴るのだった。留守電機能は停止しなければならなかった。eメールの受信箱は完全に膨れあがっていた。

息をつく暇ができるとすぐに、僕はこのブログ記事の本当の拡散状況に気づき始めた。写真はあまりにも何度も印刷され、盗まれ、再投稿され、ほかのブログに使われたため、もはやその追跡をすることは不可能だった。

このころ二つの関連した重要な出来事が起きた。一つは、おそらくその年、〈占拠〉運動やイギリスの無断居住法（スクワッティング）の改革提案に関する話題がたくさんあったためか、メディアはロンドンの空間の政治学について僕にしゃべらせることをかなり喜んでいた。ザ・シャードの屋上に登ることを「都市のエベレストに登る」と彼らが描写すると、僕はどちらかと言えばオリュンポス山を襲うようなものだったと彼らに言ってやった。垂直に切り立つ特定の形状が、市内のほぼどこからも逃れようなく僕らに押しつけられている、という意味でである。

自分たちの都市の場所にたいする概念的障壁は、人工的につくりだされた排除の過程によってもたらされる。水平方向への広がりはそれとわかるかたちで僕らに影響するが、垂直方向に延びる場合は総じてその実態がつかめない気がする。高層ビルは銀行家や実力者、実業家、広告主、市場関係者、メディア、そしてますます「ハイテク関連の人びと」のために建てられているからだ。まさしく見世物をつくりだし維持する集団である。

ザ・シャードの場合、五三階から六五階はマンションで、それぞれ三〇〇万から五〇〇万ポンドで売られ、住宅価格が世界で最も不平等な界隈とロイターが表現した状況を生みだしている。[*3] ザ・シャードには一般大衆用に展望台が設けられているが、それもこの特権のために三〇ポンドも支払おうという人びとのためのものだ。展望台には別個の入口があって、来場者が建物のほかの区画には入り込めないようになっている。行政発行の身分証明書を提示し、電子的全身スキャナーを通過し、荷物や身の回り品をすべてスキャンされる必要があるなど、ビル内に入るには一連の厳格な規則がある。[*4] これらの垂直的空間は、都市の景観の切り離せない一部ではあっても、僕ら大半の人間のものではない。[*5] 僕は簡単な方法でザ・シャードを登ったことがうれしい。撮影機材を満載した大きなリュックを背負って、夜中の二時に、身分証明書もなしに。

垂直方向の都市はどんどん、地上レベルの危険な状況からの防犯対策のためのものとなっている。[*6] 超高層ビルが容赦なく建設され、地下区画へのアクセスが禁じられることは、地表と、超地表と、地表下の空間のあいだの緊張を増している。[*7] ザ・シャードをはじめとする多くの場所を探検した写真が公開されたとき、僕らはこうした垂直方向の緊張すべてを目に見えるかたちにし、自分たちが潜入した各都市に住む人びとの、物質空間的意識を変えた。これがプレイス・ハッキングの裏に内在する政治的な力だ。都市をすべての人にとってより判読可能な、目に見えるものにすることだ。

報道合戦から浮かびあがってくる二つ目の重要なことは、新聞や地元のニュースとかかわることで、僕らがやってきたことに関する議論を高める機会が開けたことだ。それによって都市探検は、奇抜で一過性のサブカルチャー的活動として片づけられることから脱皮して、探検というより広い見地から議論されるようになった。従来の探検形態との唯一の本当の相違点は、都市探検家は遠方の地ではなく、ごく身近な場所に隠された世界に関心があることなのだと、僕は主張した。地理や異国の風習によってではなく、経済的状況で覆い隠されたものだ。

都市探検は、突然マスコミに騒がれるようになったために新しい現象のように思われたが、僕はそうではないことをたびたび主張した。自分たちが暮らす環境を探検したいと思う願望は、好奇心が強く、情熱的で、知識欲旺盛な生き物として人間に本来備わったものであり、これまでもつねにそうであった。雪山に登頂することであれ、深海の新たな深みまで潜ることであれ、有史以前の竪穴式住居を発掘することであれ、換気用シャフトから鉄道トンネルに潜り込むことであれ、探検したいと思う欲望は人間の一部となっている。入口が閉ざされていればどこでも、僕らはそこを通り抜ける方法を探す。歴史が埋もれていれば、僕らはそれを明るみにだす。排他的な建築物があればどこでも、僕らはそれを解放する。

僕はこの三カ月におよぶマスコミの集中攻撃から生じたもろもろのことで、おおっぴらに恥をかかされてきた。報道の大多数は間違っているか、原因を間違ったものに求めており（たいがいは記事を急いで書こうとすることに由来する問題だ）、僕らをあしざまに描き、僕をロンドンの探検コミュニティの中心人物として、不当に位置づけていた。僕らの集団としての能力は、どれだけ取材を受ける範囲を拡大しようとしても、一貫して軽視された。これは民族誌の研究にはつねにつきまとう危険だ。最終的にそれを発表する段になると、自分が共同体全体の事実上のスポークスマンになってしまう可能性があるのだ。[*8]

しかし、これだけの関心を集めたことで、僕らの活動の重要性に関する公共の場での議論が始まり、不可能と考えられていた場所でも都市探検を実行した僕らの能力が証明されただけでなく、集団として僕らが成し遂げた功績が、世界をより刺激的で、冒険心をそそる、参加可能な場所に変える土台として利用できることも示せた。現代の暮らしにはびこる無関心、注意散漫、退屈の恐ろしい三つ巴をなし崩しにするものでもある。

世界は画像を通してではなく、行動に影響を与える力をもつ画像間の関係において理解されている。こうした画像は遠方まで拡散されればされるほど、それが反応や変化を引き起こす能力も高まる。僕の写真がイギリス中の新聞に掲載されたことで、多くの人びとが感化され、同時に腹を立てた。多数の都市探検家はLCC（その時点では、僕らの野心の未熟さや、関心の多様化、および法的問題ゆえにとうに解散していた）のことも非難した。こうした探検家たちは活動を内輪の遊びとして見なしていた。それは私的なゲームをする領域であって、共有すべきものではなかった。*9 彼らの多くは都市探検を純粋に末端の活動として、自分勝手で、利己的に頭のなかで考え込み、アドレナリンを絞りだすためのものに留めておきたがった。僕はそうではなかったし、この活動に深く入れ込んできた者として、そうでない選択をする権利はあると感じた。

メディアとかかわったことにたいする探検家コミュニティからの反対意見は、おもに三つあった。一つ目は、僕がほかの人びとについて語ることを非難するものだった。民族誌学者として、自分の研究について語ることは僕の仕事の一部ではあったとしても、そうしないように充分に注意を払うようにしてきたし、インタビューでは研究者として意見を述べたに過ぎないことを述べてつねに条件をつけていた。しかし、もちろん、最終的な報道からは僕の免責条項はたびたび省かれてしまった。僕にはつねにほかの人を代弁して語ることを求められる危険があったが、それに対処するだけの身構えはできていなかった。

二つ目の反対意見は、人目にさらされた結果、多くの場所が封印されたというものだった。大半の探検家は写真をネット上に掲載していて、思うに、人にそれらを見せたがっているという事実をさて置くとすれば、懸念すべきは、探検家が建物に入り込んでいることを所有者が知った場合に、彼らが監視カメラ・システムを強化し、より多くの警備員を雇い、柵を修理するだろうというものだ。ほとんどの建設事業は警備のための予算が限られているので、高額な赤外線自動追尾カメラに多額を投資する可能性はあまりないし、現場の警備員を増やすとなればさらに費用がかかる。そのことを念頭に置けば、この議論はさほど説得力のあるものではない。

その恰好の例として、メディアの嵐からわずか数週間後に、ロンドンの探検家はフェンチャーチ・ストリート二〇番地の三六階建てウォーキートーキー・ビルに、地上に設置された柵を抜けてまんまと入り込み、クレーンを使って登りついている。僕らは階段でギターをかかえたゲリラ・エクスプロアリングに出会いすらした。ただジャム・セッションのために登ってきたのだ。セキュリティは実際これ以上になく緩かった。防犯文化が本当に変わるとしても、メディア上の特定の事例ゆえに変わることはあまりないだろう。それは都市探検にたいする関心が一般的に増すためであって、そうした事態は僕がテレビに出演して、都市探検を創造性や公共スペースと結びつけなくても起きただろう。

これらの建設会社が写真やマスコミの報道を自分たちに有利に利用し、「話題の事業」への資金を集めている方法も検討する価値がある。彼らは実際には僕らを締めだすことに関心はないのかもしれない。その好例として、現にシカゴのレガシータワーの広報部は、僕の記事に彼らのウェブサイトのリンクを張って欲しいという依頼のメールを送ってきた。僕は喜んで依頼に応じたが、そのせいで僕にたいする第三の、じつに興味深い議論が浴びせられることになった。すなわち、僕が都市探検の活動を符号化しており、それが探検の商品化につながっているというものだ。もし見世物（スペクタクル）の目的が、消費を奨励して（とりわけ不公正から）関心をそらすことであるとすれば、都市探検は関心をそらすための代案というよりは、行動を呼びかけるものだ。画像は、いったんネット上に投稿すると、独自の生命をもつ。写真は共鳴マシンとなって、ほかの人びとに再投稿や再加工を促すだけでなく、それらを非難する、あるいは共有するように働きかけるのだ。画像をネット上に野放しにすることで引き起こされる感情の威力は不明だ。その反応がどうなるかは、当て推量するしかない。それは往々にして予測できない。

僕のもとにはこのうえなく奇妙な電話がかかってきた。〈リプリーズ・ビリーブ・イット・オア・ノット〉（世界各地の奇妙な現象の情報を収集する娯楽産業）や、廃墟を歩くのに最適であるとして僕に宣伝してもらいたがる靴の中敷販売会社や、栄養価満点の飲料を無制限に支給するから僕らの「スポンサー」になりたいというエナジードリンクの会社などだ。彼らにとってこれはうまい投資話なんだと、マルクは僕に請け合った。そんなに栄養剤を飲めば、どちらにせよ二年で僕らはあの世逝きになるからだ。

探検と抵抗、および資本主義のこの関係は、コミュニティ内の議論の火種となった。おもしろいことに、探検家の

広いコミュニティは政治的にならないことや、資本主義に対抗しないことを繰り返し主張していたが、彼らは資本家による搾取もしくは「身売り」だと彼らが見なすものはなんでも、たちまち非難した。それが純粋に偽善的なのか、単に混乱しているのか、僕にはついぞわからなかった。

バーリントン、クラパム・コモン、ザ・シャードでの出来事を振り返って、すぐさま明らかになった一つのことは、都市探検が指導者のいない、規則破りの人間の集まりだという概念はまやかしだということだ。ここには、その他もろもろの共同体と同様に、体育会系やいじめっ子タイプがいくらでもいる。

マスコミの注目にたいする世間の人びとの反応は、コミュニティ内部の反応とは大違いで、圧倒的に良好なものだった。人びとが示した反応は、僕がこれまでずっと言いつづけてきたことを具体化していた。つまり、僕らがやってきた活動は、何百万もの人びとが求めてきたような解放なのだ。都市が見た目ほど管理されていないことの兆候であり、冒険精神はまだ世界から潰えていないことを示すものだ。

探検家は視覚媒体技術に明らかに最大の関心があるた

め、探検など写真を撮ることに過ぎないと主張する者には、この活動は手頃な標的に思われただろう。画像は、それが静止画だろうが動画だろうが、単なる再現物以上のものである。ロラン・バルトの言葉を借りれば、そこにはつねに「情動の威力として考えだされたプンクトゥム〔点〕で、知識の伝達として簡略化できないもの」[*10]が含まれる。画像は情動の政治学を具現化しており、それ自体が可能性の政治的駆け引きなのだ。ここでは政治は画像が驚きや好奇心をかきたてる方法に対処しなければならず、現代の都市とのあいだで自分たちが築いている、そして築きうる関係を人びとに再考させる。

僕らの活動を報じた記事にたいする世間一般のコメントのうち、忘れられないものが三つあった。いずれも都市探検家の画像や記事によって開かれた想像上の空間および、実地テストで立証されたLCCの能力に言及するものだ。すなわち、都市空間への地理的アクセスを、人びとの日常生活や想像における付随的な変化とともに再構築する能力だ。

最初のコメントはある銀行員からのもので、こう書かれていた。「やあ君、私は長年、ロンドン橋のところで働いてきて、あのビルが建設されるのを初日から見てきた。その間ずっとあれを見上げていたのに、一度もあのてっぺんから見下ろしたらどう見えるのか想像してみたこともなかった。いまでは毎朝、見上げるたびに、手が汗ばんできて顔がほころんでくる。ありがとう！」二つ目は四人の子持ちの母親からで、彼女はこう書いていた。「ザ・シャードの都市探検についてBBCニュースサイトで読んだあと、あなたのページを見つけました……。冒険談はじつにおもしろく、あなた方のような人たちがこの世にいてうれしいです」。三つ目は僕のブログを経由してきたもので、「やあ、こんなカッコいいことをやってのけてくれてありがとう。おかげで私のような出不精の人間も子供や妻と一緒に家で座りながら、君を通して擬似的に生きることができる」[*11]

こうしたコメントは、人びとが僕らの探検にその手柄や再現物を超えて共感していることを示していた。僕らは人びとが情熱的に暮らし、かかわっている世界を創造したのだ。必然的に、僕らは人びとの行動に影響もおよぼし、創造性を生みだすきっかけとなっている。

都会で僕らが味わう体験や僕らがする発見は、まさしくこうしたコメントがあるからこそ共有するに値する。世間の人びとは働きすぎで、疲れすぎていて、退屈して、無感動になっている。彼らは政府にも企業にも銀行にも、自分たちの仕事にも苛立っている。僕らの探検は彼らを日常から引っ張りだし、都市の垂直の世界に案内する。そこでは地面の上方でも下方でも、不可能なことが可能になりうるのだ。

もう一つ興味深い展開として、これだけの関心が新たに注がれたおかげで、僕のブログ上の古い探検記事も人びとが再発見し始めた。とりわけ、モハーヴェ砂漠に放置されたボロンと呼ばれる、侵入し易い監獄を探検した際の記事に、元受刑者や作業員、その家族が反応を見せ、そのうちの何人かはのちに、実社会で再び連絡を取り合うようになった。[*12] ある退屈な日曜日に僕が単独で実行した探検からの写真と記事が、そうしたきっかけとなったのを見るのは感動的だった。こうした逸話は、この本に書いたさまざまな出来事と同様に、風景の裏に隠された人生を明らかにする。見かけよりもずっと活動的なもので、経験が話になって、人びとの人生の物語のなかに再び織り込まれる出発点となるものだ。

都市探検が芸術のための芸術以上のものになりうる力をもっているとすれば、内輪の対話から脱却して、ほかのアーティストやハッカー、探検家、政治活動家たちとかかわらなければならない。より広い連合体を形成して、閉鎖空間の政治学や、自分たちの歴史の物語を自分で語ることが人びとの話題にのぼるようにする唯一の方法は、つねにあらゆる人を巻き込み、注意をそらしているメディアと同じ技術・文化的メディア回路を使うことだ。ここでの危険は、内部から制度を変えようとすると、変わってしまうのは往々にして自分だという点だ。今回のメディアとのかかわりに反対した連中の多くは、良かれと思ってそうしたのだ。多くの探検家は自分では気づいていなかったが、「身売り」に関する懸念を表明した際に、彼らが本当に恐れていたのは、都市探検が世界に意味のある痕跡を残す機会を得る前に、政治的重圧をかけられて弱体化することだったのだと、僕は考える。本書がそうした不安を和らげる方向で、何かしら働きかけられることを僕は望んでいる。

都市探検は、一つの運動としては、メディアとのかかわりを通して大きく変えられたが、こうした相互作用はメディアをも変えたし、それとかかわってきた人びとの心や考えも変えてきた。おそらく僕らがともに築いている世界のなかで、より充実したかたちで、より多様に関与するように挑む結果になったのだろう。

いずれにせよ、こうしたことはみなねじれて、複雑なことだったので、話はこれでおしまいにはならなかった。

二〇一二年八月十七日に、一カ月にわたってカンボジアの家庭内暴力に関する参加型ビデオ研究プロジェクトを実施したあとで、僕はロンドンに向かう帰国便に乗った。飛行機がターミナルに乗り入れて、小さく「ポーン！」とサイン音が鳴り、誰もが立ちあがって頭上の収納棚を開け始めたとき、機内放送が流れた。「全員お席にお戻りください。警察が搭乗してきます」。僕らはみな席に戻った。僕は急いでツイートして、こう書いた。「いまヒースローに着陸したが、警察が搭乗してくるそうだ。帰国の歓迎だ」。三人の警察官が通路を歩いてきて、先頭の一人がつぶやいている。「42K、42K、42K……」。彼らは僕の前で足を止めた。

「ドクター・ギャレット」

「はい？」

「あなたを逮捕します。われわれに同行するように」

僕の隣に座っていた愛想のいい夫婦は、飛行中一緒に楽しくおしゃべりをしてきたのだが、僕が手錠をはめられ、通路を引きずられてゆくと、衝撃を受けたようだった。

イギリス交通警察によって逮捕されたのだと、僕は告げられた。クラパム・コモンのファイル保管庫に関連して、器物損壊、建物侵入窃盗、および不法行為を幇助または助長したことに関する捜査で、証拠を集めるためだ。スティールマウンド社が押し込み強盗の被害届けをだしたのだった。

僕は手錠をされたまま入国審査に連れてゆかれ、そこで英国国境局にどこへ行っていたのか、カンボジアで何をしていたのか、なぜイギリスに入国するのか、どこに滞在しているのかと質問された。僕は研究プロジェクトを行なっていて、クラパムに住んでおり、二カ月後にはオックスフォード大学で新しい仕事を始めるところだと彼らに伝えた。僕は有効な就労ビザをもっていた。質問を受けているあいだ僕の腕を掴んでいた警察官が、ほかの二人のほうを向いて言った。「聞いたか、おまえら？　彼はクラパムに住んでいるんだ」

僕は「拘束される可能性のある人物」なので、イギリスへの入国を拒否されると告げられた。僕はそれから奥の部屋に移動させられ、そこで指紋とDNAを取られ、写真を撮影された。このプロセスのさなかに、警察は地下鉄のダウンストリートの廃駅での器物損壊容疑で僕が再逮捕されたと告げた。国境局はそこで僕のパスポートを取りあげ、「捜査が終了して、イギリスへの入国申請が見直されるまで」、僕は国内で拘束されることになった。

まだ後ろ手に手錠をかけられたまま、僕は待機しているバンの後部に乗せられ、イギリス交通警察の本部に連行された。この道中に、捜査官のDC・マコーミックに会った。彼は翌年、僕の人生における中心人物となった。本部に到着すると、手錠は外され、僕は何枚かの書類に署名をさせられた。こうしたことが行なわれているあいだに、警察は僕の荷物を検査し、所持品の大半を交通警察の証拠物件袋に入れた。

彼らはそれからまた僕の指紋を採取し、僕の電話の暗証番号を聞いた。僕は拒否し、なんらかの決断を下す前に弁護士に相談したいと言った。また疲れ切っていることと、それに外国人であることを説明した。実際、僕はイギリスの法律のもとで何をせざるをえないのか、把握していなかった。僕がよく心得ているイギリスの法律は（明白な理由から）無断侵入法（トレスパス・ロウ）だった。彼らは同じ捜査の一環でほかにも三人を逮捕し、尋問で忙しいため、僕が誰かと話ができるようになるまでしばらく時間がかかるかもしれないと告げた。

彼らは僕を待機房に入れる前に、一度だけ電話をかけさせてくれたので、僕はマルクを呼びだしたが、彼の電話は電源が切れていた。僕は留守電を残し、マシュー・パワーを探そうと試みた。GQ誌に寄稿している著述家で、僕が空港で会うはずになっていた人だった。そのころ、パワーが僕のアパートの外に立っていたことなど、僕はつゆ知らずだった。そこではイギリス交通警察が破壊槌で僕の部屋の玄関のドアを取り外し、コンピューター、ハードドライブ、ノートパソコン、磁気ディスク、電話、撮影機材を含む、僕が所有しているものでデータを保存しうるありとあらゆるものを押収していた。

彼らは僕を八時間、留置場に入れた。僕は本とペンと紙を差し入れてもらったが、彼らは二度ほど、僕の電話の暗証番号を聞きに戻ってきた。午後遅くになって、彼らは尋問室に僕を連れていった。飛行機に一二時間乗り、独房で八時間を過ごしたあとだったが、DC・マコーミックと猪首の同僚はそこで「僕にいくつかの質問」をしたがった。僕が都市探検家なのか、都市探検とは何か説明できるか、僕の論文を書いたのは僕自身なのか、僕がクラパムに住んでいて、これまでに建物に入るために器物を損壊したことがあるか、といった質問を彼らが投げかけるあいだ、僕はほぼ二時間、意見を述べるのを拒否した。彼らは何人かの名前を挙げて、彼らが誰かも尋ね、僕がゴブリンマーチャントと呼ばれているかどうかも聞いた。僕のブログ、ツイッター配信、ユーチューブのビデオ、フェイスブックのページについても彼らは質問した。僕がLCCのリーダーかどうかも聞いた。僕の論文のコピーをもちだして、詳細にわたって詮索し、僕が「都市探検を逸脱」して「犯罪行為に走る」こともあったか尋ねた。彼らは僕の論文を長々と読みあげ、それを「刺激的」で「非常に非難口調」だとした。DC・マコーミックはある時点で聞き取り用テープを交換しながらこう言った。「オフレコだがね、ブラッドリー、これは実際には見事なものだよ。つまり、私はここで職務を果たしているだけなんだ。でも、これがすべて片づいたら、君に一杯おごりたいね。これらの写真は驚くべきものだし、文章はよく書けているし、じつに見事なものだ。でも、終電後に地下鉄に入り込むことについて、君が衆人に語るのを放っておくわけにはいかないのさ」

僕は疲労困憊して街中に釈放された。僕の所持品の大半は、パスポートや携帯電話を含めてなくなっていた。罪に問われたわけではないにもかかわらず、僕の担当になった移民法弁護士は公衆電話から重々しい声でこう言った。「君はもう幽霊だ。公式にはもう存在しない」[*13]。イギリス交通警察は機内で僕を逮捕し、こうしたことが英国国境局にたいする僕の立場を危うくすることを承知で、手錠をはめて入国審査を通過させたのだ。

夜の九時には、僕はマルクのもとに戻っていた。彼とルカは、GQ誌のジャーナリスト、マシュー・パワーと一緒に屋上でバーボンを飲んでいた。僕がそこへ現われると、パワーは僕を抱き締めて言った。「これは僕がこれまで遭遇したなかで、最高の物語の始まりだ！」

のちに僕は、家宅捜索され、所持品を押収され、イギリス交通警察とロンドン交通局からASBOを適用された大勢の連中に出会った。二〇一二年のオリンピックの準備期間中に、実際、交通警察は何十人もの落書きアーティストの家の強制捜索を実施したが、そのうちの何人かは一〇年も前に落書きをやめた人びとだった。こうしたアーティストの一人、サーは、二〇一二年のオリンピックのスポンサー、アディダスのための作品すら手がけている。[*14] 活動家のための草の根の法律相談サービス〈グリーン&ブラック・クロス〉のある代表は、僕が法的状況を理解するのを手助けしてくれ、ロンドンの当局は定期的に、罪状のないまま「抑止的お仕置きとして警察の保釈を利用」するのだと教えてくれた。

「写真によるプンクトゥム」――それぞれの写真がもつ再現物を超えた感情を伝える力――というバルトの概念を振り返れば、それぞれの写真の経費や、僕らがでかけるたびに伴った危険、僕らが払った代償という新たな感覚で、本書のなかの写真もめくり返してみたくなるかもしれない。都市探検家は、従来の探検家が直面したのと同様のあらゆる困難に遭遇することはないが、失敗に終わった探検がもたらす危機は、肉体的にも、コミュニティにも、個人的自由にも恒久的な余波をおよぼすことになる。研究者および友人として、僕は自分のプロジェクト参加者を、彼らがどこへゆこうと追うことが重要だと感じたし、国外退去や、イギリスで築きあげた生活を失う危険を冒しながらも、僕はたびたび彼らについていった。ほかの文化を真に理解する唯一の方法は、それを実体験することだと信じて、これを自分自身のために、僕の哲学を具体化するために行なった。

もちろん、僕は法に触れた最初の研究者ではないが、新自由主義の規制制度が、学問の世界に忍び込んでくるにつれ、こうした事態がより頻繁になっているように思われるのは興味深い。一九九三年に、スキッドモア大学の社会学者リック・スケアスが自分のプロジェクト参加者であり、研究施設に押し入った動物愛護運動家に関する情報を明かさなかったかどで収監された。彼は自分の経験を、著書『法廷侮辱罪――言論の自由をめぐるある研究者の獄中からの闘い』に書いた。[*15]

ナオミ・アディヴはアメリカのサンフランシスコ湾岸地域とサクラメント間のアムトラック・キャピトル・コリ

ド－線を歩くプロジェクトに取り組んでいる真っ最中に、ユニオン・パシフィック鉄道警察に大学に押し掛けられ、教室から呼びだされて、もう線路を歩きつづけてはならないと言い渡された。彼らの本当の関心はもちろん、彼女が線路を歩いていることを人びとに話すのをやめさせることだった。彼女の論文プロジェクトがメディアに取りあげられたことが、おそらくこの状況を引き起こしたのだろう。彼女は［グループ・ブログの］ボインボインにこう書いている。

鉄道プロジェクトは、ボインボインにその記事を投稿したわずか二日後に中止させられた。このことから、研究とインターネットでの発表に関連した興味深い疑問が生じてくると私は思う。第一に、そして最も顕著なこととして、このプロジェクトは、ユニオン・パシフィック（UP）側の誰にも気づかれることなく何カ月間も進められてきた。そのうえ、私は歩いているあいだに何人ものUPの保線作業員に会って話もしていて、別に止められもしなかった。これは彼らに罪をなすりつけるとか、彼らが仕事をおろそかにしていると言うものではない。ただ、現場にはいつでも誰かがいたのであって、今回との根本的な違いは、私が研究結果を公表している点なのだ。第二は倫理的な問題だ。末端のものだからこそ私が特別な思い入れをしているこの空間に、多くの注目を集めてしまった。このことは、その末端的な資質を損なうものだろうか？[*16]

アディヴの事例は、僕の場合と同様、大学が社会研究とメディアとのかかわりを承認することが増えている背景のなかで、興味深いものになっている。こうしたプロジェクト［の顛末］がこのようなかかわりの軌跡を何かしら示すとすれば、社会学者は近々、自分たちの研究の実施に費やすのと同じくらい、その研究をネット上で弁護し、法廷闘争を繰り広げるか、刑務所で惨めな思いをすることに時間を費やすはめになるだろう。

解放闘争や社会運動に関心のある別の研究者スコット・デムスも、自分の研究の一環で動物愛護運動家を取材してきた。動物解放戦線を調査する連邦大審問がデムスに召喚状を発して、研究のなかで彼が取材した活動家の名前を強制的に聞きだそうとしたとき、デムスはそれを拒否した。やがて彼は連邦刑務所で「動物関連企業保護法に違反する

動物企業テロを起こすための陰謀」を企てたとして、六カ月の禁固刑に処せられた。〔オンライン・マガジンの〕インサイド・ハイヤー・エジュケーションの編集者スコット・ジャスチックはデムスの事件についてこう語る。

アメリカ社会学会の倫理規定……は人を研究対象にするときにはとくに裁量権の重大さを強調する。守秘義務に関する項目の冒頭にはこう書かれている。「社会学者は部外秘の情報を確実に守る義務を負う。そうするのは研究の整合性を確かなものにするためであり、研究参加者と心を開いた会話を交わし、研究や教育、活動、奉仕作業のなかで知った公にしにくい情報を守るためである」。倫理規定はこの義務が、「法的保護やそうする特権が存在しない場合」にも該当することを強調する。[*17]

数カ月後、僕らは自分たちがアメリカでも国家テロ対策センターによって調査されていたことを知った。同センターは僕のウェブサイト、スティーヴ・ダンカンのアンダーシティ、それにサイレントUKのページが引用されたパンフレットを制作して、僕らが「頻繁に写真、動画、および図表をネット上に投稿しており、それがテロリストによって潜在的な標的を遠方から見定め、監視するのに利用されうる」としていた。パンフレットは喜々として、「疑わしい都市探検活動を見かけた場合は最寄りの国家および主要地域融合センターと地元のFBIの合同テロ対策部隊に報告するように」と促していた。このパンフレットにたいして一般人が見せた反応は、イギリスでその手の指示を見たときの僕の反応と同様、信じられないというものだった。ネット上のコメントには、「人が好奇心をもつのをやめさせるなど、時間の無駄だ。何人逮捕したところで、どれだけ疑わしい根拠があっても、いつだってそういう人間はまだでてくる。いい考えがある。一連の若いオタクたちを尾行する任務についている哀れな連中を、実際にテロを防ぐプロジェクトにつけるのはどうかね？」[*18]。ロンドンの当局、およびここから始められた治安維持の前例に倣い始めている世界の国々が理解し損ねていることは、警察や政府への信頼とコミュニティへの信念は、制度化できるものではないということだ。それはともに獲得し、築かなければならないものなのだ。*[19]

僕は自分の研究のなかで、何に参加し、何をネット上で共有し、何について書くかに関して難しい決断を迫られた。コミュニティが求めているものと、大学が求めているものと、自分が求めているもののあいだで、僕はそうした問題を天秤にかけた。非常に短時間でそれらの判断を下さなければならないこともたびたびあった。こんな研究の進め方の手本など存在しない。本当に、一緒に活動する人びとしだいであって、そのため僕はその瞬間にその場でどうフィールドワークを行なうかに関する理論を打ち立てなければならなかった。*[20] ときにはそうした選択が裏目にでたが、このような思考を、何かの状態(ビーイング)であることより変化の途上(ビカミング)であることを、結果より過程を優先する概念に結びつけることが肝心だ。これは僕が本書を通して強調してきたことであり、地理学者デイヴィッド・ピンダーは次のようにそれを要約する。

> 多くの創造的文化活動の特徴となるような実験、および異なった形態や、メディア、および現場での実践で危険を冒そうとする意欲は、この点においていちじるしい。それは、あとからたどれるような道を敷くのではなく、これらの分野での訓練を欠く者には落とし穴だらけのものだ。むしろ、提示の仕方や書き方、教授法について……および都市を都市として目に見えるかたちにしている科学技術について熟考することを奨励するものだ。*[21]

この時期のロンドンの状況をかたちづくっていたのは、メディアとのかかわりを含め、僕ら全員がグループとしてやってきたことと、警察のさまざまな介入が入り交じったものだったのである。

エピローグ

まあ、それが簡単なことなら、誰もがやっているぜ。
——ジェームズ・カフリン『ザ・タウン』

もしどんな都市の、どこへでも探検に行けるとしたら、どこへ行ってみたいだろうか？　その答えは、「チェルノブイリ周辺の無人になった核汚染地域と、プリピヤトのゴーストタウンをさまよってみたい」というものかもしれない。あるいは、「映画『第三の男』が撮影されたウィーンの下水道を歩くことに興味がある」かもしれない。おそらく、ロンドンのトテナムコート・ロードに立って上を見上げてこう思う人もいるだろう。「センターポイント・ビルのてっぺんからの景観を眺めたい」。こうしたことはいずれも可能だ。しかし、どれも異なった経費と、都市の物理的な構成と社会的背景にもとづく一連の制限を伴う。

チェルノブイリに行くには、三〇〇ポンド以上を払ってツアーに乗り、そこでガイガーカウンターをもった人に追い立てられながら、何千ものほかの観光客が通ったのと同じ、既知の、表向きは最も危険でない暗い小道沿いをゆく必要がある。ウィーンでは、安全注意事項と規則に関する二ページわたる免責条項に署名をし、七ユーロを支払ったあと、ヘルメットをかぶりガス検知器をもったツアー担当者が「安全な」下水道の広い一画で、映像と照明の技術を使って、離れた高い場所から鑑賞する視聴覚ツアーに案内してくれる。センターポイントのビルの屋上でパーティを開きたければ、英国産業連盟か中国石油天然気集団に就職すればいいし、または会員登録してから、一三人から六〇人の団体のために展望台を借り上げることもできる。入会希望者は、イギリスの俳優スティーヴン・フライをはじめとする小委員会によって「評価」される。カネもしくは名声があるか、有力者の知り合いであれば、なんとか入り込めるかもしれない。

代案としては、チェルノブイリに到着したら、警備員をウォッカか現金で買収して独自に忍び込ませてもらい、自分のペースで歩き、旅行者がこれまでほとんど訪れていない場所を見ることだ。捕まれば、ポケットの中身が軽くなるか、望む以上に多くの放射線を浴びるかもしれないが、それでもこの場所を見ることになる。もしくは、ウィーンに行って、真夜中に友人二人とマンホールを開けることも可能だ。交代でハリー・ライムとホリー・マーティンスとキャロウェイ少佐の役を演じ、ガス探知機など必要とせずに、一晩中、下水道のなかを走り回れる。それから、センターポイントのてっぺんからの景色を見たいのであれば、なぜ高額の展望台などに立ち寄る必要があるだろう？ 代わりに電気工事請負業者のような恰好をして、エレベーターのコントロール室に入り込んでから、友人たちをまっすぐ屋上に案内してはどうだろう？ 外が暖かければ、一晩そこで泊まることだってできるではないか？

僕は何も、一つの場所を体験する特定の方法がほかのやり方よりも優れていると言いたいわけではない。実際、多くの人は安全なツアーに乗るか、カクテルを手にエアコンの効いた展望台に座っているほうを選ぶだろう。しかし、同じくらい多くの人は、選択できるなら冒険するほうを選ぶか、ほかの人に自分でその判断を下させることに異存はないだろうと、僕は敢えて推測する。残念ながら、そうした選択は、ますます僕らには与えられなくなっている。その結果、都市探検家は新たな道を切り開かなければならない。探検家は都市で与えられていない権利を、取り戻さなければならないのだ。彼らは誰かに解釈されないままに遺産を管理し、都市を他者の期待にではなく、みずからの願望を反映するものにしているのである。

二〇一三年には、パッチはまだ新しい場所を征服しつづけていたし、ゲリラ・エクスプロアリングも同様だった。ロンドンの新しい探検家たちは活動を続行していた。オリヴァーTは目ざとく気づく一人で、やがて僕らが一度も手をださなかったようなことまで実行するようになった。彼はアレックスと一緒にオリンピックの「ゴンドラ」ロープウェーの鉄塔に登り、ハームズもすぐあとにつづいた。のちにディッキー、ハームズ、オリヴァーTはクリスタルパレスの無線送信装置にも登った。マンチェスターからの〈スペシャル・ニーズ・クルー〉もロンドンに進出し始め、各地を素早く移動して、僕らが探検するよりも先にレドンホール・ストリートにある四八階建ての「チーズおろし器（グレーター）」超高層ビルのような建物を制覇した。キングズウェイ電話交換局は再び探検された。アレックスは新しい全国高圧送電線網の掘削工事現場にも入り込み、やがてトンネル掘削機を追いかける探検の道を開いた。ドリルビットがロンドンの地下を掘りだしたばかりの場所に指を突っ込んでみると、僕は喜びで満たされた。僕はその現場に立ち、自分たちの都市の中心部を突き抜け、いずれ僕の子孫の役に立つかもしれない新しいインフラの解明に参加していたのだ。すると僕はふと、一五〇年前に下水道が掘られるのを眺めながら、ディケンズやホリングズヘッドも似たようなことを思い浮かべただろうかと考えた。

イギリス交通警察が最善を尽くして僕らの人生を惨めなものにし、僕らのコミュニティを解体しようとしても、地下鉄は探検されつづけた。ロンドンの地下四〇メートルに延びる全長一二〇キロ近い新しい交通システム、クロスレールですら侵入され、解明され、記録された。あと数年もたてば、探検家たちは列車が暗闇のなかに隠されている地点にまで、二四時間勤務のネットワークレール〔イギリス鉄道網のインフラを所有し保守管理する会社〕の従業員をだし抜いて乗り込むだろう。しかし、これらは僕が語るべき話ではない。

ただし、僕がそうした冒険について触れておくのは肝心だ。それらは都市探検の新しく枝分かれした支部や、新しい物語の始まりだからだ。LCCは僕らの黄金時代に非常に多くのことを成し遂げたが、僕はこの都市の探検がかつてあった出来事で、いまや終わっているかのような印象は与えたくない。ロンドンの探検、それに世界各地の都市の探検は、本書が読まれているいまも実行されつづけている。探検家はどんどん分岐して、新旧さまざまなエッジワークや融合（メルド）の瞬間の新しい可能性を生みだしつづけるだろう。たとえば、四二億ポンドにのぼるテムズ・タイドウェイ・トンネル（スーパー下水道）の建設事業は、間違いなく侵入されるだろうし、官庁街（ホワイトホール）の地下で市内にある政治的に重要な建物の大半と接続し、地下の扉の裏に隠された秘密の軍事要塞システムもまた然りだ。LCCはそこに近づいたが、侵入したことはなかった。

僕がロンドンの探検家たちと経験したことは、風変わりなサブカルチャー的趣味や、一時的なブーム以上のものだった。グループがともに築いたものは、非常に具体的な一連の目標に向かう人間からなる結束力の固いコミュニティだった。ごくわずかな人しか見たことのない場所を、市内にあって僕らすべての人のすぐ足の下にある場所を見たい、という欲望の上に築かれたものだ。こうした場所の多くに近づくために必要とされる調査と努力の量は、二十世紀の偉大な冒険に匹敵する。僕らはただ異なった検討事項を重視していたのだ。

このように、都市探検は有史以前から行なわれてきた昔からの探検形態と結びついているのであり、それはおそらく脳神経に刻まれた発見を求める欲望を暗示するものだろう。しかし、都市探検は独自の方法で、いまの特定の時代についても語る。これらの探検はいまの時代には異なった政治的意味合いをもつからだ。おそらくこうした変動する推論は、都市探検家について以上に、議会制民主主義社会と偽って呼ばれ、市民の自由が急速に狭められている社会の状況について語るものなのだろう。二〇〇三年の時点ですでにリズとニンジャリシャスが次のように書いていたのは興味深い。

将来のテロ攻撃という迫りくる脅威、というより実際にはますます乏しくなる公民権を利用して、われわれの好奇心を抑制させること、あるいは脅しによって都市の景観のなかに隠され、無視されてきた部分への深い感謝の意を表わさせまいとする行為は、あらゆる罪のなかでも最大のものだろう。熟慮のうえの探検を支援しつづけ、生産的かつ善意のある疑問を、目に見えるかたちで当局に呈することで、われわれは、本来の自分の姿を再現することができる。すなわち、自分たちの都市を破壊する人間ではなく、それを愛する者として。*1

イギリスのオープンかつ自由で透明な民主主義社会とされるもののなかに僕らが暮らしていることを考えれば、自分たちの周囲の空間について好奇心をもち、それを探検することが、これほど攻撃的な反応を受けるというのは理解しにくい。近年において、写真家は総じて非常に疑いの目で、不寛容に扱われてきた。*2 モーゼスが僕に指摘したように、「大自然」の探検（および写真）は、高尚で生産的な時間の使い方として見なされてきたのに、都市の探検は脅威をもたらすものと見なされるのは奇妙だ。これもまた、場にふさわしいか場違いであるかといった、現代人のうんざりする二元的思考の一例だ。[*3]

都市探検は自然と文化の境界を曖昧にする。そこでは、環境史家のウィリアム・クロノンが言うように、「ワイルドネス〔荒廃〕は（ウィルダネス〔大自然〕とは違って）どこにでも見つかる。マサチューセッツ州の見た目には手入れされた野原や植林地でも、マンハッタンの歩道の割れ目にも、われわれの肉体の細胞のなかにすら存在する」[*4]。都市探検は、（再）発見された場所における身体と場所の、多孔質の生きた交点における経験を追い求めるものだ。それは情動の巻きひげを生みだし、新たな混成的集合を形成するためにその蔓を伸ばす。立入禁止の場所で意味の関係をつくりだすなかで、都市探検家はその意味が完全に概念的でもなければ、完全に空間的でもないことを理解している。意味は物のあいだの空間で生成されているのだ。人びとに都市環境は探検が可能で、そうすべきだと示すことによって、傾注されたあらゆる努力がその二元的な考えをつくり替えたのかどうかは、いまはまだわからない。それだけの努力を傾け、代償を払う価値があったかどうかは、また別の話だが。僕らがいろいろな活動を吸収してつくりだした境界（エッジ）をメディアが鈍らせることに成功し、もはや新たな道が切り開けないようにするのかという問題についても、同様である。

現代の都市探検家はたいがいみなそうだが、チームBも放置された建物や産業廃墟への関心とともに始まった。僕らはすぐに大ロンドンで最もおもしろく、心をそそり、感情を呼び覚ます廃墟をかなり見たことで満足感を覚え、大陸ヨーロッパへと進出して発見のプロセスをつづけ、しまいには廃墟のなかで何週間もつづけて寝泊まりし、都市の毒性に浸り、僕らが生みだせる歴史的場所との最も理屈抜きのつながりを探し求めることで、実存的で、具体化され、情動的な限界点にまで自分たちを押しやった。

ウィルトシャー州にあるバーリントン政府地下壕という、歴史的にきわめて価値があり、ごく最近になって機密扱いを解かれた場所を探検したあと、グループは社会慣習のみならず、コミュニティの規則も破り始め、独自のルールによって行動するようになったが、それもキングズリーチタワーのてっぺんで、マルク・エクスプロの二十九歳の誕生日パーティで、チームAと合併するまでだった。ロンドン・コンソリデーション・クルーとして再生された僕らは、ロンドンで最も目に付く建設プロジェクト現場を一緒に登り始めた。僕らはロンドンの下水システムもほとんど探検した。かつてはフリート川、ウェストボーン川、エフラ川およびタイバーン川の流れであり、いまやヴィクトリア朝時代の技術者ジョゼフ・バザルジェットと、彼の計画を実現させた建設業者たちの手による美しいレンガ造りの壁面で飾られた下水道ネットワークとなっている場所などである。彼ら一人ひとりに、二世紀の歳月を超えて、僕らのグループはとりわけ親しみを感じるようになった。僕らは都市の基本構造にますます融合されてゆき、ヴィクトリア朝時代の建造物やイメージだけでなく、公共空間の価値とコミュニティへの信念に僕らがいだく強い信念によっても有頂天になり、感化されていった。

インフラ（下水道）という構成要素から別のもの（地下壕、電気・ガス・水道などのネットワークと交通網）へと移行するにつれ、グループはアドレナリンと危険への耐性が高まるだけでなく、ロンドンで最も隠された特異な実体を体験してみたいという深い欲望にも集団で駆られるようになった。かつて僕らが掲げていた目標——場所を見ること——は、相互に関連したシステムの流れを理解したいという願望に変わり、僕らの身体が耐性限界を探る（そしてそれを超える）場所で、願望と情動を追うようになり、細心の注意を要するエッジワークを実践するようになった。写真を撮る行為は僕らを変え、厳密な記録よりも、動きや流れ、および行動を重視するようになった。

たいがいはLCCの範囲を超えた、緩く定義された都市探検集団として、僕らはロンドンの都市探検の境界線を、いまだかつてないほどの領域まで押し広げ、ロンドン地下鉄のすべての廃駅の場所を突き止め、写真に撮るという任務を帯びて、地下鉄に潜り込んだ。それは探検しつつも捕まらないようにする、僕らの能力の限界を試す活動だった。メールレール、キングズウェイ電話交換局、ブリティッシュミュージアム駅、ザ・シャード、セントポール大聖堂、およびその他無数の場所で、僕らは探検をつづけ、プレイス・ハッカーの入り込めない場所はないことを示した。

だが、前述したように、包括的目標や動機を僕が挙げたとしても、僕らの特定の探検家集団の内部ですら、協調した探検家精神を具体化しようと試みてもうまくはいかない。各人はそれぞれの願望にただ従い、みずからのエッジワークをやり、一人ひとりが自分にふさわしいと思う方法で都市と結びついており、個々の融合の瞬間を通して樹木のような構造をつくりだしているのである。

二〇一二年には、権威主義的な弾圧を受け、誤解や仲間割れ、願望や生活状況の変化を経て、LCCは崩壊した。しかし、僕らはアメリカでほかの探検家集団やさまざまな状況のエネルギーをもらい、自分たちの冒険のために出直した。ロンドンに戻ると、新しい探検家たちが、僕らの成功と失敗から学びつつ、この都市をハッキングしていた。

僕らの身体的活動と異種混成の都市とのかかわりを通して見てきたように、死はつねに融合の一環であり、新たな芽生えを生むための肥沃な土壌を生みだす。廃墟は朽ちて崩壊し、探検家によって異なった時代の空間として体験され、それが新たな想像へとつながる。インフラと新たな建設現場も融合の一部となり、出現した感覚のブロックとなる。僕らはそこで心を動かされ、世界に新たなものを形成する本能的に張りつめたプロセスについて考えさせられるのである。

都市探検家が探し求め、見つけるような知識と経験は、ありふれた風景のなかに隠されていて、興奮させ、活力を与えるものであって、究極的には崩壊の美学へのこだわりや、社会の支配勢力の面子を失わせることよりも、場所と新たな種類の関係をつくりだすことと関連する。与えられるものではなく、そこから得るものなのだ。都市探検は商業的利害と際限ない「高度な」防犯体制によってますますありふれたものとなる世界と、意味のある方法でかかわる努力なのである。

当局が僕らの活動をやたら熱心に解釈しようとするのであれば、最終的にそれにたいして僕らにできることはまずない。だが、近年の市民暴動や世界中の都市で起きている占拠運動は明らかに、社会の深い不満を表わしている。都市探検家もそこから生まれたものの一つだと僕は思うし、彼らの活動はそれに反論している。不安に関する当局のレトリックはばかばかしいほどのレベルにまで高まっており、都市探検はそこでは犯罪活動として見なされている。世界が直面する真の問題から目をそらさせるために、いかに不安の宣伝活動が使われているかを一般大衆はそこに見ることができる。ばかげた告発は僕らを衆目にさらすのではない。告発する本人をさらすのだ。

いまでは人脈が形成されたので、僕らはダンカン・キャンベル、ジュリア・ソリス、プレデター、ニンジャリシャス、ジョン・ロー、スティーヴ・ダンカン、それにモーゼス・ゲイツのような探検家たちによって築かれた模範を活用して、世界のなかで意味のある変化を起こす力をこの活動に吹き込めるだろうと、僕は希望をもちつづけている。それは政府の秘密を暴き、自分たちの都市の歴史についてもっと学び、その内部の仕組みに参画し、最終的により民主的で透明な環境をつくりだすことによってである。そこにただ住むだけでなく、大切にするために。

僕らは探検仲間として、間違いなく限界点を超えて境界線を押し広げてきたが、都市の潜入者たちは自分たちの都市で、公共の構築物に入り込む権利に関連してどこでも興味深い課題を突きつける。後期近代は、人目につかず、問題視されず、当然視される摩擦のない接触面を提示しようと企てて、これらのシステムを埋蔵してきたが、都市探検家は積極的に参画する市民として、これらがどういう仕組みになっているのか、どこに存在してどこにつながっているのか知る権利を主張する。

LCCのつねに変化する身体的活動は、さまざまに分裂する動機や、変わりゆく写真撮影の実践、および増えてゆく融合の瞬間にもとづいて築かれたものであり、そうしたなかで僕らは、もともと追いかけていた時の亡霊に、みずからがなっていった。それどころか、ある意味では、LCCは実際には一度も存在しなかったのだ。つまり、誰も実際に「加盟」したり「脱退」したりしたわけではなかったのだ。あれは単に一連の途方もない出来事のために集まった人びとの集団だったのであり、時間のなかの突出部分であった。そこでは情動は高まっては消え、都市のなかに拡散し、ときにはまた拾いあげられ、つくり変えられもした。集団としての縛りは緩く、一部の人は去ったし、新たに参入する人もいて、新たな集合体が特定の期間だけ築かれた（個人的にも集団としても）。「コンソリデーション」〔統合〕は、グループ名としてはばかげて聞こえたかもしれない（たとえばジンクス・クルーや、ケイヴクラン、スーイサイドクラブにくらべれば、確かに少しもセクシーではない）が、その本質は、この集団が排他的ではなかったことなのだ。ＬＣＣはつねにその樹木的構造を保ちつづけ、枝は枯れ、年中かたちは変わりつづけた。

〈黄金時代〉のあいだ、ロンドンの状況が誰をも惹きつけていた理由の一つは、何が起きているのか本当には誰も把握できなかったことにある。それは蓄積された苛立ちと欲望が、怒りの波となって都市に解き放たれ、親しい友人からなる集団によって煽られた一時期だった。都市探検とは何であり、この先どう変化するのか、ほかに誰がそれにかかわっているのか、なぜそんなことが起きているのか、その境界線は何なのか、またそれがいつどこで終わるのかをめぐる疑問は、まだ探られていた。こうした問いにたいするいくつかの答えは本書のなかにある。

都市探検のコミュニティは、社会政治的な文脈付けや内省を怠ってきたので、僕らが問題視されるのは当然のことだ。あるいは個々の参加者が、オープンソースの倫理を奉じているのとは対照的に、情報や場所を入手、収集、保護、管理したいと思う自分の欲望を問いただざずにいたためでもある。また、都市探検の過去の前例に関連して、たとえばやみくもに廃墟を好んだり、集団としての自惚れから、排他的な行為へつながったり、影響力はあるが、論争を引き起こすかたちで画像を使用したりしたために、あからさまに批判を招いたこともある。

しかし、都市探検は根拠にもとづく重要なプロセスでもあり、それによって都市を判読可能で透明な存在にし、その建設と維持管理から除外されていると感じる大多数の人びとの手にも届くものに変えている。これはなんら費用のかからない活動でありながら、多くを生みだすものなのだ。都市探検は、滑らかなガラスや金属や石の裏に閉じ込められた、潜在的可能性を露呈できる将来性を示す。僕らの上方および下方にある新しい世界を、ほかの感覚や様式への入口を都市探検はあらわにし、僕らが日々通り過ぎている扉の後ろや柵の隙間、マンホールの蓋の下にある、別の景観や隠された場所を露呈するのだ。

都市探検の重要性を社会的慣行としてとして強調しすぎることには、この運動が比較的小規模であり、閉鎖的でありたがることも考えれば、僕は慎重になっているが、探検家たちがメディア受けする見世物をつくりだす以上の重要な活動をしていることを、本書を通して示せたことを願っている。この運動が合体したのは、カメラ技術やインターネットが促進したからではなく、それだけ大勢の人びとが社会や経済、文化の条件付けに媒介されない方法で、おたがいにも、世界とも、結びつく必要性を感じたからなのだ。探検家は閉鎖されたシステムや所有権システム、企業や政府のシステム（しばしば同一のものとなるが）を開け放つ作業をし、防犯のための都市の基本構造に穴を開け、安全な凡庸さを確保するために、無理やり閉鎖された場所はどこでも崩して、民主的にする。そうした開放のプロセスは場所に限られているわけではない。本書に示してきたように、場所もまた社会的に構成されたものだからだ。

　都市探検「界」に［ネットで］接続されたことで僕が得た一五分間の名声というレンズを通して、僕らは探検家の画像が単なる再現物を超える能力について考えることができた。衝撃と刺激を与える新たな感覚のブロックと集合体がそこから生みだされるのである。そうした集合体の創造がいかに僕らのコミュニティや、作品にかかわった一般大衆だけでなく、僕らが目につくようになればなるほど、これまでになく阻止する必要を感じた警察にも影響をおよぼしたかを見た。これは僕らが法律に違反していたからではなかった。僕らが国家よりも興味深い見世物をつくりだし、周囲にあるものにもっと注意を払い、質問を始めるように人びとをそそのかしたからなのだ。

　しかし、主流とは別の物語を弾圧する試みは、権威主義社会の場合とは対照的に、資本主義社会ではつねに二股に分かれる。そこに抑圧と吸収の双方が含まれるからだ。当局は僕らを阻止することにはおおむね失敗したが、メディアは僕らを買収することで、まだ都市探検をじりじりと骨抜きにしつつある。いまや僕らも彼らの伝送路を使って自分たちのメッセージを広めたので、その網の目をくぐり抜け、同じくらい刺激的で、束縛されないものにつくり変え、さらにまた違う角度から改革することが重要だ。

　プレイス・ハッキングという用語は、最終的には僕らの仲間が試みた主流とは別の、都市部のさまざまなプロジェクトを網羅するようになった。これには都市探検、潜入（インフィルトレーション）、非合法のパーティ、無断居住（スクワッティング）、違法な芸術インスタレーション、それに社会的期待や法的制約がなんであれ、グループが追求しようと望んだものはおおむねすべて成し遂げることなどがある。こうした幅広い旗印のもとで、人類学者のコールマンとゴールループの次の言葉は、目を向ける価値がある。

ハッキングは、障壁を築く知識と力のある者と、互角の力と知識、それにとりわけ相手を武装解除させる願望のある者とのあいだの、絶え間ない軍備競争である。[*5]

都市環境への潜入を通して、探検家は権力、空間、歴史、投資、開発、知識への同等の権利を主張する。僕らのこの時代が逮捕、警察の手入れ、それに際限なくつづくような法廷闘争で終わったにもかかわらず、後悔の言葉を聞くことはまずない。パッチは僕にこう語った。

俺はほとんどの人が夢にも思わない、ましてそれを望むことはないような人生を生きてきた。だから俺はとんでもないやつだと思われたとしたら？　それで前科者になったとすれば？　そのために免停になり、失職し、訴訟費用を払うはめにでもなれば？　俺が七十になって車椅子生活になり、昔を振り返ったときに、たとえ一分でも「くそっ、メールレールの列車を運転したり、ブロンプトンロード駅を覗いたりしなければ、まったくよかったんだが」なんて考えると思うかい？　一瞬たりともね。俺はこの一秒一秒すべてを、逮捕すら楽しんできたんだ。

都市探検家が行なうあらゆる活動には、時間と空間への注意力が顕著に表われている。廃墟空間で一時的に劣化の進む現場を味わうことから、地下壕の探検であれ、一夏を無断居住地(スクワット)で過ごすことであれ、自分たちの行なうことがすべてつかの間のものだと気づくことにまで、それは当てはまる。こうしたつかの間の空間的再占有を表わす写真は、そうした一時的な瞬間をほかの人びとに伝える試みなのだ。この時間と場所の目に見える記録をつくり、それ以前に訪れたものと、その後に訪れるものに言及し、それらすべてが僕らを通していかに結びついているかを伝えるものだ。都市探検家の人生は過去と未来を意識することで趣を与えられているが、それはいつだって何よりもまず、いま、ここでのことであり、現在の可能性に関するものだ。コールマンとグループの言葉をもう一度引用したい。

EXPLORE
EVERYTHING

こうした形態のハッカー活動に符号化された道徳性はしたがって、錠前を破り、防犯装置を解除し、難攻不落な場所に近づき、障壁をどけて、閉じられた扉の裏にある金の壷に手を伸ばすプロセスを大切にする。障壁はかならずなんらかのかたちで戻ってくることを、重々承知しながら。[*6]

ある日、ヘレンとともに僕らの写真を漫然と見ながら、そもそもなぜ都市探検にかかわるようになったのか聞いてみた。彼女の答えはあっさりしていた。「そこには精神的にも肉体的にも押し広げるべき障壁があったから」。僕がこの活動の裏にある背景、理論、および動機を解き明かしたい衝動を感じる一方で、ほとんどの探検家はそれが可能だから探検することに満足し、彼らが真実だと思うことにただ結びついている。あらゆる種類の探検家は、研究者や映画製作者や写真家が現場に行って活動を記録するはるか以前から、そうやってきているのだ。探検したいという願望はある程度は僕ら誰のなかにもあるのに、多くの人は社会的期待を受けるがゆえに、そうできないか、しないか、抑圧しているのだ。

逮捕から九カ月後、まだイギリスに足止めを食らっているとき、僕はクラパムのザ・ファルコンでマルク・エクスプロと落ち合って一杯やった。陰謀や計画を企てるための行きつけの店の一軒だ。僕は彼に、振り返ってみれば、あのときチームBに出会えて、これまでやってきたように、自分自身を都市探検の文化に一体化できたのはじつに幸運だったと思うと語った。

彼はこう答えた。「ブラッド、おまえはこの文化に自分を一体化させたわけじゃない。自分が何か研究する対象をもてるように、この文化をつくりだしたんだ」。そのコメントは何週間も僕の脳裏から離れなかった。大半のことは僕がいようといまいと起こったと思うが、それが違ったかたちで起きたであろうことは疑いようがない。僕がこの研究を始めなければ、LCCなど存在しなかった可能性すらある。

僕の関与が引き起こしたものがなんであれ、それがチームBとLCCの興亡においてはたした役割を認めることが、自分の民族誌学の研究における重要な要素だと僕は考える。これらのコミュニティは、いままで僕が出会ったなかで最も並外れた人びとだった。研究を発表することで、自分を含め、誰かに迷惑をかけるようなことがあれば、僕には償い切れないものになるだろう。だが、起こったもろもろのことを振り返ってサイトが僕にこう書いてきたとき、救われる思いがした。

俺からすれば、LCCは世間知らずで自分勝手だった探検家のものの見方をやめさせ、実際に多くの連中の心を開かせ、ほかの人間と一緒に探検にでかけるように仕向けた……。だから、「クルーの名称」を考えだすのを嫌がった連中は大勢いたけど、あれは一般的な考えで、おそらく抑えがつかなくなった冗談だったんだと思う。でも、これによって恐ろしく大勢の人間が一緒に集まったと思うし、それもおそらくおたがい絶対に口もきかなかったような連中なんだ。

都市探検のこれらの物語の終わりは必ずしも愉快なものではないが、この研究は活気あるコミュニティの創造と大衆の活動としての都市探検をたたえるものでありつづける。それは世界各地で起きている、何百ものほかのコミュニティ形成過程とよく似たものだ。この時期を振り返ったとき、自分たちはまさに一つの文化的復興にかかわっていたのだと気づくことになるだろうと僕は信じている。そこでは人びとが自分の都市への権利を再び、何度でも取り戻し始めていた。必ずしも武力によってではなく、衰退しつつある経済と、非効率的で派閥中心の政府と、民主的理想の崩壊の真っ只中で、公共空間の存在そのものが反対者もなく私有地になり変わりつづけるなかで、もっと遊び心に満ちた反体制的な方法で権利を主張し始めたのである。

これらの運動や介入は、たがいに別個のもののように思われ、それどころかときには敵対するようにすら見えるが、それでも場所との新しい関係を創造することによって、空間をめぐる一つだけの権威主義的な物語を崩すべく働きかけ、それを記録して世間に見せているのだ。都市探検はこうした活動の一つとして、場所を衝撃的で美しく、困惑させると同時に奇妙で、それでも最終的にはまれに見る本物らしさを示すかたちで再構成する。僕らが暮らす軍国化した、オーウェル的なこれらの都市のなかでは、なおさらである。探検家たちが見つけて開き、生みだす空間は、心底から人間的かつ社会的なものから生じる。社会的期待に逆らうわけではないが、それにはかかわらず、自分たちの思うとおりに場所を定義する本能的な権利から生じた創造のプロセスだ。

この運動にかかわってきた歳月に展開した多数の出来事を考えれば、そしてこの研究が僕のなかに当時もいまもいかに深く染みついているかを思えば、この活動の将来について僕がどんな予測を立てたところで、それは外れる可能性が高い。すでに見てきたように、こうしたことには反動がくるものだ。それでも、都市探検にたいする関心は間違いなく急速に高まっているようであり、それは明るい前途を示すのかもしれないし、悪い予兆なのかもしれない。僕らはもちろん、それに関与してきたし、重大な取り締まりが行なわれ、活動が何かに吸収されることがあれば、その非難の一部は受けることになる。それでも、ロンドンの探検家たちが二〇〇八年から二〇一二年にかけて成し遂げたことにもとづき、歴史には一本の線が刻まれたのである。

ロンドンの都市探検の〈黄金時代〉はこれからもずっと僕らの遺産となり、僕はその部族の書記に選ばれたことを光栄に感じる。僕らがこのほかにどんな遺産を残したにせよ、本書のページに含まれていないどんな功績や経験があったにせよ、それはご想像にお任せする。そして、都市探検の将来の世代が語る話については、彼らに任せることにしよう。

訳者あとがき

「世間の人びとは働きすぎで、疲れすぎていて、退屈して、無感動になっている。彼らは政府にも企業にも銀行にも、自分たちの仕事にも苛立っている。僕らの探検は彼らを日常から引っ張りだし、都市の垂直の世界に案内する。そこでは地面の上方でも下方でも、不可能なことが可能になりうるのだ」

本書を手に取ってくださった方が、すでに都市探検についてご存じだったのか、それとも別の理由からであったのかはわからない。だが、著者のこんな言葉に興味を覚える人は、いまの日本に大勢いるのではなかろうか。都市探検なんて聞いたことがなくても、軍艦島や横浜競馬場、閉鎖されたテーマパークやホテルまで、各地の廃墟で撮影された写真を見たことはあるかもしれない。

廃墟と言えば、ヒトラーお抱えの建築家だったアルベルト・シュペーアが、古代ギリシャやローマの遺跡のように歳月を経ても残るものにこそ価値があるという「廃墟価値の理論」を展開し、未来永劫に第三帝国の痕跡を残そうとしたことはよく知られる。一方、ナチスに追われた哲学者のヴァルター・ベンヤミンは、廃墟のなかにこそ歴史の真実が読み取れると考えた。「奢れる者は久しからず、諸行無常の響きあり」に慣れ親しんだ日本人ならば、栄華を誇った建物の朽ち果てた姿に、諦観や悲哀とともにどこか小気味よさも感じるかもしれない。

本書の著者ブラッドリー・L・ギャレットはカリフォルニア出身のアメリカ人で、人類学を学び、考古学者として発掘調査にかかわったあと、民族の歴史を外部者が解釈することに疑問を感じて活動の本拠をロンドンに移し、ロンドン大学およびオックスフォード大学で民族誌学の研究を始めた。みずから探検に加わり、都市探検家という「仮名のもとで活動し、顔のぶれた写真を使い、正体を変え、地理的にも居場所をつねに変えている」まとまりのない集団について、内部者の視点から研究するようになった博士である。彼が仲間とともに無断侵入するのは廃墟ばかりではない。むしろ、本書に登場する探検家の一人が言うように、「本当の探検は、当初の廃墟好きを克服したところから始まる」。

「そこには信じ難い光景が、まるで宇宙のタペストリーのように広がっていた……。ノースクィーンズフェリーの静かな町は、水蒸気を通してかろうじて見える程度で、空は美しく紫がかっていた。あたりは静まり返り、海の音もここまでは聞こえてこなかったが、やがて最初の寝台列車が驚くほどの速度で僕らの下を飛ぶようにやってきた。構造物が揺れてきしむなかで、僕は竜に乗っているような気分になった」。スコットランドのフォース湾をまたいで架かる一八八三年に建設された全長二・五キロの鉄橋を、小雨の降るなかで渡った探検の一節である。さながら『銀河鉄道の夜』やエンデの『はてしない物語』のようであり、夜を徹した探検の末に、著者らは映画『スタンド・バイ・ミー』の一シーンのように線路を猛ダッシュするはめになる。

こうした冒険に夢中になる都市探検家とは、いったいどういう人なのだろうか。中流階級の白人男性で、探検するだけの時間と経済的余裕のある人が多いそうだが、本書には女性もかなり登場し、文字どおり危ない橋を渡っている。彼らが入り込む場所はこのほか、地下壕や超高層ビルの建設現場、下水道、電気・ガスなどの共同溝、地下鉄網など幅広い。その多くは無人の廃墟を探検するような他愛もない行為ではなく、彼らが「潜入」と呼ぶ無断侵入であり、器物損壊を伴う押し入りこそはしないが、ピッキングや「ソーシャル・エンジニアリング」と呼ばれる、守衛の注意を引いてその隙に入り込むような手口や、作業員に扮して堂々と入る手法は使う。日本では不法侵入とされる類の行為だ。

「プレイス・ハッキング」と著者が定義づけるこうした探検活動が、日本国内でどれだけ行なわれているかは不明だ。皆無でないことはネット上からもわかるが、その数は圧倒的に少ないと思われる。一般論として、身体を鍛え、入念な下調べをし、警察沙汰になるのも覚悟のうえで無謀な危険行為に挑戦しようとする人が、西洋人にくらべて少ないのかもしれない。高度な技術とチームワークを必要とする困難な探検場所を彼らは「聖杯」と呼び、そこに最初に入り込むことに情熱を傾けるが、日本人はなんら経済的価値のない活動に夢中になるのはガキだと見なされることが多い。そもそも、日常的に感じている不満の原因をとことん突き詰めて考える人が少ないのかもしれない。

二十世紀なかばに『スペクタクルの社会』を書いたギー・ドゥボールは、現代の世界は「可能なことを許可されることと厳格に分離する」とし、物質的な貧困が根絶されたあとの人生における最大の脅威は退屈だと考えた。ドゥボールに多大な影響を受けた著者は、「都市のなかに人びとがエネルギーを充電できる創造的な空間を残しておくか、そのエネルギーをスポーツ・イベントのような管理された環境に向けさせるのか、あるいはそうした衝動を完全に抑圧しようとするのか」と問いかける。「行動する必要性は、つねに他者によってつくりだされた状況に振り回される日常の空間とは対照的に（多くの人の職場での生活は間違いなくこうしたものだ）、状況を克服する個人の力を強化する……物や経験を買うためのカネを追いかけて人生を費やしているうちに、売られていたのは実際には僕らの中身だったのだ」

もちろん、民族誌学者という立場にある著者だからこそ、自分たちの動機や心理を深く探究するのであり、多くの探検家はそこにはなんら政治的な意図はなく、ただ日常への不満からスリルを求めて探検を始め、極限状態に自分を置くことで初めて生きていることを実感し、その感覚に病みつきになっているのだと主張する。こういう現状への不満をもつことを英語では subversive と言い、辞書の訳語には破壊・転覆活動分子といった過激な言葉が並ぶが、本書に登場する若者は、かつての革命家や過激派のように政権打倒を目論んだり、テロ行為に走ったりすることはない。ぴったりの日本語を考えあぐねて、本書では反体制という言葉を当ててみた。しかし、豊かな資本主義国の都市で育った彼らにとってみれば、都市こそが住む世界なのである。貧富の差が拡大した新自由主義のもとで、テロの脅威を煽るあまり、一般の人びとをも締めだす過度の防犯設備に不満を覚えつつも、体制そのものに、あるいは高層建築が次々に建つ大都会に反対するわけではないようなので、従順ではないくらいの意味だろうか。

なお、本書の巻末には、原書どおりに都市探検家のあいだで使われる俗語の用語集があるが、文脈によって別の言葉で訳している場合も多々あるうえに、本文で使用されていない用語がもともとリストにあって、訳書では活用しにくい用語集となってしまった。どうかご了承いただきたい。

これまで無縁だった世界を知るようになることが、翻訳業に従事することの最大の魅力だとかねがね思ってきたが、今回の仕事ではその思いをいっそう強くした。本書を読んだあとでは、日々目にする都市の姿は大きく違って見える。こんな機会を与えてくださり、きめ細かくサポートしてくださった青土社の贄川雪さんに、厚くお礼を申しあげる。

東郷えりか

二〇一四年九月

索引

7・7（ロンドン地下鉄爆破事件）　24–5, 194
9・11　24
ＢＢＣ　81, 100, 199, 255, 262
ＬＴＶスクワッド（ニューヨークの都市探検グループ）　LTV Squad　29

あ行

アクション・スクワッド　Action Squad　29, 222, 226
アサンジ，ジュリアン　Assange, Julian　190
アデレイドハウス　Adelaide House　194
アノニマス（コンピューター・ハッカー集団）　Anonymous　30
アントワープ　Antwerp　22, 76
イギリス鉄道警察（ＢＴＰ）　British Transport Police　9, 113, 182, 192, 194–6, 238
イングランド銀行　Bank of England　66
イングリッシュ・ヘリテッジ　English Heritage　49
ウィットマン，ウォルト　Whitman, Walt　28
ウエストパーク精神病院　West Park Mental Hospital　36, 59–61
英国防空監視隊（ＲＯＣ）　Royal Observation Corps　44
エッフェル塔　Eiffel Tower　110
＜エンジェル・オヴ・ザ・ノース＞（ゲーツヘッド）　Angel of the North　249–51
エンバンクメント駅（ロンドン）　Embankment station　130, 142, 144
王立地理学協会（ＲＧＳ）　Royal Geographical Society　174
オーストラリア　Australia　28–30, 34, 45, 88, 117
オスマン男爵　Haussmann, Baron　145, 148
オックスフォード大学　University of Oxford　250, 264
オーフォード・ネス　Orford Ness　69
オランダ　Netherlands　34
オリンピック（ロンドン、2012年）　Olympics, London, 2012　25, 191, 267
オールドウィッチ駅（ロンドン）　Aldwych station　162, 194, 196, 198, 246–9
オールドゲートイースト駅（ロンドン）　Aldgate East station　101, 121

か行

カタコンブ（パリ）　catacombs　19, 27, 38, 78, 87, 104, 148–50, 152–3, 156, 231
カナリーワーフ　Canary Wharf　93, 97

カレッジ醸造場（レディング） Courage Brewery 54
ガンディ，ジョセフ Gandy, Joseph 66
キャンベル，ダンカン Campbell, Duncan 178–9, 280
キングズウェイ電話交換局（ロンドン） Kingsway Telephone Exchange 176, 178–80, 191, 194–6, 198, 275, 278
キングズ・カレッジ（ロンドン） King's College 28
キングズリーチタワー（ロンドン） King's Reach Tower 92, 97, 100, 157, 278
クラパム・ノース駅（ロンドン） Clapham North station 188–9
グリーンパーク駅（ロンドン） Green Park station 162, 166, 170
クロスレール Crossrail 100, 137, 165, 275
ケイヴクラン（オーストラリアの探検グループ）Cave Clan 29–30, 88, 117, 138, 225, 280
ゲイリー（インディアナ州） Gary 215
ケシャヴツァ・レスラ（ソ連の基地） Keszwca Lesla 77
ケンブリッジ Cambridge 28
ケンブリッジ芸術・社会科学・人文科学研究センター（ＣＲＡＳＳＨ） Cambridge Centre for Research in the Arts, Social Sciences and Humanities 28
『ケンブリッジの夜の登攀者たち』（ケンブリッジ、1930年代） Night Climbers 28, 97
国防省（ＭＯＤ、イギリス） Ministry of Defence 81–2, 162
コロッセオ（ローマ） Coliseum 53

さ行

最高裁判所（ブリュッセル）Palais de Justice 22
サッチャー，マーガレット Thatcher, Margaret 59
サハラカジノ（ラスベガス） Sahara Casino 232, 234
サミュエル，ラファエル Samuel, Raphael 45
サルトル，ジャン＝ポール Sartre, Jean-Paul 117
サンシュルピス教会 Saint-Sulpice 104
シカゴ Chicago 211, 215–6, 218, 223, 260
シーザーズパレス（ラスベガス） Caesar's Palace 230
シチュアシオニスト Situationist 26, 28, 31, 84, 104, 200, 231
ザ・シャード（超高層ビル、ロンドン） Shard 12, 14, 96–7, 100, 120, 253, 256–7, 261–2, 278
シュペーア，アルベルト Speer, Albert 66–68
ジョージ空軍基地（カリフォルニア） George Air Force Base 242
ジンターアンラーゲ（廃墟の工場、ドイツ） Sinteranlage 46
スイスコテージ駅（ロンドン） Swiss Cottage 163
ストックウェル駅（ロンドン） Stockwell station 162
ストックホルム Stockholm 19, 33
ストランド駅（ロンドン） Strand station 162
セーヌ川 Seine River 146
セントポール Saint Paul 218, 222

セントポール大聖堂　St Paul's Cathedral　191, 254, 278
セントメアリーズ駅（ロンドン）　St Mary's station　162–3
ソ連　Soviet Union　48, 51, 57, 72, 76–7
ソーン，ジョン　Soane, John　66

た行

第二次世界大戦　World War II　56, 152, 163, 188
タイバーン川　Tyburn River　136, 278
ダウンストリート駅（ロンドン）Down Street station　162, 166, 170, 265
タワーヒル駅（ロンドン）　Tower Hill station　157
チェルノブイリ　Chernobyl　38, 69, 273–4
地下鉄（ニューヨーク）　Subway　27
チーズグレーター（チーズおろし器、超高層ビル、ロンドン）　Cheesegrater　275
チャーチル，ウィンストン　Churchill, Winston　140, 162, 167
チャリングクロス駅（ロンドン）　Charing Cross station　162
超現実的　Surrealism　70, 78, 134, 153, 185, 216
ディカプリオ，レオナルド　DiCaprio, Leonardo　23
ディケンズ，チャールズ　Dickens, Charles　28, 275
ティトゥス・リウィウス　Livy　27–8
テムズ川　Thames River　12, 14, 92, 97, 100, 128, 130, 136–7, 194
ドゥボール，ギー　Debord, Guy　26, 95, 104, 146, 187
ドーヴァー城　Dover Castle　49
ドイツ空軍　Luftwaffe　141
トロント　Toronto　29–30
トンプソン，ハンター・S　Thompson, Hunter S.　105, 108

な行

ナイアガラの滝　Niagara Falls　157
ナダール，フェリックス　Nadar, Félix　148
ナポレオン三世　Napoleon III　144
ニーチェ，フリードリッヒ　Nietzsche, Friedrich　68
ニド・ビル（ロンドン・スパイタルフィールズ）　Nido building　182
ニューヨーク　New York　24, 27, 29, 33, 38, 109, 113, 121, 145, 200, 216, 218–9, 227
ノースクィーンズフェリー　North Queensferry　110, 112
ノートルダム　Notre Dame　101–3
ノーラ（放置されたソ連軍基地）　Nohra　72–3

は行

ハイドパークコーナー駅（ロンドン）　Hyde Park Corner station　162, 166
バザルジェット，ジョゼフ　Bazalgette, Sir Joseph　125, 128, 130, 142, 145, 148, 278

バタシー発電所　Battersea Power station　35, 37–8, 40, 136, 160
バッキンガム宮殿　Buckingham Palace　136
パディントン駅（ロンドン）　Paddington station　174
パニーニ，ジョヴァンニ・パオロ　Panini, Giovanni Paolo　65
パラティヌス丘（ローマ）　Palatine Hill　50
パリ　Paris　15, 26–7, 29, 31, 33, 38, 87, 97, 101, 105, 145–6, 148–9, 152–3, 156–7, 160, 206, 211, 225, 231
バーリントン（国防省の秘密施設）　Burlington　81–2, 84–9, 92, 199, 261, 277
ヒトラー，アドルフ　Hitler, Adolf　66
ピラネージ，ジョヴァンニ・バッティスタ　Piranesi, Giovanni Battista　65, 165
ヒルトン（シカゴ）　Hilton　214, 218
＜ファラオの失われた王国＞（放置された親水公園、カリフォルニア）　Pharaoh's Lost Kingdom　244
フォーゲルザング（ソ連軍事基地、ベルリン）　Vogelsang　57
フォース鉄道橋　Forth Rail Bridge　110
フォンテーヌブロー（超高層ビル、ラスベガス）　Fontainebleau　232, 235, 238
フライ，スティーヴン　Fry, Stephen　273
ブラックフライアーズ（駅）　Blackfriars　100, 144, 197
ブリティッシュ・テレコム（ＢＴ）　British Telecom　176, 179
ブリティッシュミュージアム駅（ロンドン）　British Museum station　182, 191, 194, 246–8, 278
ブルジュ・ドバイ（ブルジュ・ハリファ）　Burj Dubai　185
プレメトロ（アントワープ）　Pre-metro　22–3, 36
ブロデリックタワー（デトロイト）　Broderick Tower　206
ベルギー　Belgium　34, 40, 48
ベルグラン，ウジェーヌ　Belgrand, Eugène　145
ベルファスト号　HMS Belfast　12
ベルリン　Berlin　15, 29, 57, 76, 189, 205
ベンヤミン，ヴァルター　Benjamin, Walter　59, 67–8, 78
ボディ・ゴーストタウン（カリフォルニア）　Bodie Ghost Town　49
ホテル・コスモス（ベルギー）　Hotel Kosmos　46, 48
ポーランド　Poland　22, 48, 72, 76–7
ホリングズヘッド，ジョン　Hollingshead, John　28, 133, 135, 145, 148, 275
ホルボーン駅　Holborn　162–3, 165, 194, 247–8
ホワイトチャペル駅（ロンドン）　Whitechapel station　174

ま行

マイロン採掘場（モントリオール）　Miron quarry　73
マークレーン駅（ロンドン）　Mark Lane station　157, 160
マッカーシー，コーマック　McCarthy, Cormac　78
マンチェスター　Manchester　115, 178, 275

ミシガン湖　Michigan Lake　215
ミシシッピ川　Mississippi River　185
ミネアポリス　Minneapolis　15, 29, 33, 185, 214, 216, 218–9, 222, 224
ミレニアム・ミルズ（ロンドン）　Millennium Mills　38, 40
メイヒュー，ヘンリー　Mayhew, Henry　132
メドウェイ川　Medway River　51–2
メトロ（パリ）　Metro　156–7, 160, 225
メールレール　Mail Rail　171–2, 174, 176, 179, 182, 193, 195, 197, 199, 211, 246, 278, 283
メルロー＝ポンティ，モーリス　Merleau-Ponty, Maurice　216
モニュメント駅（ロンドン）　Monument station　157
モハーヴェ砂漠　Mojave Desert　172, 226, 240, 242, 263

や・ら行

ヨークロード駅（ロンドン）　York Road station　163
ラスヴェガス　Las Vegas　15, 38, 76, 226–7, 231–2, 234–5, 238
ラルズセック　Lulzsec　34
リアリー，ジョン・パトリック　Leary, John Patrick　207, 210
リッツカールトン（シカゴ）　Ritz-Carlton　214, 216
ル・コルビュジエ　Le Corbusier　53, 149
ルフェーヴル，アンリ　Lefebvre, Henri　200, 216
レガシータワー（シカゴ）　Legacy Tower　218, 260
レディング　Reading　54
レーニン，ウラジーミル・イリイチ　Lenin, Vladimir Ilyich　72–3
ロイヤル・ウェディング（ロンドン、2012年）　Royal Wedding, London, 2012　25, 176, 193
ロサンゼルス　Los Angeles　15, 31, 238, 242, 244
ロサンゼルスの交通局　Rapid Transit Authority　31
ローズ駅（ロンドン）　Lords station　163
ロバート，ヒューバート　Robert, Hubert　65
ローマ　Rome　27, 50, 66
ロンドン交通局（ＴｆＬ）　Transport for Lond　9, 164, 166–7, 170, 193, 196–7, 267
ロンドン・コンソリデーション・クルー（ＬＣＣ）　London Consolidation Crew　9–10, 15, 36, 93, 95, 97, 101, 117–8, 136, 138, 156, 163, 170–1, 176, 178–9, 187, 198–9, 203, 206, 222, 225–6, 248, 259, 262, 266, 275, 278–81, 286–7
ロンドン・チームＡ　London Team A　89, 92–3, 101, 120, 125, 157, 166, 170, 185, 278
ロンドン・チームＢ　London Team B　15, 40, 54, 81, 84–5, 88, 93, 157, 170, 277, 286–7
ロンドン・ネクロポリス鉄道　London Necropolis Railway　160

原注

免責条項

＊1 慎重な扱いを要するテーマを研究するうえで、プロジェクト参加者の保護の背後にある動機を理解することに関心がある読者は、以下を参照のこと。Patricia A. Adler and Peter Adler, 'Ethical Issues in Self-Censorship: Ethnographic Research on Sensitive Topics,' in Claire M. Renzetti and Raymond M. Lee, eds, *Researching Sensitive Topics* (Newbury Park, CA: Sage, 1993), および Raymond M. Lee, *Doing Research on Sensitive Topics* (Thousand Oaks, CA: Sage, 1993).

プロローグ

＊1 Tim Edensor, 'Staging Tourism: Tourists as Performers,' *Annals of Tourism Research* 27: 2 (April 2000); Peter Adey, 'Facing Airport Security: Affect, Biopolitics, and the Preemptive Securitisation of the Mobile Body,' *Environment and Planning D: Society and Space* 27: 2 (2009).

1　ＵＥの世界

＊1 Ninjalicious, *Access All Areas: A User's Guide to the Art of Urban Exploration* (Canada: Infilpress, 2005), p. 3.

＊2 Geoff Manaugh and Troy Paiva, *Night Visions: The Art of Urban Exploration* (San Francisco: Chronicle Books, 2008), p. 9.〔一時的か、寂れているか、使用されていないか、放棄された場所の意味〕

＊3 Jamie Peck and Adam Tickell, 'Neoliberalisation of the City,' *Antipode* 34: 3 (2002).

＊4 Bradley L. Garrett, 'Assaying History: Creating Temporal Junctions through Urban Exploration,' *Environment and Planning D: Society and Space* 29: 6 (2011).

＊5 こうした戦術の似たような例については以下を参照のこと。Iain Borden, *Skateboarding, Space and the City: Architecture and the Body* (Oxford: Berg, 2001)（『スケートボーディング、空間、都市：身体と建築』イアン・ボーデン著、斎藤雅子ほか訳、新曜社）; Stephen Saville, 'Playing with Fear: Parkour and the Mobility of Emotion,' *Social & Cultural Geography* 9: 8 (2008); Stephen Lyng, 'Edgework: A Social Psychological Analysis of Voluntary Risk Taking,' *American Journal of Sociology* 95: 4 (1990); and Sarah G. Cant, '"The Tug of Danger with the Magnetism of Mystery": Descents into the Comprehensive Poetic-Sensuous Appeal of Caves,' *Tourist Studies* 3: 1 (2003).

＊6 Alan Rapp, 'The Esoteric City: Urban Exploration and the Reclamation of the Built Environment,' *Architecture* (2010).

＊7 Michel Foucault and Paul Rabinow, *The Foucault Reader* (London: Vintage, 1984); Jean-Paul Sartre and Wade Baskin, *Of Human Freedom* (New York: Philosophical Library, 1967); Maurice Merleau-Ponty, *Phenomenology of Perception* (London: Routledge, 1962)（『知覚の現象学』M.メルロ＝ポンティ著、中島盛夫訳、法政大学出版局）

＊8 Hayden Lorimer, 'Cultural Geography: Non-Representational Conditions and Concerns,' *Progress in Human Geography* 32: 4 (2008).

＊9 Stephen Lyng, 'Crime, Edgework and Corporeal Transaction,' Political Theory 8: 3 (2004); Lazar Knustmann, *La culture en clandestins: L'UX* (Paris: Hazan, 2009).

＊10 William E. Connolly, *Neuropolitics: Thinking, Culture, Speed* (Minneapolis, MN: University of Minnesota Press, 2002), Harriet Hawkins (2012), 'Geography and Art: An Expanding Field: Site, the Body and Practice,' *Progress in Human Geography* 37: 1 (2013) に引用。

＊11 'The Winchester,' thewinch.net/?p=1724

＊12 'Sleepy City,' sleepycity.net

＊13 Bradley L. Garrett, 'Cracking the Paris Carrières: Corporal Terror and Illicit Encounter under the City of Light,' *Acme: An International E-Journal for Critical Geographies* 10: 2 (2011) を参照。

＊14 'You Have to Choose,' vimeo.com/13702117

＊15 RomanyWG, *Beauty in Decay* (Durham, NC: Carpet Bombing Culture, 2010). Cécile Martha and Jean Griffet, 'Le BASE-jump, le Jeu le Plus Sé rieux du Monde,' *Ethnologie française* 36 (2006) も参照のこと。

＊16 'No Promise of Safety,' thelazyrando.wordpress.com/2011/03/27/

＊17 Steve Graham and Simon Marvin, *Splintering Urbanism: Networked Infrastructures, Technological Mobilities and the Urban Condition* (London: Routledge, 2001), p. 206.

＊18 Francisco R. Klauser, 'Splintering Spheres of Security: Peter Sloterdijk and the Contemporary Fortress City,' *Environment and Planning D: Society and Space* 28: 2 (2010).

＊19 Stephen Graham, 'Olympics 2012 Security: Welcome to Lockdown London,' *Guardian*, 2012 年 3 月 12 日付 ; Adam Higginbotham, 'Deception Is Futile When Big Brother's Lie Detector Turns Its Eyes on You,' *Wired*, 2013 年 1 月 17 日付。

＊20 Anna Minton, *Ground Control: Fear and Happiness in the Twenty-First-Century City* (London: Penguin, 2012).

＊21 Guy Debord, *The Society of the Spectacle* (London: Rebel Press, 2006), p. 14 (『スペクタクルの社会』ギー・ドゥボール著、木下誠訳、ちくま学芸文庫)

＊22 N. J. Thrift, 'Lifeworld Inc. - and What to Do About It,' *Environment and Planning D: Society and Space* 29: 1 (2011), p. 16.

＊23 Elizabeth R. Straughan, 'Touched by Water: The Body in Scuba Diving,' *Emotion, Space and Society* 5: 1 (February 2012); Gordon Waitt and Lauren Cook, 'Leaving Nothing but Ripples on the Water: Performing Ecotourism Natures,' *Social & Cultural Geography* 8: 4 (2007) を参照。

＊24 Moses Gates, *Hidden Cities: Travels to the Secret Corners of the World's Great Metropolises - A Memoir of Urban Exploration* (New York: Tarcher, 2013).

＊25 Emily Gowers, 'The Anatomy of Rome from Capitol to Cloaca,' *Journal of Roman Studies* 85 (1995). Greg A. Brick, *Subterranean Twin Cities* (Minneapolis, MN: University of Minnesota Press, 2009) も参照のこと。

＊26 John Hollingshead, *Underground London* (London: Kessinger, 2009 [1862]); Charles Dickens, *All the Year Round* (London, 1861).

＊27 Whipplesnaith, *The Night Climbers of Cambridge* (Cambridge: Oleander Press, 2007 [1937]).

＊28 Tom Whipple, 'Confessions of a Night Climber,' *Times*, 2007 年 11 月 2 日付を参照。

＊29 Tom Wells, 'Deck the Halls with, er, 150ft-high Santa Hats,' *Sun*, 2009 年 12 月 4 日付。

＊30 Patrick Sawer, 'Cambridge University's 1958 Car on Roof Prank Secrets Revealed,' *Telegraph*, 2008 年 6 月 28 日付。

＊31 Jon Lackman, 'The New French Hacker-Artist Underground,' *Wired*, 2012 年 1 月 20 日付。

＊32 Steven Jones, *The Tribes of Burning Man: How an Experimental City in the Desert Is Shaping the New American Counterculture* (San Francisco: CCC Publishing, 2011).

＊33 Geoff Manaugh, *The Bldg Blog Book* (San Francisco: Chronicle, 2009).

＊34 D. Wershler-Henry, 'Urban Life: Usufruct in the City,' *Globe and Mail* (2005), Steven High and David W. Lewis, *Corporate Wasteland* (Ithaca, NY: Cornell University Press, 2007), p. 42 に引用。

＊35 Ashley Fantz and Atika Shubert, 'Wikileaks "Anonymous" Hackers: "We Will Fight",' CNN, 2010 年 12 月 10 日付。

＊36 Lucy Osborne, 'Urban Explorers Enter London's Landmarks,' *Evening Standard*, 2011 年 11 月 10 日付。

＊37 David Pinder, 'Old Paris No More: Geographies of Spectacle and Anti-Spectacle,' *Antipode* 32: 4 (October 2000).

＊38 Quentin Stevens, *The Ludic City: Exploring the Potetial of Public Spaces* (London: Routledge, 2007).

＊39 Michael Scott, 'Hacking the Material World,' *Wired* 1: 3 (1993 年 7 月 /8 月).

＊40 E. Gabriella Coleman and Alex Golub, 'Hacker Practice: Moral Genres and the Cultural Articulation of Liberalism,' *Anthropological Theory* 8: 3 (September 2008).

＊41 Jonas Löwgren, 'Origins of hacker culture(s),' 2000, webzone.k3.mah.se/k3jolo/HackerCultures/origins.htm

＊42 Eric S. Raymond, *The New Hacker's Dictionary* (Cambridge, MA: MIT Press, 1996), p. 310（『ハッカーズ大辞典』エリック・S. レイモンド編、福崎俊博訳、アスキー）

＊43 'The London Underground,' sleepycity.net/posts/247/

＊44 James Nestor, 'The Art of Urban Exploration,' *San Francisco Chronicle*, 2007 年 8 月 16 日付。

＊45 ダヴェンポートによれば､約 1 万人の登録ユーザーがいて（2011)､イギリス国内にはおそらく 3,000 人が活動しているだろうと以下にある。Zero, 'The Anger Tunnel,' *Drainor Magazine* (2009).

＊46 High and Lewis, Corporate Wasteland; Luke Bennett, 'Bunkerology – A Case Study in the Theory and Practice of Urban Exploration,' *Environment and Planning D: Society and Space* 29: 3 (2011).

＊47 George Herbert Mead, *Mind, Self, and Society* (Chicago, IL: University of Chicago Press, 1934)（『精神・自我・社会』G.H. ミード著、稲葉三千男ほか訳、青木書店）

＊48 High and Lewis, *Corporate Wasteland*, p. 63.

＊49「ヒッピー文化」に関する以下の著作に同様のことが書かれている。Willis and Jefferson,'The Cultural Meaning of Drug Use,' in Stuart Hall and Tony Jefferson, eds, *Resistance through Rituals: Youth Subcultures in Post-War Britain* (London: Routledge, 2006).

＊50 Charles Arthur and Josh Halliday, 'Lulzsec Leak: Is This the Beginning of the End for the Hackers?,' *Guardian*, 2011 年 6 月 24 日付。

＊51 2008 年 11 月 17 日に僕はコミュニティへの最初の投稿をして接触を試みた。スレッドは以下にある。uer.ca/forum_showthread_archive.asp?fi d=1&threadid=61723&currpage=1&pp#post18

＊52 遭遇場面は以下で観られる。'Getting Busted by the West Park Asylum,' youtube.com/watch?v=A4-u46BjYYI

2　歴史の廃墟

＊1 Dylan Trigg, *The Aesthetics of Decay: Nothingness, Nostaligia and the Absence of Reason* (New York: Peter Lang, 2006).

＊2 Fredric Jameson, *A Singular Modernity: Essays on the Ontology of the Present* (London: Verso, 2002), p. 215（『近代（モダン）という不思議：現在の存在論についての試論』フレドリック・ジェイムソン著、久我和巳ほか訳、こぶし書房）

＊3 Brian Dillon, 'Fragments from a History of Ruin,' *Cabinet Magazine* 20 (2005/06); Caitlin DeSilvey and Tim Edensor, 'Reckoning with Ruins,' *Progress in Human Geography*, 2012 年 11 月 27 日付 .

＊4 Rose Macaulay, *Pleasure of Ruins* (New York: Walker & Co., 1964), p. xvii（『世界の遺跡：廃墟の美をめぐる感動とよろこび』ローズ・マコーリ著、黒田和彦ほか訳、美術出版社）

＊5 Jo Frances Maddern, 'Spectres of Migration and the Ghosts of Ellis Island,' *Cultural Geographies* 15: 3 (July 2008).

＊6 Derrida's topography is discussed in M. Crang and P.S. Travlou, 'The City and Topologies of Memory,' *Environment and Planning D: Society and Space* 19: 2 (2001).

＊7 Ann Reynolds, *Robert Smithson: Learning from New Jersey and Elsewhere* (Cambridge, MA: MIT Press, 2002), p. 264.

＊8 Manaugh, Bldg Blog Book; Jack Flam, ed., *Robert Smithson: The Collected Writings* (Berkeley, CA: University of California Press), p. 107.

＊9 Jane Bennett, 'The Force of Things: Steps toward an Ecology of Matter,' *Political Theory* 32: 3 (2004), および *Vibrant Matter: A Political Ecology of Things* (Durham, NC: Duke University Press, 2010).

＊10 Luke Bennett, 'Bunkerology – A Case Study in the Theory and Practice of Urban Exploration,' *Environment and Planning D: Society and Space* 29: 3 (2011).

＊11 RomanyWG, *Beauty in Decay*.

＊12 Caitlin DeSilvey, 'Observed Decay: Telling Stories with Mutable Things,' *Journal of Material Culture* 11: 3 (November 2006).

＊13 Raphael Samuel, *Theatres of Memory* (London: Verso, 1994), p. 3.
＊14 Bradley L. Garrett, 'Drowned Memories: The Submerged Places of the Winnemem Wintu,' *Archaeologies* 6: 2 (August 2010).
＊15 J.B. Jackson, *The Necessity for Ruins, and Other Topics* (Amherst, MA: University of Massachusetts Press, 1980), p. 4.
＊16 Ruth Milkman, *Farwell to the Factory: Auto Workers in the Late Twentieth Century* (Berkeley, CA: University of California Press, 1997).
＊17 Hayden Lorimer, 'Telling Small Stories: Spaces of Knowledge and the Practice of Geography,' *Transactions of the Institute of British Geographers* 28: 2 (2003).
＊18 Michel de Certeau, *The Practice of Everyday Life* (Berkeley, CA: University of California Press, 1984), p. 108.
＊19 'English Heritage,' www.english-heritage.org.uk/about
＊20 'National Park Service,' nps.gov/history/about.htm
＊21 Doreen Massey, 'Global Sense of Place,' in Doreen Massey, ed., *Space, Place and Gender* (Minneapolis, MN: University of Minnesota Press, 1994).
＊22 Rupert Costo and Jeanette H. Costo, *Missions of California: A Legacy of Genocide* (Riverside, CA: Indian History Press, 1987).
＊23 Dydia DeLyser, 'Authenticity on the Ground: Engaging the Past in a California Ghost Town,' *Annals of the Association of American Geographers* 89: 4 (December 1999), p. 617.
＊24 Tim Edensor, 'Sensing the Ruin,' *Senses and Society* 2: 2 (2007); C.L. Witmore, 'Four Archaeological Engagements with Place: Mediating Bodily Experience through Peripatetic Video,' *Visual Anthropology Review* 20, 2 (2005); Caitlin DeSilvey, 'Salvage Memory: Constellating Material Histories on a Hardscrabble Homestead,' *Cultural Geographies* 14: 3 (July 2007).
＊25 RomanyWG, *Beauty in Decay.*
＊26 Max Pensky, 'Memory, Catastrophe, Destruction,' *City: Analysis of Urban Trends, Culture, Theory, Policy, Action* 9: 2 (2005); Barbara Bender, *Stonehenge: Making Space* (Oxford: Berg, 1998); Andreas Huyssen, *Present Pasts: Urban Palimpsests and the Politics of Memory* (Stanford, CA: Stanford University Press, 2003).
＊27 Cindi Katz, *Growing up Global: Economic Restructuring and Children's Everyday Lives* (Minneapolis, MN: University of Minnesota Press, 2004); Julian Jonker and Karen E. Till, 'Mapping and Excavating Spectral Traces in Post-Apartheid Cape Town,' *Memory Studies* 2: 3 (September 2009), p. 307.
＊28 Caitlin DeSilvey, 'Art and Archive: Memory-Work on a Montana Homestead,' *Journal of Historical Geography* 33: 4 (October 2007), p. 878.
＊29 Bennett, *Vibrant Matter.*
＊30 Jeremy Blakeslee, Rapp, 'Esoteric City' にて引用。
＊31 Jackson, *Necessity for Ruins*, pp. 94–5.
＊32 Samuel, *Theatres of Memory*, p. 8.
＊33 Le Corbusier, *The City of To-Morrow and Its Planning* (Mineola, NY: Dover Publications, 1987), pp. 50–1.
＊34 Gay Hawkins and Stephen Muecke, *Culture and Waste: The Creation and Destruction of Value* (Plymouth: Rowman & Littlefield, 2003).
＊35 Manaugh and Paiva, *Night Visions*, p. 7.
＊36 Julian Holloway and James Kneale, 'Locating Haunting: A Ghost-Hunter's Guide,' *Cultural Geographies* 15: 3 (July 2008); Tim Edensor, 'The Ghosts of Industrial Ruins: Ordering and Disordering Memory in Excessive Space,' *Environment and Planning D: Society and Space* 23: 6 (2005), p. 834; Crang and Travlou, 'The City and Topologies of Memory,' p. 463.
＊37 High and Lewis, *Corporate Wasteland.*
＊38 Tom Vanderbilt, *Survival City: Adventures among the Ruins of Atomic America* (New York: Princeton Architectural Press, 2002), p. 20. Cornelius Holtorf, *From Stonehenge to Las Vegas: Archaeology as Popular Culture* (Walnut Creek, CA: Altamira Press, 2005) も参照のこと。

3　遷移をとらえる

＊1 Caitlin DeSilvey, 'Making Sense of Transience: An Anticipatory History,' *Cultural Geographies* 19: 1 (2012).

＊2 Bradley L. Garrett, 'Urban Explorers: Quests for Myth, Mystery and Meaning,' *Geography Compass* 4: 10 (2010).

＊3 Richard Godwin, 'Secrets of an Urbex Mission,' *London Evening Standard*, 2010年3月15日付。

＊4 Trigg, *Aesthetics of Decay;* Michael Roth, 'Irresistible Decay: Ruins Reclaimed,' in Michael Roth, Claire Lyons and Charles Merewether, eds, *Irresistible Decay: Ruins Reclaimed* (Los Angeles: Getty Research Institute for the History of Art and the Humanities), p. 8.

＊5 Steve Pile, *Real Cities: Modernity, Space, and the Phantasmagorias of City Life* (London/Thousand Oaks, CA: Sage, 2005), p. 29.

＊6 Albert Speer, *Inside the Third Reich* (London: Simon & Schuster, 1970)（『第三帝国の神殿にて：ナチス軍需相の証言』アルベルト・シュペーア著、品田豊治訳、中公文庫）を参照。

＊7 Karl Haushofer, *Weltpolitik Von Heute* (Berlin: Zeitgeschichte, 1934), pp. 259, 211, Hell 201, Naomi Stead, 'The Value of Ruins: Allegories of Destruction in Benjamin and Speer,' *Form/Work: An Interdisciplinary Journal of the Built Environment*, October 2003; Walead Beshty and Eric Schwab, 'Stumped,' *Cabinet Magazine* 20 (Winter 2005/06) にて引用。

＊8 Speer, *Inside the Third Reich* (London: Simon & Schuster, 1970).

＊9 Rapp, 'Esoteric City,' p. 20. Walter Benjamin, *The Origin of German Tragic Drama* (London: Verso, 2003) も参照のこと。

＊10 Stead, 'Value of Ruins.'

＊11 Michael Anton, Bradley L. Garrett, Alison Hess, Ellie Miles and Terri Moreau, 'London's Olympic Waterscape: Capturing Transition,' *International Journal of Heritage Studies* 19: 2 (2013).

＊12 Friedrich Nietzsche, *The Use and Abuse of History* (New York: Cosimo Classics, 2006), p. 21（『ニーチェ全集4　反時代的考察』フリードリッヒ・ニーチェ著、小倉志祥訳、ちくま学芸文庫）

＊13 Brian Dillon, 'Decline and Fall,' *Freize Magazine* 130 (April 2010).

＊14 Ninjalicious, 'The End Is Nigh, but I'm Probing On,' *Infiltration* (1997).

＊15 Paul Dobraszczyk, 'Petrified Ruin: Chernobyl, Pripyat and the Death of the City,' *City: Analysis of Urban Trends, Culture, Theory, Policy, Action* 14: 4 (2010), p. 372; Susan Sontag, 'The Imagination of Disaster,' in Sean Redmond, *Liquid Metal: The Science Fiction Film Reader* (New York: Wallflower Press, 2005), p. 52.

＊16 Dobraszczyk, 'Petrified Ruin'; Mike Davis, *Dead Cities, and Other Tales* (New York: New Press, 2004).

＊17 W.G. Sebald and Michael Hulse, *The Rings of Saturn* (New York: New Directions, 2002). Robert Macfarlane の短編動画 *Untrue Island*, guardian.co.uk/books/video/2012/jul/09/robert-macfarlane-untrue-island-orford-ness-video も参照のこと。

＊18 Jonathan Veitch, 'Dr Strangelove's Cabinet of Wonder: Sifting through the Atomic Ruins at the Nevada Test Site,' in Julia Hell and Andreas Schönle, eds, *Ruins of Modernity* (London: Duke University Press, 2010).

＊19 RomanyWG, *Beauty in Decay II: Urbex* (Durham, NC: Carpet Bombing Culture, 2012).

＊20 Raymond Kurzweil, *The Singularity Is Near* (New York: Penguin, 2006).

＊21 Christopher Lasch, *The Culture of Narcissism* (New York: Norton, 1991)（『ナルシシズムの時代』クリストファー・ラッシュ著、石川弘義訳、ナツメ社）; Kai T. Erikson, *Everything in Its Path: Destruction of Community in the Buffalo Creek Flood* (New York: Simon & Schuster, 1976).

＊22 Eric Lusito, *After the Wall: Traces of the Soviet Empire* (Stockport: Dewey Lewis, 2009).

＊23 Karen E. Till, 'Staging the Past: Landscape Designs, Cultural Identity and Erinnerungspolitik at Berlin's Neue Wache,' *Cultural Geographies* 6: 3 (July 1999).

＊24 Robert Vogel, quoted in Theo Richmond, 'Sites and Soundings,' *Guardian*, 8月28日付。

＊25 同上

＊26 Trigg, *Aesthetics of Decay*.

＊27 Matthew O'Brien, *Beneath the Neon: Life and Death in the Tunnels of Las Vegas* (Las Vegas, NV: Huntington

Press, 2007).
＊28 Susan Buck-Morss, *The Dialectics of Seeing: Walter Benjamin and the Arcades Project* (Cambridge, MA: MIT Press, 1991), p. 164（『ベンヤミンとパサージュ論：見ることの弁証法』スーザン・バック＝モース著、高井宏子訳、勁草書房）。
＊29 Walter Benjamin, *The Arcades Project* (Cambridge, MA: Harvard University Press, 1999).
＊30 Pile, *Real Cities*.
＊31 Jefferson Cowie and Joseph Heathcott, eds, *Beyond the Ruins: The Meanings of Deindustrialization* (Ithaca, NY: Cornell University Press, 2003), p. 15. Milkman, *Farewell to the Factory* (1997) も参照のこと。
＊32 DeSilvey, 'Making Sense of Transience.'
＊33 Lucy R. Lippard, *The Lure of the Local: Senses of Place in a Multicentered Society* (New York: New Press, 1997), pp. 5-6.
＊34 Steinmetz (2010), 'Colonial Meloncholy and Fordist Nostalgia: The Ruinscapes of Namibia and Detroit,' in Hell and Schönle, *Ruins of Modernity,* p. 317.
＊35 DeSilvey and Edensor, 'Reckoning with Ruins.'
＊36 David Schweickart, *After Capitalism* (New York: Rowman & Littlefi eld, 2011).

4　潜入集団の台頭

＊1 Rapp, 'Esoteric City.'
＊2 Adam Barnard (2004), 'The Legacy of the Situationist International: The Production of Situations of Creative Resistance,' *Capital & Class* 28: 84 (Winter 2004).
＊3 A. Bonnett, 'Situationism, Geography, and Poststructuralism,' *Environment and Planning D: Society and Space* 7: 2 (1989).
＊4 Ninjalicious, *Access All Areas,* p. 123.
＊5 '28 Days Later,' 28dayslater.co.uk/forums/showthread.php?t=66190, アクセス：2011 年 11 月 11 日。2012 年 1 月現在このスレッドは削除されている。
＊6 'Infiltrating the Ministry of Defence,' placehacking.co.uk/2010/12/05/infiltratingministry-defense
＊7 Stephen Lyng, *Edgework: The Sociology of Risk-Taking* (London: Routledge, 2004).
＊8 パーティの動画は以下を参照。vimeo.com/17033526
＊9 'Reach for the Skies,' vimeo.com/17033526
＊10 Neil Lewis (2000), 'The Climbing Body, Nature and the Experience of Modernity,' *Body & Society* 6: 3-4 (November 2000).
＊11 Maria Kaika and Erik Swyngedouw, 'Fetishizing the Modern City: The Phantasmagoria of Urban Technological Networks,' *International Journal of Urban and Regional Research* 24: 1 (2000), p. 121; S.D.N. Graham and N. Thrift, 'Out of Order: Understanding Repair and Maintenance,' *Theory, Culture & Society* 24: 3 (2007).
＊12 Dylan Trigg (2005), 'Ninjalicious 1973-2005', *Side Effects*.
＊13 Ninjalicious, 'On Viewing Holes,' *Infiltration*, 13: 2 (1999).
＊14 David Pinder, *Visions of the City: Utopianism, Power and Politics in Twentieth-Century Urbanism* (Edinburgh: Edinburgh University Press, 2005), p. 149, Luke Dickens, 'Placing Post-Graffiti: The Journey of the Peckham Rock,' *Cultural Geographies* 14: 4 (October 2008) に引用。
＊15 Peter Adey, 'Vertical Security in the Megacity: Legibility, Mobility and Aerial Politics,' *Theory, Culture & Society* 27: 6 (2010); Stuart Elden, 'Secure the Volume: Vertical Geopolitics and the Depth of Power,' *Political Geography* 34 (May 2013).
＊16 Minton, *Ground Control.*
＊17 写真は以下で見られる。guardian.co.uk/artanddesign/2012/sep/21/urbanexploration-bradley-garrett-photography〔現在は参照不可〕
＊18 Eva Weber, dir., *The Solitary Life of Cranes*, Channel 4, 2008.
＊19 Henri Lefebvre, *Rhythmanalysis: Space, Time, and Everyday Life*, transl. Stuart Elden and Gerald Moore

(London: Continuum, 2004).
＊20 Phil Hubbard, 'The Geographies of "Going Out": Emotion and Embodiment in the Evening Economy,' in Joyce Davidson, Mick Smith and Liz Bondi, eds, *Emotional Geographies* (Aldershot: Ashgate, 2005), pp. xiii, 258.
＊21 Larry Cahill and James L. McGaugh, 'Mechanisms of Emotional Arousal and Lasting Declarative Memory,' *Trends in Neurosciences* 21: 7 (1998).
＊22 Lyng, *Edgework: The Sociology of Risk-Taking* による。
＊23 David Pinder, '"Old Paris Is No More": Geographies of Spectacle and Anti-Spectacle,' *Antipode* 32: 4 (2000).
＊24 James Donald McRae (2008), 'Play City Life: Henri Lefebvre, Urban Exploration and Re-Imagined Possibilities for Urban Life,' 未発表の修士論文 , Department of Geography, Queen's University, Kingston, Ontario, Canada, p. 168.
＊25 *Nocturnes*, nocturn.es〔現在は参照不可〕
＊26 Hunter S. Thompson, *The Great Shark Hunt: Strange Tales from a Strange Time* (New York: Simon & Schuster, 2003), p. 530.
＊27 Lyng, Edgework; Riley Olstead, 'Gender, Space and Fear: A Study of Women's Edgework,' *Emotion, Space and Society* 4: 2 (May 2011); Robert Fletcher, 'Living on the Edge: The Appeal of Risk Sports for the Professional Middle Class,' *Sociology of Sport Journal* 25: 3 (September 2008).
＊28 2009 年にロンドンの著名な都市探検家で BASE ジャンパーだったダウンフォールンは、スイスで BASE ジャンプ中に事故死した（以下の記事を参照。skyscrapernews.com/news.php?ref=2414)。翌年、13 歳のスウェーデン人の少年がストックホルムの地下運河に転落した (oursisthefury.com/2010/the-fall-of-urban-exploration〔参照不可〕)。その後、2010 年にソロモンという探検家がタイのホテルのバルコニーから転落死した（以下の記事を参照 guardian.co.uk/world/2010/aug/26/urban-explorer-hotel-death-fall)。
＊29 'No Promise of Safety,' nopromiseofsafety.com〔現在は参照不可〕
＊30 William Gurstelle, 'Take Smart Risks,' *Wired*, 2009 年 9 月 21 日付。
＊31 Katherine Hayles, *How We Became Posthuman: Virtual Bodies in Cybernetics, Literature, and Informatics* (Chicago, IL: University of Chicago Press, 1999), p. 290.
＊32 Dickens, 'Placing Post-Graffiti'; Oli Mould, 'Parkour, the City, the Event,' *Environment and Planning D: Society and Space* 27: 4 (2009); Saville, 'Playing with Fear'; Borden, *Skateboarding, Space and the City.*
＊33 Tim Cresswell, *In Place/Out of Place: Geography, Ideology, and Transgression* (Minneapolis, MN: University of Minnesota Press, 1996).
＊34 Christopher Stanley, 'Teenage Kicks: Urban Narratives of Dissent Not Deviance,' *Crime, Law and Social Change* 23: 2 (1995).
＊35 Foucault and Rabinow, *Foucault Reader*, p. 47.
＊36 Lyng, 'Edgework.'
＊37 同上。.
＊38 Samuel Z. Klausner (1968), 'The Intermingling of Pain and Pleasure: The Stress Seeking Personality in Its Social Context,' in Klausner, ed., *Why Men Take Chances* (Garden City, NY: Anchor), p. 156 を参照のこと。
＊39 Saville, 'Playing with Fear,' p. 891.
＊40 Stephen Lyng, 'Crime, Edgework and Corporeal Transaction,' *Theoretical Criminology* 8: 3 (August 2004).
＊41 Jeff Ferrell and Clinton R. Sanders, 'Toward a Cultural Criminology,' in Ferrell and Sanders, eds, *Cultural Criminology* (Boston, MA: Northeastern University Press, 1996).
＊42 サルトルの言葉は以下に引用されていた。Robin Wright, *Dreams and Shadows: The Future of the Middle East* (New York: Penguin, 2009), p. 98.
＊43 Rapp, 'Esoteric City,' pp. 1–58.
＊44 Predator, 'Approach: A Sprawling Manifesto on the Art of Drain Exploring,' infiltration.org/observations-approach.html
＊45 Luke Dickens, '"Finders keepers": Performing the Street, the Gallery and the Spaces In-Between'

Liminalities: A Journal of Performance Studies 4: 1 (2008).
＊46 Matthew Holehouse, 'Base Jumper Films Himself Parachuting off The Shard Four Times,' *Telegraph*, 2012年4月13日付。
＊47 Oli Mould and Bradley L. Garrett, 'Urban Subversions: Comptemporary Pasttimes in Global Cities,' RGS-IBG Annual Conference, London, 2011.
＊48 Bill Wasik, 'My Crowd: Or, Phase 5,' *Harper's Magazine,* March 2006.
＊49 Rebecca Solnit, *Wanderlust: A History of Walking* (London: Verso, 2000).
＊50 Trevor Paglen and A.C. Thompson, *Torture Taxi: On the Trail of the CIA's Rendition Flights* (New York: Melville House, 2006).
＊51 Trevor Paglen, 'Late September at an Undisclosed Location in the Nevada Desert,' *Cultural Geographies* 13: 2 (April 2006).

5　地下の聖杯

＊1 Paul Dobraszczyk, 'Sewers, Wood Engraving and the Sublime: Picturing London's Main Drainage System in the Illustrated London News, 1859-62,' *Victorian Periodicals Review* 38: 4 (2005).
＊2 Manaugh, *Bldg Blog Book*; Zero, 'Anger Tunnel.'
＊3 Bertrand Russell, *Mysticism and Logic, and Other Essays* (London: George Allen & Unwin, 1918), p. 22（『神秘主義と論理』バートランド・ラッセル著、江森巳之助訳、みすず書房）, Mike Crang, '*Tristes Entropique*: Steel, Ships and Time Images for Late Modernity,' in Gillian Rose and Divya P. Tolia-Kelly, eds, *Visuality/Materiality: Images, Objects and Practices* (Farnham: Ashgate, 2012) に引用。
＊4 Peter Ackroyd, *London Under* (London: Chato & Windus, 2011), pp. 89-90, 79-80.
＊5 G.C. Cook, 'Construction of London's Victorian Sewers: The Vital Role of Joseph Bazalgette,' *Postgraduate Medical Journal* 77 (2001).
＊6 Kaika and Swyngedouw, 'Fetishizing the Modern City,' p. 125.
＊7 Fiona Rule, *London's Labyrinth* (Hersham: Ian Allen Publishing, 2012), p. 27.
＊8 同上、pp. 36-7。
＊9 Henry Mayhew, *London Labour and the London Poor* (Oxford: Oxford University Press, 2010 [1861]), pp. 185-6（『ロンドン貧乏物語：ヴィクトリア時代呼売商人の生活誌』ヘンリー・メイヒュー著、植松靖夫訳、悠書館）
＊10 Hollingshead, *Underground London*, p. 4.
＊11 David L. Pyke, *Subterranean Cities: The World beneath Paris and London, 1800-1945* (Ithica, NY: Cornell University Press, 2005), p. 229; Alain Corbin, *Le Miasme et la Jonquille* (Paris: Flammarion, 1998).
＊12 Harriet Hawkins, 'Geography and Art. An Expanding Field: Site, the Body and Practice,' *Progress in Human Geography*, 2012年4月18日付。
＊13 G.C. Cook, 'Construction of London's Victorian Sewers,' Manaugh, *Bldg Blog Book*, p. 63 に引用。
＊14 Petr Gibas, 'Uncanny Underground: Absences, Ghosts and the Rhythmed Everyday of the Prague Metro,' *Cultural Geographies*, October 2012.
＊15 Hollingshead, *Underground London*, p. 62.
＊16 Ackroyd, *London Under*.
＊17 David Cornish (2013), 'Crossrail Unearths "Black Death" Burial Ground,' *Wired*, 2013年3月15日付。
＊18 Stephen Graham 'Underground,' in Nigel Thrift and Steve Pile, eds, *The City A-Z: Urban Fragments* (London: Routledge, 2000), p. 271.
＊19 L.B. Deyo and David Leibowitz, *Invisible Frontier: Exploring the Tunnels, Ruins, and Rooftops of Hidden New York* (New York: Three Rivers Press, 2003), p. 213.
＊20 声明は以下で読むことができる。infiltration.org/observations-approach.html
＊21 Ninjalicious, *Access All Areas,* p. 3.
＊22 McRae, 'Play City Life,' p. 17.
＊23 Matthew Gandy, 'Rethinking Urban Metabolism: Water, Space and the Modern City,' *City: Analysis*

of Urban Trends, Culture, Theory, Policy, Action 8: 3 (December 2004); Kaika and Swyngedouw, 'Fetishizing the Modern City'; Graham and Marvin, *Splintering Urbanism;* S.D.N. Graham and N. Thrift, 'Out of Order: Understanding Repair and Maintenance,' *Theory, Culture & Society* 24: 3 (2007).
＊24 Richard Sennett, 'Qaunt: The Public Realm', 以下で参照。richardsennett.com/site/SENN/Templates/General2.aspx?pageid=16
＊25 Matthew Gandy, 'Cyborg Urbanization: Complexity and Monstrosity in the Contemporary City,' *International Journal of Urban and Regional Research* 29: 1 (2005), p. 28.
＊26 Jon Calame and Esther Charlesworth, *Divided Cities: Belfast, Beirut, Jerusalem, Mostar, and Nicosia* (Philadelphia: University of Pennsylvania Press, 2012), p. 121.
＊27 David Pinder, 'Arts of Urban Exploration,' *Cultural Geographies* 12: 4 (2005), p. 399.
＊28 L. Sandercock, 'Towards Cosmopolis: Utopia as Construction Site,' in Susan S. Fainstein and Scott Cambell, eds, *Readings in Planning Theory*, 3rd edn (London: Wiley-Blackwell, 2003), p. 403.
＊29 Cresswell, *In Place/Out of Place,* p. 22.
＊30 Hollingshead, *Underground London*, p. 60.
＊31 Rapp, 'Esoteric City,' p. 45.
＊32 Julia Solis, *New York Underground: The Anatomy of a City* (New York: Routledge, 2005), p. 3（『ニューヨーク地下都市の歴史』ジュリア・ソリス著、綿倉実香訳、東洋書林）
＊33 Charles Baudelaire, 'Le Cygne,' *Fleurs du mal* / 'Flowers of Evil,' fleursdumal.org/poem/220（『悪の華』ボードレール著、堀口大學訳、新潮文庫）
＊34 Matthew Gandy, 'The Paris Sewers and the Rationalization of Urban Space,' *Transactions of the Institute of British Geographers* 24: 1 (1999).
＊35 Rapp, 'Esoteric City,' p. 34.
＊36 Guy Debord, 'Report on the Construction of Situations and on the International Situationist Tendency's Conditions of Organization and Action' (1957), transl. Ken Knabb, in Ken Knabb, ed., *Situationist International Anthology* (Berkeley, CA: Bureau of Public Secrets, 1981), p. 25.
＊37 Gandy, 'Paris Sewers'.
＊38 Hollingshead, *Underground London*.
＊39 Kaika and Swyngedouw, 'Fetishizing the Modern City,' p. 134.
＊40 Tseira Maruani and Irit Amit-Cohen, 'Open Space Planning Models: A Review of Approaches and Methods,' *Landscape and Urban Planning* 81: 1-2 (2007).
＊41 Borden, *Skateboarding, Space and the City*.
＊42 Neil Shea (2011), 'Under Paris,' *National Geographic,* February 2011.
＊43 Kathleen Stewart, 'Atmospheric Attunements,' *Environment and Planning D: Society and Space* 29: 3 (2011).
＊44 Edensor, 'Ghosts of Industrial Ruins,' pp. 23, 6.
＊45 'That Parisien Loop,' thewinch.net/?p=2856
＊46 Garrett, 'Cracking the Paris Carrières.'
＊47 'Demolition of the Paris Metro,' sleepycity.net/posts/252/Demolition_of_the_Paris_Metro
＊48 'Into the Belly of the Beast,' adventureworldwide.net/stories/into-the-belly-of-the-beast
＊49 Gibas, 'Uncanny Underground,' p. 3.
＊50 J.E. Connor, *London's Disused Underground Stations* (St Leonards on Sea: Capital Transport, 2008); Joe Brown, London Railway Atlas (Surrey: Ian Allen, 2009).
＊51 Connor, *London's Disused Underground Stations*, pp. 28-33.
＊52 同上。
＊53 *Lizzi Dun' Know*, vimeo.com/35907845
＊54 Kathryn Yusoff, 'Visualizing Antarctica as a Place in Time: From the Geological Sublime to Real Time,' *Space and Culture* 8: 4 (2005), p. 218.
＊55 Gibas, 'Uncanny Underground,' p. 12.
＊56 同上。

＊57 Mark Townsend, 'Underground Rave Culture,' *Guardian,* 2010 年 11 月 7 日付 .
＊58 '"Robust" Security Plan for Royal Wedding,' tvnz.co.nz/royal-wedding/robust-security-plan-4143132
＊59 Duncan Campbell, *War Plan UK: The Truth about Civil Defence in Britain* (London: Burnett, 1982).
＊60 同上。
＊61 Duncan Campbell, 'A Christmas Party for the Moles,' *New Statesman*, 1980 年 12 月 19 日付。
＊62 何枚かの写真は以下にある。 web.archive.org/web/20050422114116/http://www.iptvreports.mcmail.com/Tunneltrip.htm
＊63 Alan Latham and Derek P. McCormack, 'Thinking with Images in Non-Representational Cities: Vignettes from Berlin,' *Area* 41: 3 (September 2009), p. 253.
＊64 David Heap, *Potholing: Beneath the Northern Pennines* (London: Routledge &Kegan Paul, 1964), p. 22, Cant, '"Tug of Danger",' p. 71 に引用。
＊65 Lyng, *Edgework*, p. 362.
＊66 'The Stinger – June 2010,' thewinch.net/?p=849
＊67 David Batty, ' "Urban explorer" Dies after Falling from Thai Hotel Balcony,' *Guardian,* 2010 年 8 月 26 日 付 ; James Newman, 'RIP Downfallen,' skyscrapernews.com/news.php?ref=2414; Herón Márquez Estrada, 'Man Dies, Another Rescued in Drama along Mississippi River,' *Star Tribune* (Minneapolis), 2009 年 4 月 26 日付。
＊68 Ian Buchanan, 'The Problem of the Body in Deleuze and Guattari, or, What Can a Body Do?,' *Body and Society* 3: 3 (September 1997).
＊69 Newman, 'RIP Downfallen.'
＊70 Richard Sennett, *Flesh and Stone: The Body and the City in Western Civilization* (London: Faber, 1996), p. 15; David Howes, 'Architecture of the Senses,' Sense of the City exhibition catalogue (Montreal: Canadian Centre for Architecture, 2005), p. 3 に Sennett (1996), p. 1 が引用されている。James C. Scott, *Seeing Like a State: How Certain Schemes to Improve the Human Condition Have Failed* (New Haven, CT: Yale University Press, 1998).
＊71 Saville, 'Playing with Fear,' p. 893.
＊72 Edensor, 'Ghosts of Industrial Ruins,' p. 227.
＊73 David Conradson, 'Experiential Economies of Stillness: The Place of Retreat in Contemporary Britain,' in Alison Williams, ed., *Therapeutic Landscapes: Geographies of Health* (Aldershot: Ashgate, 2007), p. 33.
＊74 E. Virginia Demos, 'An Affect Revolution: Silvan Tompkin's Affect Theory,' in E. Virginia Demos, ed., *Exploring Affect: The Selected Writings of Silvan S. Tompkins* (Cambridge: Cambridge University Press, 1995).
＊75 Lyng, *Edgework*.
＊76 Rachel Pain and Susan J. Smith, *Fear: Critical Geopolitics and Everyday Life* (Aldershot: Ashgate, 2008); Yi-fu Tuan, *Landscapes of Fear* (New York: Pantheon Books, 1979)（『恐怖の博物誌：人間を駆り立てるマイナスの想像力』イーフー・トゥアン著、金利光訳、工作舎）
＊77 Lyng, *Edgework*, p. 368.
＊78 Gilles Deleuze and Félix Guattari, *A Thousand Plateaus: Capitalism and Schizophrenia* (London: Athlone Press, 1988), p. 347.
＊79 Lyng, *Edgework*, p. 860.
＊80 Ninjalicious, *Access All Areas,* pp. 126–7.
＊81 'Olympic Sized Ambitions,' adventureworldwide.net/stories/olympic-sized-ambitions; 'St Paul's Cathedral,'　partoftheplan.org/2011/06/st-pauls-cathedral.html
＊82 'London Underground Security,' theclancygroup.co.uk/casestudies/52〔参照不可〕
＊83 'Central London Security Alert Shuts The Mall,' *BBC News,* 2011 年 5 月 16 日付; Justin Davenport, 'Terror Alert at 7/7 Tube Station Blamed on Four Urban Explorers,' *London Evening Standard*, 2011 年 5 月 3 日付。
＊84 Adrian Craddock, 'Underground Ghost Station Explorers Spook the Security Services,' *Guardian*, 2012 年 2 月 24 日。
＊85 Derek P. McCormack, 'Thinking-Spaces for Research Creation,' *Inflexions* 1 (May 2008), p. 8.

＊86 Osborne, 'Urban Explorers Enter London Landmarks.'
＊87 28dayslater.co.uk/forums/showthread.php?t=66190, アクセス：2011 年 11 月。スレッドは 2012 年 1 月現在、削除されている。
＊88 'En Fotos: Viaje a Uno de los Secretos Mejor Guardados de Londres,' *BBC Mundo*, 2011 年 5 月 3 日付。
＊89 'NEO Bankside,' thewinch.net/?p=2949
＊90 Henri Lefebvre, *The Production of Space* (London: Wiley-Blackwell, 1991)（『空間の生産』アンリ・ルフェーヴル著、斉藤日出治訳、青木書店）
＊91 Edensor, de Certeau, *Practice of Everyday Life* を引用。
＊92 Bonnett, 'Situationism, Geography, and Poststructuralism,' p. 135.
＊93 McRae, 'Play City Life,' p. 130.
＊94 Owain Jones, 'Before the Dark of Reason: Some Ethical and Epistemological Considerations on the Otherness of Children,' *Ethics, Place and Environment* 4: 2 (2001); Stuart C. Aitken, *Putting Children in Their Place* (Washington, DC: Association of American Geographers, 1994).
＊95 Buchanan, 'Problem of the Body.'
＊96 Editorial, *Transgressions: A Journal of Urban Exploration* 2: 3 (1996), p. 7.
＊97 Kathleen Stewart, *Ordinary Affects* (Durham, NC: Duke University Press, 2007).
＊98 Erling Kagge, *Philosophy for Polar Explorers: What They Don't Teach You in School,* transl. Kenneth Steven (London: Pushkin Press, 2005).
＊99 McRae, 'Play City Life,' p. 158.
＊100 Saville, 'Playing with Fear,' p. 909.
＊101 Pile, *Real Cities*, p. 8.
＊102 Paglen, 'Late September.'
＊103 Hakim Bey, *TAZ: The Temporary Autonomous Zone* (Williamsburg, Brooklyn: Autonomedia, 1985)（『T. A. Z.：一時的自律ゾーン』ハキム・ベイ著、箕輪裕訳、インパクト出版会）
＊104 Giorgio Hadi Curti, 'The Ghost in the City and a Landscape of Life: A Reading of Difference in Shirow and Oshii's Ghost in the Shell,' *Environment and Planning D: Society and Space* 26: 1 (2008), p. 95.

6　新世界をハッキング

＊1 Bill McGraw, 'Life in the Ruins of Detroit,' *History Workshop Journal* 63: 1 (2007).
＊2 Yves Marchand and Romain Meffre, *The Ruins of Detroit* (London: Steidl, 2010).
＊3 Nate Millington, 'Post-Industrial Imaginaries: Nature, Representation and Ruin in Detroit, Michigan,' *International Journal of Urban and Regional Research* 37: 1 (January 2013); Yablonsky, 'Artist in Residence,' New York Times, 2010.
＊4 John Patrick Leary, 'Detroitism,' *Guernica*, 2011 年 1 月 15 日付。
＊5 Mary Louise Pratt, *Imperial Eyes: Travel Writing and Transculturation* (London: Routledge, 1992).
＊6 Yusoff, 'Visualizing Antarctica,' p. 225.
＊7 Imre Szeman and Maria Whiteman, 'The Big Picture: On the Politics of Contemporary Photography,' *Third Text* 23: 5 (2009), Crang, *'Tristes Entropique'* に引用。
＊8 McCormack 'Thinking-Spaces,' p. 3.
＊9 Leary, 'Detroitism.'
＊10 Kevin Hetherington, 'Spatial Textures: Place, Touch, and Praesentia,' *Environment and Planning* A 35: 11 (1937).
＊11 Jacques Rancière, 'Notes on the Photographic Image,' *Radical Philosophy* 156 (July/August 2009), p. 8.
＊12 Ninjalicious, 'Chicago Tunnel Company,' *Infiltration* 12.
＊13 High and Lewis, *Corporate Wasteland.*
＊14 McRae, 'Play City Life,' p. 78.
＊15 Merleau-Ponty, *Phenomenology of Perception.*
＊16 Brick, *Subterranean Twin Cities*, p. 7.

＊17 'Action Squad,' actionsquad.org
＊18 Adam Burke, 'Sucked Into the Tunnels Beneath Las Vegas,' National Public Radio, 2008 年 12 月 4 日。
＊19 Matthew O'Brien, *Beneath the Neon: Life and Death in the Tunnels of Las Vegas* (Las Vegas, NV: Huntington Press, 2007).
＊20 Matthew O'Brien, 'Shine a Light,' beneaththeneon.com/shine-a-light.asp
＊21 Jacki Lyden, 'Into the Tunnels: Exploring the Underside of NYC,' National Public Radio, 2011 年 1 月 2 日。Jennifer Toth, *The Mole People: Life in the Tunnels beneath New York City* (Chicago, IL: Chicago Review Press, 1993)（『モグラびと：ニューヨーク地下生活者たち』ジェニファー・トス著、渡辺葉訳、集英社）も参照のこと。
＊22 Lackman, 'New French Hacker-Artist Underground.'
＊23 David Harvey, 'Neoliberalism as Creative Destruction,' *Annals of the American Academy of Political and Social Science* 610 (2007), p. 1.
＊24 Andy C. Pratt, 'Creative Cities: The Cultural Industries and the Creative Class,' *Geografiska Annaler: Series B, Human Geography* 90: 2 (June 2008).
＊25 Tim Edensor, *Industrial Ruins: Space, Aesthetics, and Materiality* (Oxford: Berg, 2005), p. 4.
＊26 Jeffrey S. Juris, 'Practicing Militant Ethnography within Movements against Corporate Globalization,' periferiesurbanes.org/wp-content/uploads/2011/06/JURIS2007PracticingMilitantEthnography.pdf (2010)
＊27 'GES154 – British Museum Abandoned Station, London,' guerrillaexploring.com/gesite/public_html/index.php?option=com_content&view=article&id=226:ges154-brtsh-museum-tube&catid=52:metro&Itemid=67
＊28 The run across the platform, 'With Nerves of Steel' は以下で観られる。 youtube.com/watch?v=RKneXhGuZfU

＊7　群衆と手錠

＊1 Rachel Pain, Mike Kesby and Kye Askins, 'Geographies of Impact: Power, Participation and Potential,' *Area* 43: 2 (June 2011); Tom Slater, 'Impacted Geographers: A Response to Pain, Kesby and Askins,' Area 44: 1 (March 2012) を参照のこと。
＊2 David Pinder, 'Urban Interventions: Art, Politics and Pedagogy,' *International Journal of Urban and Regional Research* 32: 3 (September 2008).
＊3 Tom Bill, 'London "Shard" Homes Create Record Price Gap,' Reuters, 2012 年 4 月 12 日付。
＊4 'The View from the Shard: Plan Your Visit,' theviewfromtheshard.com/#planyour-visit/visitor-information
＊5 Bradley L. Garrett, 'Scaling the Shard,' *Domus* 960 (July/August 2012).
＊6 P. Adey, 'Vertical Security in the Megacity: Legibility, Mobility and Aerial Politics,' *Theory, Culture and Society* 27: 6 (November 2010), p. 58.
＊7 Stephen Graham and Lucy Hewitt, 'Getting Off the Ground: On the Politics of Urban Verticality,' *Progress in Human Geography* 9 (April 2012).
＊8 Matthew Power, 'Excuse Us While We Kiss the Sky,' *GQ*, March 2013.
＊9 Wasik, 'My Crowd,' p. 65.
＊10 Rancière, 'Notes on the Photographic Image,' p. 9.
＊11 この投稿記事には 130 以上のコメントがあり (placehacking.co.uk/2012/04/07/climbing-shard-glass)、ほかにもさまざまな新聞やネット上のブログ記事にも多数のコメントが寄せられた。
＊12 Bradley L. Garrett, 'Fiberglass and Tumbleweeds,' placehacking.co.uk/2010/04/07/fi berglass-and-tumble-weeds-boron-fcp（2010 年 4 月 7 日）。
＊13 Erika Sigvardsdotter, 'Presenting Absent Bodies: Undocumented Persons Copingand Resisting in Sweden,' *Cultural Geographies*, 2012 年 11 月 21 日付。
＊14 David Allen Green, 'A round-up of retired graffi ti artists for the London Olympics?,' *New Statesman*, 2012 年 7 月 18 日付 ; Anon., 'Graffiti Raids across London as Police Sanitise City Ready for Olympics,' blog.thelondonvandal.com/2012/07/graffiti-raids-across-london-as-police-sanitise-city-ready-for-olympics/
＊15 Rik Scarce, 'A Law to Protect Scholars,' skidmore.edu/newsitems/features/chronicle081205.htm (2005 年

8 月 12 日)。

＊16 Naomi Adiv, in David Pescovitz, 'Beating the Bounds Railwalk Project Shut Down,' boingboing.net/2008/03/10/beating-the-bounds-r.html (2008 年 3 月 10 日)。

＊17 'ASA Code of Ethics,' asanet.org/images/asa/docs/pdf/Ethics Code.pdf; Jaschik,'Protecting His Sources,' *Inside Higher Ed.*, 2009 年 12 月 4 日。

＊18 '(U//FOUO) National Counterterrorism Center: Urban Exploration Offers Insight into Critical Infrastructure Vulnerabilities,' publicintelligence.net/nctc-urbanexploration (2012 年 11 月 19 日)。

＊19 Jane Jacobs, *The Death and Life of Great American Cities* (New York: Random House, 1961)（『アメリカ大都市の死と生』ジェイン・ジェイコブズ著、山形浩生訳、鹿島出版会）

＊20 Lisette Josephides, 'Representing the Anthropologist's Predicament,' in Allison James, Jenny Hockey and Andrew Dawson, eds, *After Writing Culture: Epistemology and Praxis in Contemporary Anthropology* (London: Routledge, 1997), p. 32, Sarah Pink, *Doing Visual Ethnography: Images, Media and Representation in Research* (Manchester: Manchester University Press, 2001), p. 4 に引用。

＊21 Pinder, 'Urban Interventions,' p 734.

＊エピローグ

＊1 'Suspicious Behaviour,' *Infiltration* 2 (2003).

＊2 Stephanie Simon, 'Suspicious Encounters: Ordinary Preemption and the Securitization of Photography,' *Security Dialogue* 43: 2 (2012).

＊3 Cresswell, *In Place/Out of Place.*

＊4 Hetherington, 'Spatial Textures.'

＊5 Coleman and Golub, 'Hacker Practice,' p. 263.

＊6 同上。

用語集

abseiling（懸垂下降） ラッペリングとも呼ばれ、ロープを使って垂直に切り立った場所を制動しながら下降すること。

access/access details（アクセス／アクセス情報） 場所に入り込むための手段。アクセスの詳細を共有するには注意が必要だ。

admin（管理棟） 廃墟の病院や養老院などの管理棟。

anorak（オタク） 鉄道会社の全車両の変化など、特殊な趣味にとりつかれた人。

ARTS（ARTS） 放置された高速輸送機関の駅／システム。

asylum seeker（保護施設探索者） 放置された養老院や精神病院をおもに探索する探険家。

backcabbing（最後尾の乗務員室（に入ること）） 列車の最後尾の乗務員室に乗ること。

backlighting（背後から照らす） カメラの前で光を遮るように何か（通常は人物）が立ちはだかって、暗闇に「浮かびあがる」写真にする撮影技術。下水道では、これは神出鬼没で活動するある探険家にちなんで、「オッター・ショット」と呼ばれることもある。

bait（おびき寄せ） 挑発するか、居場所を露呈するかたちで行動し、それによって警察や警備員をおびき寄せること（例：「彼女はただそのドアを足で蹴って開けた――これはまったくのおびき寄せだ」）

BASE jumping（BASEジャンプ） 固定された場所から、畳んだパラシュートを使って、往々にして違法に飛び降りること。頭字語は飛び降りられる四種類の場所、ビル、アンテナ、スパン（橋桁）、アース（自然の断崖）を意味する。

blagging（ブラッギング） うまいこと場所に入って／から抜けだしてのける。

bricked up（塞がれた） レンガやブロックで塞がれるか、セメントで固められた開口部。

BTP（イギリス鉄道警察） イギリス鉄道警察、ロンドン地下鉄（チューブ）を含む鉄道を管轄する国家警察隊。

buildering（ビルダリング） ロックックライミングの技術を使って建物を登ること。ロープなしで岩を登る「ボルダリング」のもじり。

bust(ed)（バスト（逮捕）される） 1. 逮捕される　2. やってのける（例：あの場所に入ってのけた）。

carded（カードで開ける） ドアの取っ手のラッチプレートとドア枠のあいだにクレジットカードを滑り込ませ、鍵をカチリと開けること。

catacombs (of Paris)（カタコンブ） パリの地下にある280kmにおよぶ廃坑で、日常語ではパリ・カタコンブまたはカタと呼ばれる。

cataphiles（キャタフィル） パリ・カタコンブで長時間を過ごす人びと。彼らは広義には「都市探検家」だが、その多くはそう呼ばれたがらない。

chimney climbing（チムニー・クライム） 壁と壁のあいだに入り込み、手、膝、足、背中で相反する力を利用してじりじりと建物を登ること。

chimping（チンプ） 撮ったばかりのデジタル写真に目を通すことで、しばしばあいだにチンパンジー

のような音声（例：オーッ、オーッ！）を発する。

City（シティ） シティ・オヴ・ロンドン自治体によって運営され、1マイル四方のシティのみを管轄区域とする警察。

cracking (a location)（クラック（制覇）する） ほかの探検家が（そしておそらくほかにほとんど誰にも）見たことのない場所に入り込むこと。

crash bar（防護用バー） 扉の後ろにあって鍵を開けるバー。こうした防火扉は身の安全と防犯用に設置されなければならないが、そのせいで警報が鳴ることがある。

cubed location（キューブ（隅々まで探索）） 一つの探検場所が別の場所につながり、さらに次の場所に接続している場所（例：トンネルが建物の地下に入り、そこから屋根まで登れるなど（一巡するを参照）。

derp（ダープ（廃墟）） 1. インフラではない、放置された場所。2. 少々退屈もしくはむきだしになった場所。

dirty shot（ダーティショット） レンズの絞りを開放してISO感度を上げた写真で、暗い場所でも動きをとらえられるが、ざらついて粗いものになる。

drains（ドレイン（下水道）） 下水管、雨水排水路、およびその双方を兼ねたシステムを表わす総称。

drainer/drainor（ドレイナー（下水道屋）） 下水道と雨水排水路に最も関心がある探検家。

DSLR（デジタル一眼レフ） デジタル一眼レフ・カメラ。都市探検家の大半が好む撮影機材。

edgework（エッジワーク） ただ「エッジ（境界）」を感じたいがために、命を危険にさらすリスクを冒すこと。

epic(s)（叙事詩） 非常に力量を必要とする探検であり／もしくはこれまで誰も見たことのないもの（holy grail の項を参照）。

fail（失敗） 1. 失敗もしくは失敗に終わった探検。2. 警備員または警察が探検家を捕まえ損なうこと（secca の項を参照）。

first service（始発） 朝いちばんの列車。

the fresh（フレッシュ） うんち。下水道にいるか、「糞まみれ」になった感覚を表わすのにも使われる。

Golden Age（黄金時代） 2008年から2012年にかけてロンドンで都市探検が行なわれた時代。その他の都市（ミネアポリス、ニューヨーク、マンチェスターなど）にはそれぞれの黄金時代がある。

group shot（集合写真） 探検に参加した全員が写っている写真。

HDR（HDR） 高ダイナミック・レンジ。三枚以上の写真を重ねて、超現実的で空想的な視覚上の美をつくりだす写真技術。大半の探検家はHDRを使用することにたいし強い賛成または反対意見をもつ。

Heras（ヘラス） フェンス製造会社の名前で、通常は容易に解体できるが、登ると騒々しい音を立てる仮設フェンスを指す。

hero shot（英雄写真） 都市探検家が現場で成し遂げた手柄を自慢する、きわめて様式化された写真。

high-vis（安全ベスト） 建設作業員や保線作業員がよく着用する非常に目立つベスト。

hoarding（仮囲い） 仮設の塀として建物を保護するために周囲に設置される板。

holy grail（聖杯） 入念な調査と努力、および多くはチームワークも必要とする探検で、最終的にそれに見合う報酬のあるもの。

hot (location)（話題の場所） ネット上に書かれている場所や、探検家が捕まったばかりのところ。こうした場所は、話題にのぼらなくなるまで避けるのが賢明である。

infiltration（潜入） 現役で（放置されてない、もしくは作業員がいる）場所に無断侵入すること。

J. Bizzle（J・ビズル） ジョゼフ・バザルジェット、ロンドンの下水道網の設計者。

key（鍵） 見つけたか、借りた鍵、または合鍵、マンホール・フック、エレベーター用三角計キー、または(皮肉を込めて)バール。

Layup（車両基地） 列車を留置してある場所。

lift surfing（リフトサーフィン） エレベーターのかごが動いているときに、その上に立つこと。

light painting（ライトペインティング） 長時間露光写真を撮るあいだ暗い場所に照明を当てること。

mask up（覆面した） 通常は防犯カメラか警備員の前を駆け抜けるために、覆面をかぶること。

meet/meet-up/pissup（集会） 都市探検家が大勢集合すること。

Met（メット） ロンドン警視庁、ロンドンのシティの一平方マイルを除いた大ロンドン市で法を執行する機関。

ninja/ninjors（ニンジャ） 登りの技術に優れた探検家で、なかからドアを開けるために単独で送り込まれることが多い。

no man's land（緩衝地帯） 外側の防犯用の柵と建物のあいだの空間で、通常は警備員が巡回する場所（secca の項を参照）。

noob（ヌーブ（初心者）） 新米もしくは未経験の探検家。

overt camouflage（あからさまなカモフラージュ） しばしば変装して、忍び込む代わりに、透明性を利用することでその場所にいるべき人である、もしくは何か作業をしているふりをすること（high-vis の項を参照）。

people shot/action shot（人間写真／アクション写真） 探検されている場所よりも、探検する人に焦点を当てた写真。

picked（ピッキングされた（場所）） なかに入るために探検家が錠前を破った場所。

PIR（PIR） 光線を横切る動きで鳴りだす受動型赤外線警報。

the point（ポイント） トンネル内の最先端の掘削地点で、落盤が起きやすい場所。「ポイントを掘る」（edgework の項を参照）。

portal（ポータル（出入口）） インフラ設備（例：地下鉄）で地下から地上にでられる場所。

prohobo (probo/urban camping)（プロホーボー／都市キャンプ） 高価なキャンプ用品をもって廃墟で寝泊まりすること。

recce（レッセ（偵察）） 探検する前に場所内部を偵察、下調べすること、もしくは巡回時間を調べること。

rinsed（リンスト（しらみつぶし）） 完全に探検されつくしたと思われる場所（都市全体ほどの広い範囲などで）。

rooftopping（ルーフトッピング） ビルの屋上に景観を眺めるために登りつくこと。

rope in/drop in/rope access（ロープイン） ロープとハーネスを使って懸垂下降して入り込むこと（懸垂下降の項を参照）。

ruin porn（廃墟ポルノ） 放置された場所を探検し写真に撮ることへのこだわり。

secca（セッカ（番人）） 警備員

sealed（封印された） 入り込むことができない、もしくはできなくなった場所（bricked up の項を参照）。

snipping（スニッピング） 柵または錠を通り抜けること。

squared location（スクエア（連続探検）） 別の場所につながっているところ（例：トンネルに入ると、そこが下水道につながっているなど）（キューブの項を参照）。

SRT (kit)（SRT） シングル・ロープ・テクニックはロープを上り下りするのに利用される技術と用具

のこと。

stoop（ストゥープ（細い下水管）） 汚れていて通り抜けるのに苦労する細い下水管。ロンドンの有名な下水道専門の探検家の名前でもある。

swag（スワッグ） 現場からもち去られた人工物。

tankcatting（押し入る） ドアまたは錠前を壊して場所に押し入ること。

the third（第三軌条） 電車に電力を共有する三本目のレール（ロンドンやパリの地下鉄など）。

TOADS（TOADS） Temporary, Obsolete, Abandoned and Derelict Spaces〔一時的か、寂れているか、使われていないか、放棄された場所〕の頭字語。

top (ped) out（頂部が完成） 超高層ビルがその最高の高さに到達すること。

trackies（保線要員） 線路の点検・修理の作業員。

Trojan horse exploit（トロイの木馬作戦） 正面玄関からビル内に入る際に探検家が背広姿などで入り、ほかのメンバーが入れる方法を見つけること（blagging の項を参照）。

trolling（トロール） ネット上でほかの人にわざと反感をいだかせ、「秘密の」アクセス情報を投稿するなどして怒りをかきたてること（access の項を参照）。

tweeker（覚醒剤中毒者） メタンフェタミンの使用者。放置されたビルの警備員や、釣り銭泥棒は覚醒剤中毒のことがある。

urban exploration/UrbEx/UE（都市探検 / アーベックス /UE） 都会における娯楽的な無断侵入。

usufruct（使用権） 誰かが所有する不動産を、どんなかたちにせよ手を加えたり損傷したりしないことを条件に、ほかの人に使用し享受させる法的概念。

walk-in（ウォークイン） 入るのにほとんど、もしくはまったく努力する必要のない場所。

wonky（斜める） ずれているもので、通常は構図のひどい写真を指す。

Xmas（X マス） 警備員がいないも同然の時期で、〈叙情詩〉の場所が制覇され、探検がやってのけられるときを指す（epic(s), crack, bust の項を参照）。

「立入禁止」をゆく　都市の足下・頭上に広がる未開地

2014年11月19日第1刷印刷
2014年11月29日第1刷発行

著　者　ブラッドリー・L・ギャレット
訳　者　東郷えりか

発行者　清水一人
発行所　青土社
〒101-0051 東京都千代田区神田神保町1-29市瀬ビル
電話 03-3291-9831（編集）03-3294-7829（営業）
振替　00190-7-192955

印刷所　ディグ（本文）
方英社（扉・表紙・カバー）
製本所　小泉製本
装　幀　鈴木一誌

ISBN 978-4-7917-6826-4 Printed in Japan.